建设工程
施工合同纠纷案件审理实务

孙元清　编著

法律出版社

———— 北京 ————

图书在版编目（CIP）数据

建设工程施工合同纠纷案件审理实务／孙元清编著.
北京：法律出版社，2024.（2025.1 重印）.
ISBN 978－7－5197－9719－5

Ⅰ. D923.65
中国国家版本馆 CIP 数据核字第 2024X86K61 号

建设工程施工合同纠纷案件审理实务 JIANSHE GONGCHENG SHIGONG HETONG JIUFEN ANJIAN SHENLI SHIWU	孙元清　编著	策划编辑　孙　慧　余群化 责任编辑　孙　慧　余群化 装帧设计　李　瞻

出版发行　法律出版社	开本　710 毫米×1000 毫米　1/16
编辑统筹　司法实务出版分社	印张 20.5　字数 283 千
责任校对　裴　黎	版本　2024 年 12 月第 1 版
责任印制　胡晓雅	印次　2025 年 1 月第 3 次印刷
经　　销　新华书店	印刷　北京中科印刷有限公司

地址：北京市丰台区莲花池西里 7 号（100073）
网址：www.lawpress.com.cn　　　　　　　销售电话:010－83938349
投稿邮箱：info@ lawpress.com.cn　　　　　客服电话:010－83938350
举报盗版邮箱：jbwq@ lawpress.com.cn　　　咨询电话:010－63939796
版权所有·侵权必究

书号：ISBN 978－7－5197－9719－5　　　　　定价：98.00 元
凡购买本社图书，如有印装错误，我社负责退换。电话:010－83938349

序

PREFACE

自改革开放以来，我国建筑业蓬勃发展，房地产已成为国民经济的支柱产业，与之相配套的法律规范也逐渐完善。但由于工程建设从规划设计到施工建设，再到竣工验收及价款结算的过程，涉及的环节多、专业性强，加之建设工程领域中转包、违法分包、挂靠现象比较普遍，招投标过程也不尽规范，建设工程领域的纠纷逐年增多。这类案件涉及主体多、法律关系复杂、查明事实难度大，已成为司法审判实务中的难点和痛点。

本书作者孙元清系湖南省高级人民法院审判委员会委员、二级高级法官、民一庭庭长，湖南省审判业务专家，从事民商事审判、执行工作30余年。多年来专注于建设工程施工合同纠纷案件的审理与指导，对案件审理中出现的疑难复杂问题进行了系统研究，组织起草了《湖南省高级人民法院关于审理建设工程施工合同纠纷案件若干问题的解答》，具有扎实的法律理论功底和丰富的司法审判实务经验。作者在繁忙的工作之余，累积实务经验、收集疑难问题、精选典型案例、提炼归纳总结、研究探讨论证，花费大量时间和精力编著了本书，并数易其稿，以期与广大法律工作者切磋交流，并为推进法律适用的统一、促进建筑业的良性发展尽绵薄之力，其执着和敬业精神令人赞赏。

本书是建设工程合同纠纷案件审理实务研究的重要成果，内容囊括了当前司法实践中建设工程领域最主要的诉讼热点、疑点、难点问题，相信能够对从事建设工程领域法律实务的人士起到学以解惑、学以明理、学以致用的作用。本书有以下五个特点：一是具有一定的法理性。本书虽为实务书籍，但全书既坚持立足实践，体现出强烈的问题导向，又不忘探本溯源，寻求法理的支撑。作者对实务问题的研究分析，一般都是从立法目的、法律演变、市场环境、经济规律等角度来观察和思考的，从法理的角度提出解决问题的方法和见解，让读者不仅明白"是什么"，也理解"为什么"，从而获得"授之以渔"的效果。二是具有较强的体系性。全书共4章22个专题，分别从合同性质、合同效力、案件管辖、价款结算、实际施工人、建设工程价款优先受偿权等6个方面的60个具体问题，进行了全方位、深层次的解析，其展现和聚焦的都是建设工程领域中最普遍、最突出的实务问题，主线明确，重点突出。同时，作者精心选取了80多个典型案例。对这些案例，作者不是简单搬用，而是对裁判内容进行摘要、提炼、归纳、总结，既能使之更加直观地佐证作者提出的观点，也便于读者有针对性地阅读、领悟和运用。三是具有较好的实务性。本书以问题为导向，在每个章节，除了提炼疑难复杂问题、进行法理法律论证、归纳总结应对要点、分析典型案例提供示范外，还专门设置了"实务问题""问题解答"栏目，对30余个司法实务中常常存在困扰且容易产生争议的疑难问题给出了解决方案，内容丰富、务实管用。例如，对于合同无效情形下的工程款结算，本书从工程款的支付条件，结算条款、默示条款、背靠背条款的适用及例外情形，多层转包下工程款差价如何处理，人工费、材料费调差，规费和税费的缴纳与承担等热点、难点问题，通过理论与实证分析提出了有效的解决办法。四是具有很强的实用性。本书根据法律和司法解释的修订情况以及司法实践的最新动向，关注近年来出现的新型纠纷案件中的热点、难点问题，特别是对于当前法律适用中遇到的较新的疑难复杂、急需统一裁判标准的问题，作者在借鉴建设工程领域最新司法研究成果的基础上，深入探讨，集思广益，并以前瞻眼光分析前沿问题，力求观点新颖、论证严密。在建设工程纠纷案件中，涉及实际施工人的法律关系的认定非常复杂，本书抽丝剥茧，多维度对借用资质进行工程建设、层层转包和违法分包等各种情形和法律关系下实际施工人主张工程款的处理，以及各方主体权利义务的确定与责任的承担，进行了多层次的分析论证。五是具有良好的可读性。本书结构合理，表达朴实而不失雅致，摒弃生僻词汇与烦琐句式，兼顾多元受众。借助法条链接、典型案例剖析、问题解答等多种形式，增强内容的可读性，既提升了信息的传递效率，也让不同知识背景的读者都能轻松理解书中的内容。对所选用的案例，作者准确提炼核心内容，保证了论点的生动呈现，有利于读者在获取专业知识的同时，能够洞悉其背后的深层逻辑。对于存在争议的问题，作者列出多种观点并予以分析，让读者在争锋中开拓思维，在头脑风暴中享受知识盛宴。

综上，本书具有较高的实用价值，既为法官审理建设工程纠纷案件进行析法说理、公正裁判提供有效参考，也对市场参与主体进行工程建设、防控风险予以有效提示，还为律师、法律工作者为客户争取正当权益及寻求诉辩策略提供有力指引。当然，尽管作者态度严谨认真，反复推敲打磨，力求接近完美，但囿于建工纠纷案件的疑难性和复杂性，有的问题目前尚难达成共识，很多法律适用难题尚需我们不断努力，深入研究，但孙元清同志的探索对这些问题的完善解决无疑具有重要价值。

是为序。

于 2024 年 11 月 20 日

目录
CONTENTS

第一章　关于建设工程施工合同的性质效力以及案件管辖问题 …… 1
第一节　关于建设工程施工合同的性质 …………………… 3
　　一、建设工程施工合同的概念 ………………………………… 4
　　二、建设工程施工合同是特殊的承揽合同 …………………… 5
　　三、建设工程施工合同与承揽合同的主要区别 …………… 11
第二节　关于建设工程施工合同的效力 ………………… 29
　　一、建设工程施工合同必须招投标的范围及其对合同
　　　　效力的影响 ……………………………………………… 31
　　二、无须招投标的建设工程项目，当事人已选择招投标
　　　　方式情形的处理 ………………………………………… 41
　　三、劳务分包合同效力的正确认定 ………………………… 43
　　四、认定建设工程施工合同无效的法律依据 ……………… 49
第三节　关于建设工程施工合同纠纷案件的管辖 ……… 52
　　一、建设工程设计合同纠纷、建设工程勘察合同纠纷
　　　　应否适用不动产专属管辖 ……………………………… 52
　　二、发包人与受让人因工程价款债权转让发生的纠纷
　　　　管辖如何确定 …………………………………………… 54
　　三、建设工程施工合同仲裁条款涉及管辖相关问题的
　　　　处理 ……………………………………………………… 55

第二章　关于建设工程施工合同纠纷案件工程价款结算问题 …… 63
第一节　合同无效情形下工程价款结算的原则及其适用 …… 65
一、建设工程价款支付的前提条件…………………………… 66
二、建设工程施工合同无效，结算条款是否可以参照
　　适用及参照适用范围如何确定…………………………… 84
三、建设工程施工合同无效，当事人签订的结算协议
　　效力如何认定……………………………………………… 91
四、建设工程施工合同结算默示条款的适用………………… 103
五、建设工程施工合同通用条款与专用条款的适用………… 106
六、建设工程施工合同固定价结算工程价款相关
　　问题………………………………………………………… 108
七、建设工程转包合同结算，是否应当以承包合同结算
　　为前提（"背靠背"条款的适用）………………………… 120
八、建设工程折价补偿原则…………………………………… 127
九、关于以涉嫌经济犯罪为由驳回起诉的问题……………… 128

第二节　"管理费"、总包合同与转包、违法分包合同工程
　　价款差额的处理、损失索赔依据问题………………… 133
一、建设工程施工合同当事人约定的"管理费"如何
　　处理………………………………………………………… 134
二、建设工程施工总包合同与转包、违法分包合同工程
　　价款差额应如何处理……………………………………… 139
三、建设工程施工合同无效，可否参照合同索赔条款
　　计算损失…………………………………………………… 141
四、建设工程施工合同解除或终止后，是否可以支持
　　可得利益损失……………………………………………… 146

第三节　建设工程价款结算中的人工费、材料费调差
　　问题………………………………………………………… 150
一、建设工程人工费、材料费调差应遵循的原则…………… 151
二、建设工程定额与建设工程造价的法律属性……………… 152

三、建设工程人工费、材料费调差的相关规范性文件的
　　　　效力 …………………………………………………… 154
　　四、建设工程施工合同签订时，约定的人工工资单价低于
　　　　建设行政主管部门发布的当地最低工资单价，是否
　　　　应当强制调差 ………………………………………… 158

第四节　建设工程价款结算中的规费、税金问题 ………… 173
　　一、关于不可竞争性费用 …………………………………… 173
　　二、关于工程价款结算中的税费缴纳与承担 …………… 179
　　三、涉及实际施工人情形下的税费缴纳与承担 ………… 181
　　四、建筑业增值税税率调整对工程款结算的影响 ……… 183

第五节　约定以财政评审、行政审计作为工程价款结算
　　　　依据问题 ………………………………………………… 188
　　一、审理涉及财政评审、行政审计案件的原则 ………… 190
　　二、合同明确约定以财评审计审定结论作为结算依据的
　　　　处理 …………………………………………………… 192
　　三、应当允许通过司法鉴定方式确定工程价款的情形 … 193
　　四、财政评审部门出具财政评审意见的"合理期限"
　　　　如何把握 ……………………………………………… 194

第三章　关于建设工程施工合同纠纷案件涉及实际施工人问题的处理 ………………………………………………… 197

第一节　建设工程实际施工人的审查、认定 ……………… 199
　　一、建设工程实际施工人的概念和范畴 ………………… 199
　　二、建设工程实际施工人审查、认定应考量的情形 …… 200

第二节　审判实践中不认定为实际施工人的情形 ………… 202
　　一、农民工能否认定为实际施工人 ……………………… 202
　　二、施工队、施工班组是否属于实际施工人 …………… 203
　　三、中间环节的工程转包人、违法分包人能否认定为
　　　　实际施工人 …………………………………………… 203

四、劳务分包人是否为实际施工人·················· 204
五、实际施工人的合伙人、实际出资人是否属于实际
施工人·· 204

第三节 如何区分"农民工"与"实际施工人"不同法律
主体及权益保护·· 206

第四节 实际施工人借用资质进行工程建设相关问题的
处理·· 213
一、借用资质（挂靠）进行工程建设的认定·············· 214
二、借用资质（挂靠）进行工程建设的通常情形·········· 217
三、出借资质情形下，承包人与发包人签订的建设工程
施工合同效力如何认定······································ 218
四、借用资质的实际施工人诉讼请求发包人支付工程
价款情形及其处理·· 220
五、发包人对借用资质知情的情况下，被挂靠人直接起诉
发包人主张工程价款问题的处理·························· 230
六、借用资质的实际施工人向出借资质的建筑施工企业
主张工程价款问题（挂靠人起诉被挂靠人）的
处理·· 233
七、挂靠人将工程项目再次转包、分包，实际施工人
起诉挂靠人、被挂靠人，挂靠人、被挂靠人应
承担何种责任·· 235

第五节 建设工程层层转包或违法分包的，实际施工人
主张工程价款的相关问题····························· 245
一、请求发包人在欠付工程价款范围内承担责任的实际
施工人，是否包括多层转包和违法分包关系中的
实际施工人·· 245
二、多层转包（违法分包）关系中，最后的实际施工人
是否可以向没有合同关系的总承包人（转包人、
违法分包人）主张工程款··································· 251

三、为查明支付工程款的事实，发包人及层层转包中的
　　　　　转包人或违法分包人是否均应作为当事人参加诉讼……… 253

第四章　关于建设工程价款优先受偿权相关问题的处理 ………… 265
　　第一节　建设工程价款优先受偿权与商品房消费者房屋
　　　　　　交付请求权（价款返还请求权）、抵押权以及
　　　　　　其他债权之间的权利顺位关系 ……………………… 269
　　第二节　享有建设工程价款优先受偿权的法定主体 ………… 271
　　第三节　建设工程价款优先受偿权的范围和优先受偿权的
　　　　　　建设工程范围如何确定 ………………………………… 279
　　第四节　实际施工人通过代位权诉讼主张建设工程价款
　　　　　　优先受偿权问题 ………………………………………… 283
　　第五节　建设工程价款债权转让，建设工程价款优先
　　　　　　受偿权是否随之转让 …………………………………… 286
　　第六节　建设工程价款优先受偿权行使方式的认定 ………… 288
　　第七节　建设工程价款优先受偿权可否通过调解确认 ……… 289
　　第八节　建设工程价款优先受偿权的放弃 …………………… 290
　　第九节　建设工程价款优先受偿权的起算时间、行使期限
　　　　　　如何认定 ………………………………………………… 292

附录1　《最高人民法院关于审理建设工程施工合同纠纷案件
　　　　　适用法律问题的解释（一）》 ……………………………… 301
附录2　《湖南省高级人民法院关于审理建设工程施工合同
　　　　　纠纷案件若干问题的解答》 ……………………………… 309

第一章

关于建设工程施工合同的性质效力以及案件管辖问题

第一节　关于建设工程施工合同的性质

建设工程施工合同作为建筑活动中最核心的权利义务载体，其独特的性质决定了它在整个工程项目建设生命周期中的地位与功能。建设工程施工合同具有承揽合同性质。根据《中华人民共和国民法典》（以下简称《民法典》）的规定，承揽合同是指承揽人按照定作人的要求完成工作，交付工作成果，定作人给付报酬的合同。在建设工程施工合同中，承包方扮演着承揽人的角色，负责根据发包方（相当于定作人）的需求和设计图纸完成施工任务，而发包方则需按照合同约定支付相应的工程价款。建设工程施工合同具有技术合同属性。在很多大型或复杂的工程项目中，施工过程往往需要采用先进的工程技术、工艺及新材料，这些技术应用是合同的重要组成部分。建设工程施工合同具有综合服务合同特质。从广义上讲，建设工程施工合同也是一种综合性的服务合同。它不局限于施工现场的施工活动，还包括前期的勘察设计、中期的材料采购与质量监控、后期的竣工验收及维保服务等一系列环节。这些服务相互关联，共同组成完整服务链条，旨在向发包方提供高质量、高性能的建筑物或构筑物。建设工程施工合同具有法定的强制性与规范性。建设工程施工合同受到国家法律法规的严格规制。《中华人民共和国建筑法》（以下简称《建筑法》）、《中华人民共和国招标投标法》（以下简称《招标投标法》）以及一系列的地方性法规和行业标准，均对建设工程施工合同的签订与履行提出了强制性的要求，建筑市场各方参与主体都必须严格遵守执行。建设工程施工合同还体现双方的风险共担和合作精神。工程建设过程中，难免遇到不可抗力、市场价格波动等因素带来的不确定性，为此当事人通常会在合同中设置专门条款，如调价方式、保险安排、不可抗力条款等，以平衡双方的利益，共同应对可能出现的风险。这种风险共担机制有利于建立稳定的合作伙伴关系，促进工程建设的顺利进行。

因此，建设工程施工合同集承揽、技术、服务合同性质于一体，兼具法定的强制性与规范性特征以及风险共担的合作理念。准确理解和把握其性质，是认定合同效力、审查合同内容、界分合同各方主体权利义务的基础和前提。

一、建设工程施工合同的概念

建设工程施工合同是指发包人（建设单位）和承包人（施工人）为完成约定的建设工程，协商一致签订的明确相互民事权利、义务的协议。依照建设工程施工合同的约定，施工单位必须按照要求完成建设单位交给的施工任务，建设单位应当依据合同约定提供工程建设必要条件并支付工程价款。建设工程施工合同是承包人进行工程建设施工，发包人支付价款的合同，是建设工程的主要合同，也是工程建设投资控制、范围控制、进度控制、质量控制、损失索赔、竣工验收、价款结算、质量保修的主要依据。

当事人签订建设工程施工合同，必须以住建部门制定发布的《建设工程施工合同（示范文本）》（GF-2017-0201）（最新修订）为范本。该示范文本是在借鉴国际上广泛使用的 FIDIC（国际咨询工程师联合会）土木工程施工合同条款的基础上，形成的规范我国建设工程施工合同的合同文本，是市场主体进行工程建设、签订建设工程施工合同时必须全面遵循的基本依据。FIDIC 土木工程施工合同条款，是普通法系背景下形成的用来处理项目业主、设计单位、承包单位、材料配件和设备供应商及监理工程师等主体之间权利义务关系的合同文本。目的在于，以业主和承包人签订的承包合同作为基础，以独立、公正的第三方（施工监理）为核心，促使业主、监理、承包人在建设工程施工过程中形成相互联系、相互制约、相互监督的关系，从而保障对工程建设进行系统、有效、规范的管理，确保工程建设顺利进行。

《建设工程施工合同（示范文本）》（GF-2017-0201）主要由《协议书》《通用条款》《专用条款》三部分组成，并附有多个附件，包括《承包人承揽工程项目一览表》《发包人供应材料设备一览表》《工程质量保修书》《主要建设工程目录》《承包人用于本工程施工的机械设备表》等。建设工程施工合同主要应包括下列内容：工程范围、建设工期、开工和竣工时间、工程质量、工程造价、技术资料交付时间、材料和设备的供应责任、拨款和结算、竣工验收、质量保修范围和质量保证期等。

我国建设工程领域转包、违法分包、挂靠现象广泛存在，招投标过程中乱象较多，建筑市场管理不规范、不到位，行业不规范竞争严重，导致施工企业工程利润较低、建设工程质量参差不齐、拖欠工程价款现象相当普遍，建设工程领域矛盾和纠纷不断发生，人民法院受理的建设工程施工合同纠纷案件越来越多。

二、建设工程施工合同是特殊的承揽合同

根据《民法典》第788条的规定，建设工程合同是承包人进行工程建设、发包人支付价款的合同，包括建设工程勘察合同、建设工程设计合同和建设工程施工合同。在传统民事立法中，建设工程合同属于承揽合同，德国、法国、日本等属于大陆法系的国家和地区的民法典，均将建设工程合同纳入民法典承揽合同编章中。

区别于传统民事立法，我国《民法典》将承揽合同列于合同编第十七章，而将建设工程合同作为独立一章专列于合同编第十八章，同时在第十八章中规定，本章没有规定的，适用承揽合同的有关规定。

这样的立法设计，既突出了建设工程合同与承揽合同的区别以及建设工程领域的特点，又明确了建设工程合同没有规定的，可以适用承揽合同有关规定的原则。

《民法典》第七百七十条　承揽合同是承揽人按照定作人的要求完成工作，交付工作成果，定作人支付报酬的合同。

承揽包括加工、定作、修理、复制、测试、检验等工作。

《民法典》第七百八十八条　建设工程合同是承包人进行工程建设，发包人支付价款的合同。

建设工程合同包括工程勘察、设计、施工合同。

《民法典》第八百零八条 本章没有规定的，适用承揽合同的有关规定。

根据《民法典》第808条的规定，建设工程合同可以适用承揽合同的相关规定，主要是指适用第774~776条、第780条、第784条、第785条，有关建筑材料提供选定保管、损失赔偿、质量验收、保密义务等方面的规定。

但必须注意的是，并不是所有有关承揽合同的规定均适用于建设工程合同，如《民法典》第787条规定的承揽合同中的定作人的任意解除权，第783条规定的承揽人的留置权，就不适用于建设工程合同。

任意解除权，是指合同当事人不必基于法定或约定的特别事由而自由解除合同的权利，该权利是法律明确规定赋予几类特定合同当事人的固有权利。依法成立的合同对当事人具有法律约束力，通常不得擅自解除，更不得由当事人任意解除。但行使任意解除权，无须具备约定的或者法律特别规定的解除条件，合同的一方或双方皆可主张解除合同，不需要以对方违约为理由。作为合同解除的一种分类，任意解除与非任意解除相对应。合同双方可行使任意解除权的：不定期租赁合同，承租人与出租人均享有任意解除权；委托合同除当事人约定不得行使任意解除权外，合同双方均可行使解除权；等等。合同单方可行使任意解除权的：加工承揽合同中的定作人；货物运输合同中的托运人（在货物到达前）；保管合同的寄存人，如果保管合同无固定期限的，保管人也有任意解除权；保险合同的投保人；等等。

约定或法定解除（非任意解除）：承揽合同中定作人享有任意解除权，但建设工程具有标的额大、建设周期较长、涉及公共利益或者人数众多群体利益的特点，需要维持合同的稳定性。因此，承揽合同的任意解除权不适用于建设工程施工合同。发包人与承包人应依照法律规定或双方的约定解除合同，或者在不违反法律强制性规定的前提下协商变更或者解除合同，但不允许任意变更和解除合同。

《民法典》第五百六十二条 当事人协商一致，可以解除合同。

当事人可以约定一方解除合同的事由。解除合同的事由发生时，解除权人可以解除合同。

《民法典》第五百六十三条 有下列情形之一的，当事人可以解除合同：（一）因不可抗力致使不能实现合同目的；（二）在履行期限届满前，当事人一方明确表示或者以自己的行为表明不履行主要债务；（三）当事人一方迟延履行主要债务，经催告后在合理期限内仍未履行；（四）当事人一方迟延履行债务或者有其他违约行为致使不能实现合同目的；（五）法律规定的其他情形。

以持续履行的债务为内容的不定期合同，当事人可以随时解除合同，但是应当在合理期限之前通知对方。

《民法典》第七百九十三条 建设工程施工合同无效，但是建设工程经验收合格的，可以参照合同关于工程价款的约定折价补偿承包人。建设工程施工合同无效，且建设工程经验收不合格的，按照以下情形处理：

（一）修复后的建设工程经验收合格的，发包人可以请求承包人承担修复费用；

（二）修复后的建设工程经验收不合格的，承包人无权请求参照合同关于工程价款的约定折价补偿。发包人对因建设工程不合格造成的损失有过错的，应当承担相应的责任。

《民法典》第八百零六条 承包人将建设工程转包、违法分包的，发包人可以解除合同。

发包人提供的主要建筑材料、建筑构配件和设备不符合强制性标准或者不履行协助义务，致使承包人无法施工，经催告后在合理期限内仍未履行相应义务的，承包人可以解除合同。

合同解除后，已经完成的建设工程质量合格的，发包人应当按照约定支付相应的工程价款；已经完成的建设工程质量不合格的，参照本法第七百九十三条的规定处理。

《民法典》第806条在《民法典》第562条、第563条的基础上，对特定情形下建设工程合同的法定解除进行了细化规定，在考虑建设工程合同特点赋予当事人必要的合同解除权的同时，兼顾了建设工程合同法律关系稳定性的要求。

留置权，是指承揽合同中定作人不付款，承揽人对完成的工作成果享有留置的权利或者有权拒绝交付。但在建设工程施工合同履行过程中，如果法律赋予承包人对所承建的建设工程享有留置权或者有权拒绝交付，则当当事人对工程价款结算与支付产生争议时，往往会出现承包人拒绝退出建设工地的情况，很有可能阻碍购房人合法权益的顺利实现。

承包人虽不享有承揽人的留置权，但法律对发包人欠付承包人工程价款给予了特殊的救济方式。这种特殊的救济方式，就是承包人可以通过行使建设工程价款优先受偿权享有类似留置权性质的权益。

总之，《民法典》将建设工程合同的规定专列于合同编第十八章、排在承揽合同之后的立法设计，是由建设工程合同的独特性质决定的。建设工程合同除具备承揽合同的一般特征，即它的标的是完成一定工作成果，并具有诺成、双务、有偿的特性外，它还具有承揽合同所不具有的独特特征。比如，在法律适用方面，承揽合同主要适用《民法典》合同编的规定，而建设工程合同除适用《民法典》合同编的规定外，还需要适用建设工程领域的相关司法解释、政府及相关建设行政主管部门颁布的行政法规、地方性法规、行政规章等行业性特殊规范，以便对建设工程的资质要求、合同签订、工程造价、工程质量、竣工验收、计价方法、工程价款结算等专门性问题进行处理。

因此，建设工程施工合同的主要性质，是特殊的承揽合同。两者之间既具有共同的特征，也存在显著区别。区别的意义在于对合同效力的认定、责任的划分与承担、合同解除、价款结算、权利实现的方式等产生不同的法律后果。

【典型案例】（2015）民申字第61号

玉王公司与鼎泽公司建设工程施工合同纠纷

>> 裁判摘要

根据玉王公司与鼎泽公司签订的《玉王公司污水处理工程承揽合同》

及《玉王公司污水处理工程承揽合同更改合同》的约定，玉王公司发包给鼎泽公司承建的废水治理工程的主要工程包括工程总体设计、工程物资及材料购置、安装、调试。可见，玉王公司发包给鼎泽公司承建的废水治理工程本身即为建设工程。建设工程活动不仅是指对基础设施、房屋等土建工程项目的施工，还包括对工程项目及其附属或独立设备进行规划、勘察、设计、安装、调试等。至于对这些活动表述是建设工程施工还是建设工程承揽，依据《合同法》的规定，建设工程施工合同是特殊的承揽合同，内涵并无差异。据此，二审判决认定《玉王公司污水处理工程承揽合同》的性质为建设工程施工合同，并无不当。

建设工程及回购合同（BT合同）虽然具有承揽合同的性质，但因回购产生的纠纷不属于建设工程施工合同纠纷。在一定条件下，BT合同纠纷可以转化为建设工程施工合同纠纷。

【问题解答】BT合同的性质；因回购产生的纠纷是否属于建设工程施工合同纠纷；能否适用建设工程法律规定；如合同无效，双方约定的财物回报、融资成本等是否属于对工程价款的约定，可否参照适用

BT合同是投资建设方将投资建设完成且竣工验收合格的基础设工程项目移交给政府或相关授权主体，由政府或相关授权主体支付回购价款的合同。虽具有承揽合同的性质，主要内容也是完成项目工程建设，但其内涵既包括建设也包括投资，因此，因履行BT合同产生的纠纷不属于建设工程施工合同纠纷。BT合同签订双方不形成建设工程施工合同关系，双方约定的财物回报、融资成本等不属于工程价款的约定。

【问题解答】BT合同签订后，投资建设方开始垫资施工，施工过程中政府先后多次按照投资建设方的申请支付工程款，此时合同的性质如何认定

虽然首先签订的是BT合同，但在履行合同过程中采取的并非一方

先垫资建设、后回购的方式，而是采取支付工程进度款的方式进行结算，双方已实质改变了 BT 合同的性质，此时 BT 合同纠纷已转化为建设工程施工合同纠纷。BT 合同性质转化的前提是投资建设方实际进行了建设施工，如果投资建设方并未实际施工，而是将工程发包给其他承包人施工建设，即使业主向投资建设方先行支付了部分款项，亦不改变 BT 合同的性质。

将合伙合同纠纷定性为建设工程施工合同纠纷，导致案件适用法律、实体处理错误。

【典型案例】（2024）湘民再 84 号

曹某萍、曹某武与新中成公司、金证公司合伙合同纠纷

》 裁判摘要

再审审理认为，关于本案的法律关系性质及案由如何认定。民事案件案由反映民事案件所涉及的民事法律关系的性质，对案件的裁判理由及结果往往会产生实质影响。《民事案件案由规定》第一部分至第九部分将案由的表述方式确定为"法律关系性质"加"纠纷"。《最高人民法院关于印发修改后的〈民事案件案由规定〉的通知》提出，民事案件案由应当依据当事人诉争的民事法律关系的性质来确定。同一诉讼中涉及两个以上法律关系的，应当依当事人诉争的法律关系的性质确定案由。均为诉争的法律关系的，则按诉争的两个以上法律关系并列确定两个以上的案由。

本案中，曹某萍一审起诉的主要依据为其与曹某武签订的《社会治安综合治理服务管理系统项目合作协议书》。根据《民法典》第 967 条"合伙合同是两个以上合伙人为了共同的事业目的，订立的共享利益、共担风险的协议"的规定，该合作协议书为合伙合同。当事人之间争议的是该合伙合同的效力、履行以及合作分成款分配等问题。虽然曹某萍的诉讼请求还涉及曹某萍、曹某武与新中成公司，新中成公司与金证公司之

间的关系，但当事人对案涉工程施工合同中的工程造价、已付和未付工程款以及支付条件等问题并没有争议，争议的问题本质上仍是曹某萍请求分配合作分成款，是基于其与曹某武之间的合伙合同产生的纠纷。根据上述《民事案件案由规定》中"法律关系性质"加"纠纷"的案由确定规则以及最高人民法院的通知精神，本案曹某萍诉讼请求涉及的法律关系虽有多个，但当事人诉争的法律关系实际为合伙合同关系，本案的案由应当确定为合伙合同纠纷。二审法院将本案的案由确定为建设工程施工合同纠纷，认定事实及适用法律错误。

三、建设工程施工合同与承揽合同的主要区别

建设工程施工合同除具有承揽合同的一般特征外，还具有不同于承揽合同的显著特点：合同主体的限制性、合同管理的强制性、合同标的物的特殊性、合同形式的法定性、案件管辖法院的特定性。[①] 具体体现在以下几个方面。

（一）合同主体的限制性不同

建设工程施工合同的主体受到法律法规的严格规制。

《建筑法》第十二条 从事建筑活动的建筑施工企业、勘察单位、设计单位和工程监理单位，应当具备下列条件：

（一）有符合国家规定的注册资本；

（二）有与其从事的建筑活动相适应的具有法定执业资格的专业技术人员；

（三）有从事相关建筑活动所应有的技术装备；

（四）法律、行政法规规定的其他条件。

《建筑法》第十三条 从事建筑活动的建筑施工企业、勘察单位、设计单位和工程监理单位，按照其拥有的注册资本、专业技术人员、技术

---

① 参见钱凯编著：《最高人民法院房地产法司法解释精释精解》，人民法院出版社2016年版，第360页。

装备和已完成的建筑工程业绩等资质条件，划分为不同的资质等级，经资质审查合格，取得相应等级的资质证书后，方可在其资质等级许可的范围内从事建筑活动。

《建筑法》第二十六条　承包建筑工程的单位应当持有依法取得的资质证书，并在其资质等级许可的业务范围内承揽工程。

禁止建筑施工企业超越本企业资质等级许可的业务范围或者以任何形式用其他建筑施工企业的名义承揽工程。禁止建筑施工企业以任何形式允许其他单位或者个人使用本企业的资质证书、营业执照，以本企业的名义承揽工程。

《民法典》第七百九十一条　发包人可以与总承包人订立建设工程合同，也可以分别与勘察人、设计人、施工人订立勘察、设计、施工承包合同。发包人不得将应当由一个承包人完成的建设工程支解成若干部分发包给数个承包人。

总承包人或者勘察、设计、施工承包人经发包人同意，可以将自己承包的部分工作交由第三人完成。第三人就其完成的工作成果与总承包人或者勘察、设计、施工承包人向发包人承担连带责任。承包人不得将其承包的全部建设工程转包给第三人或者将其承包的全部建设工程支解以后以分包的名义分别转包给第三人。

禁止承包人将工程分包给不具备相应资质条件的单位。禁止分包单位将其承包的工程再分包。建设工程主体结构的施工必须由承包人自行完成。

《最高人民法院关于审理建设工程施工合同纠纷案件适用法律问题的解释（一）》[以下简称《建工司法解释（一）》]第一条　建设工程施工合同具有下列情形之一的，应当依据民法典第一百五十三条第一款的规定，认定无效：（一）承包人未取得建筑业企业资质或者超越资质等级的；（二）没有资质的实际施工人借用有资质的建筑施工企业名义的；（三）建设工程必须进行招标而未招标或者中标无效的。

承包人因转包、违法分包建设工程与他人签订的建设工程施工合同，应当依据民法典第一百五十三条第一款及第七百九十一条第二款、第三款的规定，认定无效。

2015年3月1日住房和城乡建设部发布施行、2018年修改发布的《建筑业企业资质管理规定》，对建筑业企业资质的申请与许可、资质审查、延续与变更、监督管理、法律责任等进行了全面规定。第2条规定，凡从事土木建筑工程，线路、管道及设备安装工程，装饰装修工程等新建、扩建、改建活动的建筑业企业，均适用本规定。第4条规定，工程施工总承包企业是指从事工程施工阶段总承包活动的企业，应当具备施工图设计、工程施工、设备采购、材料订货、工程技术开发应用、配合生产使用部门进行生产准备直到竣工投产等能力。从事工程勘察和设计，须取得相应工程勘察和设计资质证书。第9条规定，工程施工总承包企业进行工程勘察和设计时还需要出具有关部门颁发的《工程勘察资格证书》和《工程设计资格证书》。

根据上述法律法规、司法解释的规定，建设工程项目发包人应当具备发包资格，施工主体实行市场准入制度，承包人必须是具备相应资质的法人，自然人不具备承包资质。而一般的承揽合同对承揽人资质不做要求，既可以是具有相应资质的法人，也可以是其他单位或者自然人。

随着市场经济的不断发展，对建设工程市场主体的限制呈逐渐放松态势。比如，司法理论和实务界就有观点认为，《建筑工程施工发包与承包违法行为认定查处管理办法》第8条规定的"承包单位将其承包的全部工程转给其他单位（包括母公司承接建筑工程后将所承接工程交由具有独立法人资格的子公司施工的情形）或个人施工的"应当认定为转包，但有证据证明属于挂靠或者其他违法行为的除外的规定，就过于严格，跟不上市场经济发展的需要。所以司法实务界有人提出，对于建筑业企业依法通过合同将其承包的全部或部分工程交其分支机构或者在册职工施工，并由企业承担建设工程施工合同义务的，属于企业内部承包经营行为，就不宜认定该建设工程施工合同无效。

但应当具体明确"在册职工"的范围。"在册职工"的认定，需要以同时具备劳动合同关系和社会保险关系为认定标准；建设工程施工合同订立之后的"在册职工"，如果是具备前述劳动合同关系和社会保险关系的

"在册职工"，我们认为也可以认定合同有效，但要审查是否存在为规避挂靠、转包和违法分包合同无效而虚构"在册职工"的情形，如通过补签劳动合同等方式将个人转包、违法分包、挂靠行为变为内部承包经营行为等。

【问题解答】 绿化工程是否属于建设工程；承包人是否需要资质；承包人是否享有建设工程价款优先受偿权

实践中对此存在分歧，倾向认为包括造景、构筑物等施工内容的绿化工程属于建设工程，具体可参考住房和城乡建设部《园林绿化工程建设管理规定》第2条关于园林绿化工程内涵的界定。

承包建设工程的主体必须具备施工资质，是法律法规的基本要求，不需要具备施工资质，是法律法规的例外规定。具体有以下两种情形：（1）农村规划区内农民自建的2层以下住宅，不要求施工资质。（2）2017年后，承包园林绿化工程的主体不再要求具备相应的施工企业资质。《城市绿化条例》2017年修订时删除了第16条关于"城市绿化工程的施工，应当委托持有相应资格证书的单位承担"的内容；《住房和城乡建设部办公厅关于做好取消城市园林绿化企业资质核准行政许可事项相关工作的通知》（建办城〔2017〕27号），取消了园林绿化企业资质核准的行政许可，明确了园林绿化工程招标不再设置资质要求。因此，承包人不具备园林绿化企业资质不再是合同无效的情形。

绿化工程承包人不享有建设工程价款优先受偿权。一是要按照《建工司法解释（一）》第35条的规定，审查是否系与发包人订立建设工程施工合同的承包人。二是依照《建工司法解释（一）》第37条关于装饰装修工程价款优先受偿权的规定，考虑该工程是否具备折价或者拍卖条件。绿化工程具有共益性质，通常也难以折价拍卖、处置，或者拍卖处置会造成价值严重贬损。因此，倾向认为，绿化工程承包人原则上不享有建设工程价款优先受偿权。

（二）合同管理的强制性不同

建设工程施工合同的管理具有强制性特征。由于建设工程往往涉及公共利益和公众安全，因此建设工程的立项、合同的订立与履行、竣工验收等都要受到国家严格管控，当事人意思自治受公权力制约明显。一般的承揽合同，以当事人合意为主，通常不属于公权力管理制约的对象。

《民法典》第七百九十二条　国家重大建设工程合同，应当按照国家规定的程序和国家批准的投资计划、可行性研究报告等文件订立。

《招标投标法》第三条第一款　在中华人民共和国境内进行下列工程建设项目包括项目的勘察、设计、施工、监理以及与工程建设有关的重要设备、材料等的采购，必须进行招标：

（一）大型基础设施、公用事业等关系社会公共利益、公众安全的项目；

（二）全部或者部分使用国有资金投资或者国家融资的项目；

（三）使用国际组织或者外国政府贷款、援助资金的项目。

《必须招标的基础设施和公用事业项目范围规定》第二条　不属于《必须招标的工程项目规定》第二条、第三条规定情形的大型基础设施、公用事业等关系社会公共利益、公众安全的项目，必须招标的具体范围包括：

（一）煤炭、石油、天然气、电力、新能源等能源基础设施项目；

（二）铁路、公路、管道、水运，以及公共航空和A1级通用机场等交通运输基础设施项目；

（三）电信枢纽、通信信息网络等通信基础设施项目；

（四）防洪、灌溉、排涝、引（供）水等水利基础设施项目；

（五）城市轨道交通等城建项目。

《建工司法解释（一）》第三条　当事人以发包人未取得建设工程规划许可证等规划审批手续为由，请求确认建设工程施工合同无效的，人民法院应予支持，但发包人在起诉前取得建设工程规划许可证等规划审批手续的除外。

发包人能够办理审批手续而未办理，并以未办理审批手续为由请求确认建设工程施工合同无效的，人民法院不予支持。

建设工程项目开工和建设工程施工应办理"四证"：建设用地规划许可证、国有土地使用证、建设工程规划许可证、建设工程施工许可证。

取得建设用地规划许可证，是办理其他三证的前提和基础，在未取得建设用地规划许可证的情况下，无法办理其他三证。建设工程规划许可颁证涉及对建设项目的具体方案进行审查，建设工程规划许可不能突破建设用地规划许可的范围，建设用地规划许可证是取得建设工程规划许可证的前提，故司法解释规定在未办理建设工程规划许可证的情况下，所签订的建设工程施工合同应认定为无效。

在已经取得前述两证的情况下，未取得国有土地使用证，可能导致无法办理产权登记，发包人在民事权利行使上存在瑕疵，但建设工程取得建设工程规划许可证，代表得到了建设行政主管部门的批准认可，应当认定建设工程施工合同有效。

未办理建设工程施工许可证可能会受到监管部门的行政处罚，但不影响建设工程施工合同的法律效力，先签订合同、先开工后补办建设工程施工许可证手续的情形常有发生。发包人以未办理建设工程施工许可证为由请求合同无效、拒绝支付工程价款的，不予支持。

未办理建设工程规划许可证允许效力补正。合同效力补正，是指在合同成立时存在某些瑕疵或缺陷，未能完全满足法律规定的有效条件，但当事人可以通过事后采取一定措施，使合同达到法律要求的有效状态。合同效力补正通常有两种方式：一是事后补证，是指在合同成立后，当事人通过提供额外的证据或采取补救措施，来证明合同的签订条件或内容符合法律规定。二是实际履行，是指当事人已经开始按照合同约定执行合同义务的行为。在某些情况下，实际履行行为可以作为合同有效的证据。例如，合同中的部分条款存在瑕疵、缺乏某些有效要件，但双方已经开始按照共同理解且符合法律规定的实际行为履行合同，或者补办相关手续等，这可能被视为对合同效力的补正。

案件审理过程中，诉争合同效力是否已得到补正，需要当事人提供相应事后补正或实际履行的证据及法律依据，由人民法院通过法律程序认定合同是否通过补正措施达到有效状态。合同效力补正体现了法律对合同关系的尊重与保护，旨在通过灵活的法律手段，尽可能地维护合同的效力，保障交易安全，促进市场经济健康发展。

根据《建工司法解释（一）》第3条的规定，未办理建设工程规划许可证允许效力补正，即发包人在起诉前取得建设工程规划许可证的建设工程施工合同，应当认定为有效合同。

法条中规定的是"起诉前"，对于"起诉前"应当如何理解，《建工司法解释（一）》第3条第1款规定，"发包人在起诉前取得建设工程规划许可证等规划审批手续的"建设工程施工合同有效，这里的"起诉前"是否应当明确限定为"第一次起诉"前？发包人第一次起诉前未取得建设工程规划许可证等规划审批手续，撤回诉讼、再次起诉获得相关规划审批手续，建设工程施工合同是认定为有效，还是依然应认定为无效？《湖南省高级人民法院关于审理建设工程施工合同纠纷案件若干问题的解答》（以下简称《建工案件解答》）第5条规定，存在多次诉讼，发包人在本次起诉前取得建设工程规划许可证等审批手续的，可以认定建设工程施工合同有效。因此，从积极引导当事人采取补救措施、履行报审义务、保护合同效力等角度考虑，不应当将"起诉前"限定为第一次起诉前，当事人撤诉后再次起诉时发包人取得建设工程规划审批手续的，可以认定合同有效。存在多次诉讼，发包人在最后一次起诉前取得建设工程规划许可证等审批手续的，可以认定建设工程施工合同有效。但同一案件在上诉、申诉、再审（包括二审发回、再审发回）期间取得的，不能认定为合同有效。

超越资质等级许可允许效力补正。《建工司法解释（一）》第4条规定，承包人超越资质等级许可的业务范围签订建设工程施工合同，在建设工程竣工前取得相应资质等级，当事人请求按照无效合同处理的，人民法院不予支持。需要注意的是，这里的"竣工"是指工程完工，而不是指工程竣工验收。

有的开发商在建设工程完工后，以项目未取得建设工程规划许可证等审批手续,应当认定合同无效为由,拒绝支付承包人工程款。而承包方则认为建设工程项目已经由当地发展和改革部门审批立项,且工程已经竣工验收销售,住建部门也未作出违章建筑认定,开发商以未取得建设工程规划审批手续为由请求确认合同无效并拒绝支付工程价款,没有事实和法律依据,其不诚信行为不应得到人民法院支持。对于建设工程项目已经得到发展和改革部门等审批立项,但未办理建设工程规划许可证的建设工程施工合同,是否认定为有效合同,尚待法律和司法解释予以明确。

不能将未取得建设工程规划许可证等审批手续导致合同无效的后果,等同于工程质量不合格的后果。

【典型案例】 (2023)湘民申 2757 号

金泉公司与文某华等建设工程施工合同纠纷

》 裁判摘要

《民法典》第 793 条第 1 款规定,建设工程施工合同无效,但是建设工程经验收合格的,可以参照合同关于工程价款的约定折价补偿承包人。《建工司法解释(一)》第 3 条规定,当事人以发包人未取得建设工程规划许可证等规划审批手续为由,请求确认建设工程施工合同无效的,人民法院应予支持,但发包人在起诉前取得建设工程规划许可证等规划审批手续的除外。发包人能够办理审批手续而未办理,并以未办理审批手续为由请求确认建设工程施工合同无效的,人民法院不予支持。第 9 条第 3 项规定,建设工程未经竣工验收,发包人擅自使用的,以转移占有建设工程之日为竣工日期。第 14 条规定,建设工程未经竣工验收,发包人擅自使用后,又以使用部分质量不符合约定为由主张权利的,人民法院不予支持。

本案中,金泉公司主张案涉工程系未取得建设工程规划许可证的违章建筑,无论其质量合格与否均不能按照合同约定支付工程价款。再审法院认为，金泉公司作为发包方，其负有向住建部门申请办证的义务。案涉项目自2019年施工至今，金泉公司一直未积极完善相关建房手续，亦未对此作出合理说明，现又以项目未办证为由拒绝支付相应工程款，明显具有逃避付款义务的主观恶意。违章建筑认定有严格的法律要求，须由有权部门经法定程序认定，金泉公司并未提交证据证明案涉项目已被认定为违章建筑。同时，从建设工程领域的法律及司法解释的规定来看，案涉项目未取得建设工程规划许可证的法律后果为案涉《建设工程施工合同》无效。《建设工程施工合同》无效，但是建设工程经验收合格的，可以参照合同关于工程价款的约定折价补偿承包人。本案中，金泉公司未按照合同约定及相应的规范或标准组织验收，径行接收案涉工程，且已对外出售项目房屋。因此，原审法院依据前述规定，认定案涉工程应视为工程质量合格，金泉公司应参照合同关于工程价款的约定进行折价补偿并无不当。该处理方式确保了合同当事人均不能从无效合同中获得超出合同有效时的利益，符合当事人的合理预期与我国建筑市场的实际。

（三）合同形式的要求不同

建设工程施工合同的形式具有法定性，根据《民法典》第789条的规定，建设工程合同应当采用书面形式。而承揽合同可以是书面也可以是口头形式，多数情况下均为口头合同。

【实务问题】签订中标通知书后，未正式签订建设工程施工合同时合同是否成立

第一种观点：中标通知书到达中标人时，建设工程施工合同并不成立，中标人收到中标通知书后，一方当事人如果不按照《招标投标法》第46条的规定签订书面合同，应当承担缔约过失责任。

第二种观点：中标通知书到达中标人时视为预约合同成立，只有当招标人与中标人签订书面合同后本约才成立。根据《招标投标法》第46

条第1款的规定，招标人与中标人应当自中标通知书发出之日起30日内，按照招标文件和中标人的投标文件订立书面合同。因此，《招标投标法》规定投标人中标之后需要签订书面合同，中标通知书及其他招投标文件不符合合同书面形式的要求。

第三种观点：中标通知书到达中标人时承诺生效，合同成立。一方当事人不遵守招投标文件和中标通知书约定的，应当承担违约责任。因为招投标文件虽然不是合同双方当事人签订的书面合同，但当事人双方必须根据招投标文件确定的内容签订合同。招投标文件内容具体明确，具有合同的基本要素，之后所签订的书面合同不得违背招投标文件的实质性内容，故中标通知书到达中标人时承诺生效，应当认定合同已经成立。

我们采纳第三种观点。理由是：

第一，从《民法典》的规定看。根据《民法典》第469~490条的规定（合同签订方式、要约邀请、要约、承诺、成立），招标人发布招标公告为要约邀请，投标人投标为要约，中标通知书为承诺，中标通知书到达中标人承诺生效，合同成立。《民法典》第495条第1款规定，当事人约定在将来一定期限内订立合同的认购书、订购书、预订书等，构成预约合同。预约是当事人约定将来订立特定契约的契约，当事人将来要订立的契约为本约而以订立本约为其标的的契约为预约。但是，在招标过程中无论是招标文件、投标文件还是中标通知书均无将来订立特定契约的约定，故不能将中标通知书理解为预约。因此，招标文件、投标文件和中标通知书共同构成符合《民法典》关于建设工程合同应当采用书面形式的要求。

将《招标投标法》第46条第1款中的"书面合同"理解为"合同书"更加符合立法的本意，该"合同书"的内容应当与招标文件、投标文件、中标通知书的内容一致，二者实际上是同一合同，只是表现为不同的书面形式。双方当事人另行签订的合同，实质上是将一种书面形式（招标文件、投标文件、中标通知书）转换为另一种书面形式（合同书），合同形式的转换不影响合同的同一性，不妨碍合同在中标通知书到达中标人时成立。

第二，从《建工司法解释（一）》的规定看。《建工司法解释（一）》第22条规定，当事人签订的建设工程施工合同与招标文件、投标文件、中标通知书载明的工程范围、建设工期、工程质量、工程价款不一致，一方当事人请求将招标文件、投标文件、中标通知书作为结算工程价款的依据的，人民法院应予支持。因此，当事人通过招投标方式订立建设施工合同的，招标文件、中标人的投标文件以及中标通知书共同构成书面建设工程施工合同。当事人另行签订的与招投标文件不一致的其他建设工程施工合同的，对于工程范围、建设工期、工程质量、工程价款等实质性内容，应当以招标文件、投标文件、中标通知书为准。对于非实质性内容，应当以当事人的真实意思表示为准。另行签订的合同未作约定的，应当以招投标文件为准。

第三，从司法审判实践看。最终签订的建设工程施工合同背离招投标文件实质性内容的，应视为"黑合同"。可以看出，实际上招投标文件即已单独具有合同性质，并非预约合同。由于建设工程施工合同较其他合同更容易形成黑白合同，且工期时间较长，背离招投标实质性内容情形较多，故在招投标签订成交确认书时应视为要约邀请—要约—承诺完成，不签订合同不影响合同成立。《建设工程施工合同（示范文本）》（GF-2017-0201）中即将中标通知书、投标函及其附录作为合同构成的文件。也就是说，中标之后签订的合同书必须与中标通知书的实质性内容一致。如果实质性内容不一致，就应视为"黑合同"，认定为无效合同。

因此，中标通知书到达承包人时，当事人双方之间建设工程施工合同成立，发包人或承包人拒绝与对方签订正式建设工程施工合同文本的，应当承担违约责任，或根据双方过错赔偿损失。

《最高人民法院关于适用〈中华人民共和国民法典〉合同编通则若干问题的解释》（以下简称《民法典合同编通则解释》），对上述实务问题已作出明确规定。

《民法典合同编通则解释》第四条 采取招标方式订立合同,当事人请求确认合同自中标通知书到达中标人时成立的,人民法院应予支持。合同成立后,当事人拒绝签订书面合同的,人民法院应当依据招标文件、投标文件和中标通知书等确定合同内容。

采取现场拍卖、网络拍卖等公开竞价方式订立合同,当事人请求确认合同自拍卖师落槌、电子交易系统确认成交时成立的,人民法院应予支持。合同成立后,当事人拒绝签订成交确认书的,人民法院应当依据拍卖公告、竞买人的报价等确定合同内容。

产权交易所等机构主持拍卖、挂牌交易,其公布的拍卖公告、交易规则等文件公开确定了合同成立需要具备的条件,当事人请求确认合同自该条件具备时成立的,人民法院应予支持。

【问题解答】 当事人另行签订的建设施工合同的工程范围、建设工期、工程质量、工程价款等实质性内容,与招投标文件、中标通书、中标合同不一致,如何理解;对于施工合同与中标合同、招投标文件、中标通知书载明的工程范围不一致(或小于或大于或部分重合,如中标文件是A栋,施工合同是A栋、B栋),一方当事人主张以中标合同、招投标文件、中标通知书载明的工程范围为准,其他部分不应计算工程量,如何处理

观点一:工程范围是合同的实质性条款,不能背离招投标文件,否则不产生法律效力。根据《建工司法解释(一)》第22条的规定,应按照招投标文件、中标合同、中标通知书确定的工程范围作为工程价款结算依据。

观点二:在招投标活动有效的情况下,施工合同实质性条款与其发生背离,系无效合同。根据上述规定,工程价款的计价标准应参照招投标文件、中标通知书及中标合同的约定计算;对于超过招投标文件、中标合同、中标通知书确定的工程范围的工程,如果没有约定,采用类似的计价方式,没有类似计价方式的,则应按市场价据实计算。

原则上同意第二种观点。从以下两点进行分析说明：

第一，判断"实质性背离"的原则标准。凡是排除其他投标人中标的可能或者提高其他投标人中标条件的内容，或者说实质上影响其他投标人中标，都构成《招标投标法》第46条第1款，以及《建工司法解释（一）》第2条、第23条中的"实质性内容"。突破工程范围边界、延长建设工期、降低工程质量、减少工程价款等，都有可能构成与"实质性内容"不一致的情形。例如，中标人承诺以明显高于市场价格购买承建的房产、无偿建设住房配套设施、让利（再次下浮工程款比例）、约定由中标人承担全部或部分不可竞争性费用、向建设方捐款等；中标合同变更工程价款支付时间、降低工程质量，均应认定为变更了中标合同的实质内容。但因设计变更、建设工程规划指标调整等客观原因，发包人与承包人通过补充协议、会议纪要等形式合理变更工期、工程价款的，不应认定为变更中标合同的实质性内容。又如，在并不存在违反招投标程序的情形下，招标文件约定综合单价方式计算工程造价，而双方签订的备案合同约定总价包干计价方式和固定单价计价方式，是否属于对招投标文件予以实质变更的问题。若两者价款计算发生了实质性变化，则应认定为实质性变更。若总价包干价是由综合单价计算而来，则不应认定为实质性变更。

第二，上述问题的处理方法和思路。要把握好以下两个方面：

首先，应当准确把握工程内容与工程范围的区别（工程内容大于或等于工程范围）。工程内容是指反映工程状况的指标内容，包括建设工程的规模、结构特征等内容，比如长沙国际商业广场总店（一期）工程施工图以内的全部施工内容、工程地点、工程立项批准文号、建筑面积等。工程范围是指承包人承包工作的范围，具体体现为招投标文件或者施工图纸确定的承包范围，比如长沙国际商业广场总店（一期）工程内容范围内的全部或部分建筑施工内容。因此，只有在同一工程项目（内容、标的）范围内，所签订的施工合同才有可能与招投标文件、中标通知书、中标合同载明的工程范围不一致，出现工程范围"实质性内容"不一致情形。

其次，要区分不同情况进行处理。在上面的问题中，对A栋进行招投标而实际签订的合同中增加了B栋，属于增加了工程内容。招投标签订的合同中对于A栋进行施工，而实际签订合同中增加层数或裙楼等合同外工程量，则属于扩大了工程范围，是否属于背离招投标文件的工程范围，要审查是否属于工程量的合理变更。A栋进行了招投标，按照招投标文件进行结算。而B栋的承包权取得如属于必须招标的项目则因违反《招标投标法》而无效；或者B栋与A栋的工程范围、工程量相同，如果B栋增加了工程价款，则间接增加了A栋工程价款，虽不属于背离A栋的工程范围，但亦属于当事人另行签订的合同的工程价款与中标合同实质性内容不一致的情形，亦可参照招投标文件进行结算。如果A栋明确约定人工费、材料费不调差，而B栋对此也未进行约定，承包人以B栋施工期人工、材料费上涨为由，要求按照施工期新的定额标准或市场价结算，或者要求对人工费、材料费按照新的标准进行调差的，不予支持。

如果B栋不属于必须招标的项目，当事人对超过A栋工程范围的B栋的计价方式，有约定的按约定结算；没有约定或者约定不明的，一般情形下应当参照A栋确定的计价方式结算工程价款。

因此，在招投标活动有效情况下，施工合同实质性条款与招投标文件发生背离，应当认定为无效合同。根据上述规定，工程价款的计价标准应参照招投标文件、中标通知书及中标合同的约定计算；如果没有约定的，应采用类似的计价方式；没有类似计价方式的，则应按市场价据实计算。

【实务问题】**招投标文件未规定人工费是否调差，中标合同约定可以调差，是否属于背离招标文件的实质内容**

不属于实质背离，原因如下：（1）招投标文件未规定人工费调差属于未约定或约定不明情形，中标合同约定人工费按施工期新实施文件的定额计价具有合理性，与通常发承包人为降低成本故意背离中标合同内容阻碍其他投标人中标的行为有所区别。（2）按国家政策调整人工费，最终保障的是劳动者，如果认定背离中标合同有失公允，则有可能低于最低工资标准，损害劳动者的生存权益。（3）从中标合同约定的内容看，如出新的文件则按新的文件执行，是否出新的文件本身并不确定，如出则按新的文件执行，符合正常情理，与前述不得实质性变更的规定不冲突。（4）按照司法实践中坚持的人工费调差的一般原则，没有约定或约定不明的应予调差；或者约定人工费调差的中标合同无效，由于该约定属于工程价款清理和结算的内容，亦应参照合同约定调差。

【典型案例】（2023）湘民终194号

浩宇公司与友阿公司建设工程施工合同纠纷

≫ 裁判摘要

二审法院认为，该部分调差应予计取。理由是：首先，友阿公司主张的人工费不予调整的内容选自招标文件第八章"投标文件格式"，而《标准施工招标文件》第三章"评标办法"中列明了响应性评审标准范围为招标文件的第二章"投标人须知"至第七章"技术标准和要求"，并未包括第八章"投标文件格式"。并且，友阿公司的招标文件亦明确规定，投标人应按招标文件第五章的要求编制投标报价，浩宇公司的投标文件与《中标通知书》中亦未列明人工费不予调整的内容。因此，招标文件第八章"投标文件格式"系对投标文件统一格式的规定，并不属于招标文件的实质性内容，不作为响应性评审标准，案涉招投标文件并未明确规定"人工费不予调整"。其次，"6·28"合同的合同协议书第五项约定，人工工资标准若有新的文件，按新文件精神执行。为明确合同细节，方便合同履行之目的，在未违背招投标文件实质性内容的前提下，招标人与中标人对于招投标文件未明确的合同事项可以进行细化与补充。而"实质性内容"是指在招投标过程中对中标结果产生实质性影响的内容。本案中，招标文件中对于工程造价仅规定为定额计价，并未约定合同总价，且人工费亦仅规定了计取的标准，未明确规定其不予调整。因此，对于潜在投标者而言，人工费调整与否并非其需要实质响应的内容。浩宇公司与友阿公司后续约定人工费调整并不会排斥潜在的投标人或者损害第三方利益，亦不会影响中标结果。此外，案涉招投标文件规定人工工资标准执行《湖南省住房和城乡建设厅关于发布2014年湖南省建设工程人工工资单价的通知》（湘建价〔2014〕112号）所规定的标准，该文件第2条第3点亦规定："发包单位与承包单位签订施工承包合同时，其工资单价不得低于发布的当地最低工资单价。已签订的施工合同，其工资单价低于施工期发布的当地最低工资单价时，发包单位与承包单位应另行协商签订补充协议予以调整。"因此，该规定实际亦包含了人工费可以调整的内容，即在施工过程中，若出现新的文件，致使之前约定的工资单价低于施工期发布的当地最低工资单价时，双方应另行协商予以调整。故浩宇公司与友阿公司签订案涉"6·28"合同时，基于前述规定，为避免双方后续另行签订补充协议，直接在合同中对因文件标准变化、可进行人工费调整事宜进行补充约定，该约定并未违反招投标文件的实质性内容，系合法、有效的约定。最后，案涉招投标发生于2017年5月，合同签订于2017年6月，双方约定的2014年文件标准中岳阳市建安综合人工工资单价为76元/天，装饰综合人工工资单价为90元/天。2017年11月，出台的新文件《湖南省住房和城乡建设厅关于发布2017年湖南省建设工程人工工资单价的通知》（湘建价〔2017〕165号）规定，岳阳市建安最低人工工资单价为80元/天，装饰最低人工工资单价为100元/天。招投标文件规定的人工工资单价已低于同期当地最低人工工资单价。因此，对人工费进行调整，既符合《湖南省住房和城乡建设厅关于发布2014年湖南省建设工程人工工资单价的通知》（湘建价〔2014〕112号）精神，未违背招投标文件实质性内容，亦不会导致案涉项目实际处于低于成本施工状态，保障了农民工权益。综上，一审法院认定人工费应予调整并无不当。

（四）合同内容完成的程序要求和责任承担的方式不同

建设工程施工合同标的物的特殊性，决定了建设工程主体工程必须由承包人自己完成，且将部分工作交由第三人完成的程序要求与承揽人存在很大差别。根据《民法典》第791条第2款的规定，总承包人或者勘察、设计、施工承包人经发包人同意，可以将自己承包的部分工作交由第三人完成。第三人就其完成的工作成果与总承包人或者勘察、设计、施工承包人向发包人承担连带责任。

对于一般的承揽合同，根据《民法典》第773条的规定，承揽人有权将部分辅助工作交与第三人完成。根据《民法典》第772条第2款的规定，承揽人将主要工作交第三人完成的，就第三人完成的工作成果向定作人负责，未经定作人同意的，定作人可以解除合同。次承揽人就完成的工作向承揽人负责。

（五）案件管辖的法院不同

建设工程施工合同纠纷案件的管辖具有特定性，需要按照不动产纠纷的有关规定确定管辖，即由建设工程项目所在地人民法院管辖。建设工程合同纠纷案件属于专属管辖，当事人不能自行约定管辖法院。而承揽合同纠纷则适用一般合同案件确定管辖，即由被告所在地或合同履行地人民法院管辖，且当事人可以协议约定管辖法院。如最高人民法院（2020）最高法民辖93号民事裁定认为，《最高人民法院关于适用〈中华人民共和国民事诉讼法〉的解释》（以下简称《民事诉讼法解释》）第28条第2款规定的建设工程施工合同纠纷，不限于《民事案件案由规定》中的建设工程合同纠纷项下的第四级案由"建设工程施工合同纠纷"，还应当包括该项下的建设工程价款优先受偿权纠纷、建设工程分包合同纠纷、建设工程监理合同纠纷、装饰装修合同纠纷等其他与建设工程施工相关的纠纷。本案案由为装饰装修合同纠纷，应按照不动产纠纷确定管辖，属专属管辖情形，由不动产所在地法院管辖。案涉合同中的协议管辖条款因违反专属管辖规定而无效，上海市嘉定区人民法院对本案无管辖权。案涉工程位于芜湖市镜湖区长江路，芜湖市镜湖区人民法院对本案有管辖权。

【问题解答】因装饰装修合同纠纷引发的诉讼，案由定为装饰装修合同纠纷还是承揽合同纠纷，管辖法院如何确定；从事装饰装修工程是否需要资质

根据《民事案件案由规定》，承揽合同纠纷系三级案由，而装饰装

合同纠纷系建设工程合同纠纷案由下的四级案由。理论界和司法实务界对于因装饰装修合同纠纷引发诉讼的案由定性存在争议。一种观点认为，因履行装饰装修合同引发的诉讼，案由统一确定为装饰装修合同纠纷。另一种观点认为，装饰装修工程根据实际情况可分为家庭居家装饰装修和工商业装饰装修，二者存在指向对象、规模、设计、施工人资质等方面的区别，应按照工程性质、规模大小等因素确定案由，若系家庭居家装饰装修，确定为承揽合同纠纷；若系工商业装饰装修，确定为装饰装修合同纠纷。

通常认为，一般不作区分，原则上均应确定为装饰装修合同纠纷。装饰装修合同纠纷案件属于建设工程施工合同纠纷案件范畴，其管辖法院具有特定性，应按照不动产纠纷确定管辖，即由装饰装修合同建设工程项目所在地人民法院管辖。

对于家庭居家装饰装修，司法实务界对于该类装饰装修中施工人的资质要求存在比较统一的认识，即并无强制性的资质要求，家庭居家装饰装修合同并不因施工人不存在相关资质而被认定为无效。

因此，对于不涉及建筑主体和承重结构变动的室内装修工程以及农民自建低层住宅建设工程施工合同，即使施工承包人未取得建筑业企业资质也并不当然无效。

对于"室内装修工程"是否需要限定为"家庭住宅的室内装修工程"，倾向认为，对于家装工程之外的工装工程，尤其是涉及建筑主体和承重结构变动的室内装修工程，往往需要相关建设工程资质，且由于涉及公共利益和公共安全，一般不宜由不具有建筑企业资质的企业施工，不具备相应资质而签订的工装工程合同不宜认定为有效。

【问题解答】 **因搭建用作生产的钢架棚引发的诉讼案由定为建设工程合同纠纷还是承揽合同纠纷；管辖法院如何确定**

核心在于判断所涉项目是否属于法律意义上的"建设工程"。《建筑法》第2条第2款规定："本法所称建筑活动，是指各类房屋建筑及其附属设施的建造和与其配套的线路、管道、设备的安装活动。"《建设工程质量管理条例》第2条第2款规定："本条例所称建设工程，是指土木工程、建筑工程、线路管道和设备安装工程及装修工程。"《中华人民共和国招标投标法实施条例》(以下简称《招标投标法实施条例》)第2条规定："招标投标法第三条所称工程建设项目，是指工程以及与工程建设有关的货物、服务。前款所称工程，是指建设工程，包括建筑物和构筑物的新建、改建、扩建及其相关的装修、拆除、修缮等；所称与工程建设有关的货物，是指构成工程不可分割的组成部分，且为实现工程基本功能所必需的设备、材料等；所称与工程建设有关的服务，是指为完成工程所需的勘察、设计、监理等服务。"据此，主要还是看合同内容，根据钢架棚功能性质、结构规模等因素进行判断，确定案由。若单独可构成建筑结构用以承载各种负荷并具有一定规模，则属于建设工程，案由定为建设工程合同纠纷，按专属管辖确定由不动产所在地的人民法院管辖。

第二节 关于建设工程施工合同的效力

合同效力在合同法体系中具有基础性的地位和作用，在司法层面则是审判实务中首先要考虑认定的问题。准确认定建设工程施工合同的效力，既是划分合同主体权利义务的基础，也是规范建筑市场行为、传递正确价值导向、衡平社会公共利益的必然要求。[①] 在合同性质明确的情况下，人民法院审理建设工程施工合同纠纷案件，首要的任务就是要对合同效力进行审查认定，合同是否有效、合同是否存在无效的情形，是人民法院必须依职权主动审查认定的内容，无论当事人主动提出还是没有提出，均应主动予以评价。

建设工程纠纷案件属于合同纠纷案件，审理建设工程纠纷案件首先

[①] 参见最高人民法院民事审判第一庭编著：《最高人民法院新建设工程施工合同司法解释（一）理解与适用》，人民法院出版社2021年版，第14页。

要认定建设工程施工合同的效力，进而认定当事人的权利义务，即确定谁应当对工程质量负责，谁有权请求发包人支付工程款。为维护市场秩序、保证工程质量、保障建筑工人权益，建设工程纠纷案件审判还应当规制出借资质、非法转包、违法分包等"寻租"行为以及违背诚信原则谋取不当利益的行为，保证劳有所得，遏制不劳而获。①

虽然《民法典》缩小了合同无效情形的范围，体现出了鼓励交易、保护合同效力的立法宗旨，不轻易认定合同无效。但由于我国建筑行业相关立法对当事人的意思自治制定了很多限制性规定，加之建筑市场行政管理存在漏洞，执法不严、市场竞争无序、主体违规违法的现象多有存在，导致产生了大量的无效建设工程施工合同。违反建筑市场主体准入制度、违法招投标、中标无效、转包、违法分包、挂靠等情形下签订的建设工程施工合同均无效。因此，对合同效力进行评价，既是规范建筑领域工程建设行为的要求，也是合理确定各方当事人权利义务的基本前提。《民法典》第791条、《建工司法解释（一）》第1~5条等法律条文，对于建设工程施工合同无效情形的认定及其处理作出了明确具体的规定。但在审判实践中，仍然存在有的案件不审查、不分析、不认定合同的效力，或者审查、认定合同效力错误的情形。

【典型案例】 （2022）湘民再211号

黄某忠与谭某雄、园艺公司建设工程施工合同纠纷

» 基本案情

谭某雄与黄某忠签订《合作协议书》，约定双方共同承接安置房工程项目（谭某雄负责前期项目运作及商务谈判，黄某忠负责现场管理及施工），谭某雄从中收取50元/平方米的前期项目运营费用；主体工程所发生的税金、管理费等所有费用由黄某忠负担，附属工程所发生的费用由

---

① 参见谢勇：《建设工程施工合同纠纷案件的审判理念和思路》，载中国法院网，https://www.chinacourt.org/article/detail/2024/07/id/8031009.shtml。

谭某雄负担；谭某雄负责直接与建设单位金科公司签订施工协议。黄某忠主张《合作协议书》本质上属于工程转包合同，应为无效合同。一审、二审法院认为，《合作协议书》是双方真实意思表示，不违反法律法规的强制性规定，应属合法有效的合同。①

> **裁判摘要**

再审法院经审理认为，黄某忠与谭某雄签订合作协议后，案涉工程的发包人金科公司与承包人园艺公司签订合同，谭某雄设立园艺公司分公司，并以园艺公司分公司的名义与黄某忠就案涉工程签订《建设工程项目内部绩效考核责任书》及补充协议。因此，《合作协议书》是谭某雄承接到工程后转包（挂靠后转包）给黄某忠，《合作协议书》系非法转包合同，且合同签订主体缺乏相应资质，属于无效合同。

一、建设工程施工合同必须招投标的范围及其对合同效力的影响

（一）建设工程施工合同必须招投标的范围大幅缩小

原《合同法》第52条规定了合同无效的五种情形：（1）一方以欺诈、胁迫的手段订立合同，损害国家利益；（2）恶意串通，损害国家、集体或者第三人利益；（3）以合法形式掩盖非法目的；（4）损害社会公共利益；（5）违反法律、行政法规的强制性规定。《民法典》对合同无效的情形进行了调整，其中第1种情形不再作为合同无效情形，而是作为合同可撤销情形（《民法典》第148~150条），第3种情形不再作为合同无效情形，增加了第146条虚假表示与隐藏行为的效力的规定。第2种、第4种、第5种情形分别体现在《民法典》第153条、第154条中，作为合同无效情形。可以看出，《民法典》实际上是缩小了合同无效情形的范围，而从建设工程施工合同必须是招投标项目的立法来看，亦实际上缩小了必须招投标的工程项目范围，从而减少了招投标行为可能被认定为无效

---

① 不说明理由，不回应当事人的主张，这种情形并不少见。——作者注

的情形。

《招标投标法》第三条 在中华人民共和国境内进行下列工程建设项目包括项目的勘察、设计、施工、监理以及与工程建设有关的重要设备、材料等的采购，必须进行招标：

（一）大型基础设施、公用事业等关系社会公共利益、公众安全的项目；

（二）全部或者部分使用国有资金投资或者国家融资的项目；

（三）使用国际组织或者外国政府贷款、援助资金的项目。

前款所列项目的具体范围和规模标准，由国务院发展计划部门会同国务院有关部门制订，报国务院批准。

法律或者国务院对必须进行招标的其他项目的范围有规定的，依照其规定。

根据《招标投标法》第3条的相关规定，大型基础设施、公用事业等关系社会公共利益、公众安全的项目的具体范围和规模标准，由国家发展和改革委员会会同国务院有关部门制订，报国务院批准。经国务院批准的《必须招标的工程项目规定》第4条明确规定，对于大型基础设施、公用事业等关系社会公共利益、公众安全的项目，如果不涉及国有资金、国家融资，不涉及国际组织或者外国政府贷款、援助资金，必须招标的具体范围由国务院发展改革部门会同国务院有关部门按照"确有必要、严格限定"的原则制订，报国务院批准。

2018年3月8日公布施行的《国务院关于〈必须招标的工程项目规定〉的批复》提出，《必须招标的工程项目规定》施行之日，2000年4月4日国务院批准、2000年5月1日原国家发展计划委员会发布的《工程建设项目招标范围和规模标准规定》同时废止。

2018年6月6日，国家发展和改革委员会发布并实施的《必须招标的基础设施和公用事业项目范围规定》（发改法规〔2018〕843号）第2条明确规定："不属于《必须招标的工程项目规定》第二条、第三条规定情形的大型基础设施、公用事业等关系社会公共利益、公众安全的项目，必须招标的具体范围包括：（一）煤炭、石油、天然气、电力、新能源等能源基础设施项目;(二)铁路、公路、管道、水运,以及公共航空和 A1 级通用机场等交通运输基础设施项目;(三)电信枢纽、通信信息网络等通信基础设施项目;(四)防洪、灌溉、排涝引(供)水等水利基础设施项目;(五)城市轨道交通等城建项目。"

从上述规定可以看出,法律法规已经将原《工程建设项目招标范围和规模标准规定》中规定的十二大类必须招投标的基础设施和公用事业项目,压缩为能源、交通、通信、水利、城建基础设施项目五大类,大幅放宽对市场主体特别是民营企业选择发包方式的限制,删除民间资本投资较多的商品住宅项目等,民间资本开发的房地产项目不属于必须招投标的情形。

《建工案件解答》第3条也规定,当事人以建设工程未经招投标程序主张签订的建设工程施工合同无效的,除符合《招标投标法》第3条规定及国家发展和改革委员会2018年6月1日施行的《必须招标的工程项目规定》(中华人民共和国国家发展和改革委员会令第16号)、2018年6月6日施行的《必须招标的基础设施和公用事业项目范围规定》(发改法规规〔2018〕843号)的相关规定必须招标的项目外,不予支持。

使用国有资金进行大型市政基础工程建设必须进行招投标。即使BT合同约定工程建设先由投资建设方垫资完成,再由政府回购,但由于项目建设资金最终源于政府财政资金,BT合同项目工程仍属于上述法律规定必须进行招投标的项目范围。

【典型案例】(2021)最高法民终517号

浙商城建公司与通许县人民政府合同纠纷

>> 裁判摘要

关于《BT合同》及相关《BT合同补充合同》的效力问题。案涉工程属于通许县人民政府投资建设的大型市政基础设施项目,工程关系社会公共利益及公众安全。工程建设虽然采取BT合同模式实施,但不改变其大型市政基础设施的工程性质，原审法院由此认定案涉工程属于上述法律规定必须进行招标的建设工程项目，并无不当。在涉及使用国有资金进行大型市政基础工程建设的情况下，即便存在相关市场竞争不够充分的情形，也须采取与工程项目建设相适应的缔约机制或履行相应的监管程序，否则难以保障项目建设正当规范的程序要求。案涉《BT合同》及《BT合同补充合同》约定工程建设完成后再由政府回购，项目建设资金最终源于政府财政资金。《BT合同》虽有政府借以实现融资的目的，但仅此既不足以改变案涉工程作为大型市政基础设施项目的性质，也不构成免于履行招标程序的充分理由。

【问题解答】招标文件中明确了投标人涉诉或涉仲裁情况的披露义务，如果承包人在投标中未如实披露，是否构成虚假投标，签订的合同效力如何认定

一种观点认为，若是否涉诉或仲裁未对中标结果造成实质性影响，未侵犯他人的公平竞争权，则中标结果应合法有效，合同亦应有效。另一种观点认为，未如实披露涉诉情况即构成虚假投标，签订的合同亦无效。倾向于同意第一种观点，主张结合未如实披露涉诉情况对招投标秩序和招投标结果的公正性是否有实质性影响进行综合判断。涉诉并非重大瑕疵，一般不影响合同效力。

（二）建设工程施工合同纠纷诉讼时已不属于必须招投标情形的处理

关于国家政策调整之前属于必须招投标的工程项目，政策调整之后已不需要招投标的，案件处理时是否仍应按政策调整之前必须招投标的规定处理。最高人民法院（2021）最高法民终742号判决认为，因国家政策调整，之前属于必须招标的工程项目，建设工程施工合同纠纷诉讼发生时已不需要招标的，虽签订施工合同时未进行招标，但可综合考虑争议系当事人真实意思表示、工程质量合格、违约方否定合同效力获利有违诚信等因素，参照从新原则，不再予以否定合同效力。对此，《最高人

民法院关于适用〈中华人民共和国民法典〉时间效力的若干规定》（以下简称《民法典时间效力规定》）第8条规定，《民法典》施行前成立的合同，适用当时的法律、司法解释的规定合同无效而适用《民法典》的规定合同有效的，适用《民法典》的相关规定。

依据民法"有利溯及"原则，订立合同时属于必须招投标的建设工程，虽未进行招投标，但在起诉及案件尚未审结时，属于非必须招标的建设工程，则可认定建设工程施工合同有效。

【典型案例】 （2019）湘民终1011号

晨光公司与格林公司建设工程施工合同纠纷

》 裁判摘要

案涉合同效力如何认定。对于"7·19"合同的效力，本案双方当事人各执一词。晨光公司认为涉案工程系必须进行招投标的项目，"7·19"合同因违反《招标投标法》而应当认定无效。格林公司则坚持主张"7·19"合同是双方当事人的真实意思表示，并未损害国家、集体以及第三人的利益，亦未违反法律、法规的强制性规定，应当认定为有效。

对此，二审法院认为，《招标投标法》第3条第1款、第2款规定："在中华人民共和国境内进行下列工程建设项目包括项目的勘察、设计、施工、监理以及与工程建设有关的重要设备、材料等的采购，必须进行招标：（一）大型基础设施、公用事业等关系社会公共利益、公众安全的项目；（二）全部或者部分使用国有资金投资或者国家融资的项目；（三）使用国际组织或者外国政府贷款、援助资金的项目。前款所列项目的具体范围和规模标准，由国务院发展计划部门会同国务院有关部门制订，报国务院批准。法律或者国务院对必须进行招标的其他项目的范围有规定的，依照其规定。"本案案涉工程的建设资金均为开发商（格林公司）自筹，双方均未主张项目资金源于国家投融资，亦不存在使用国际组织或者外国政府贷款、援助资金的情形，案涉项目不属于《招标投标法》第3条第1款第2项、第3项所规定的必须进行招标的项目。

《招标投标法》第3条第1款第1项关于大型基础设施、公用事业等关系社会公共利益、公众安全项目的具体范围和规模标准，须由国家发展和改革委员会制订，报国务院批准。由此产生的《必须招标的工程项目规定》第4条明确规定，对于大型基础设施、公用事业等关系社会公共利益、公众安全的项目，如果不涉及国有资金、国家融资，不涉及国际组织或者外国政府贷款、援助资金，必须招标的具体范围由国务院发展改革部门会同国务院有关部门按照"确有必要、严格限定"的原则制订，报国务院批准。2018年3月8日，《国务院关于〈必须招标的工程项目规定〉的批复》指出，《必须招标的工程项目规定》施行之日，2000年4月4日国务院批准、2000年5月1日原国家发展计划委员会发布的《工程建设项目招标范围和规模标准规定》同时废止。2018年6月6日，国家发展和改革委员会发布并实施的《必须招标的基础设施和公共事业项目范围规定》（发改法规规〔2018〕843号）第2条明确规定："不属于《必须招标的工程项目规定》第二条、第三条规定情形的大型基础设施、公用事业等关系社会公共利益、公众安全的项目，必须招标的具体范围包括：（一）煤炭、石油、天然气、电力、新能源等能源基础设施项目；（二）铁路、公路、管道、水运，以及公共航空和A1级通用机场等交通运输基础设施项目；（三）电信枢纽、通信信息网络等通信基础设施项目；（四）防洪、灌溉、排涝引（供）水等水利基础设施项目；（五）城市轨道交通等城建项目。"上述规定已经将《工程建设项目招标范围和规模标准规定》中规定的十二大类必须招标的基础设施和公用事业项目压缩为能源、交通、通信、水利、城市建设五大类，大幅放宽对市场主体特别是民营企业选择发包方式的限制，删除了民间资本投资较多的商品住宅项目等。

《必须招标的工程项目规定》《必须招标的基础设施和公用事业项目范围规定》分别自2018年6月1日、6日起实施，此时本案一审尚未审结，故对于涉案工程是否属于必须招标的建设工程应当适用此规定。本案中，工程项目类别为商品住宅，建设资金系企业自筹，不属于法律法规规定的必须招投标的项目范围。现晨光公司主张"7·19"合同无效，很大程度上是为了免除或者减轻依据该合同其应当承担的民事责任。一方面，在对己有利的情况下，认可"7·19"合同是双方的真实意思表示，并主张以该合同作为结算依据；另一方面，又否认该合同的效力，试图免除其应当承担的合同义务，有违诚实信用原则。因此，本案"7·19"合同系当事人自愿签订，内容不违反法律和行政法规，且案涉房屋已经建好部分出售，合同基本履行，当事人双方签约目的已基本实现，故该"7·19"合同应为有效合同。一审法院认定"7·19"合同无效适用法律错误，二审法院予以纠正。

【实务问题】**如何理解、适用"空白溯及"原则**

根据《民法典时间效力规定》的规定，司法理论和实务通说认为，《民法典》适用的原则可分为：法不溯及既往原则、有利溯及原则以及空白溯及原则。

法不溯及既往原则是一项基本的法治原则，是指以引起纠纷的法律事实发生的时间点作为判断标准。法律事实发生在《民法典》施行之前的，适用之前的法律规定。法律事实发生在《民法典》施行之后的，适用《民法典》的规定。当时法律、司法解释另有规定的除外。

有利溯及原则，是指即使法律事实发生在《民法典》施行之前，如果适用《民法典》更有利于保护民事主体的合法权益、更有利于维护社会和经济秩序、更有利于弘扬社会主义核心价值观的，也可以适用《民法典》的相关规定。

空白溯及原则，是法不溯及既往原则的例外情形，是指对法律、司法解释新增规定的溯及，即让新法溯及适用于旧法的空白之处。也就是说，以前的法律以及司法解释等未对某一行为或权利义务进行规定，而《民法典》对该行为或权利义务作出了规定，在具体的诉讼过程中就可以适用《民法典》相关规定的原则。

《民法典时间效力规定》第10~18条规定了空白溯及的情形。包括：《民法典》合同编第565条第2款新增加的"通过诉讼、仲裁方式解除合同"的规定、第580条第2款新增加的"违约方解除权"的规定、合同编

第十六章新增加的"保理合同"的规定、第四编人格权编第1125条第1款和第2款增加与完善的"继承权的丧失及例外"的规定、第1128条第2款和第3款新增加的"兄弟姐妹子女代位继承"的规定、第1136条新增加的"打印遗嘱效力"的规定、第七编侵权责任编第1176条新增加的"自甘冒险"的规定、第1177条新增加的"自助行为"的规定、第1217条新增加的"机动车交通事故好意同乘"的规定。例如打印遗嘱，以前的继承法中并未对打印遗嘱作出规定，打印遗嘱并不属于遗嘱的法定形式，但《民法典》第1136条对打印遗嘱进行了规定。如果当事人因为打印遗嘱效力等问题产生纠纷，就可以适用《民法典》这一条规定。人民法院审理因打印遗嘱效力等问题产生的纠纷案件，就可以适用《民法典》这一条规定。如果当事人提交的证据能够证明在打印遗嘱的每一页均有立遗嘱人、两名见证人签名，并在最后一页写明日期的，则可以认定打印遗嘱具有法律效力。

《民法典时间效力规定》第3条规定："民法典施行前的法律事实引起的民事纠纷案件，当时的法律、司法解释没有规定而民法典有规定的，可以适用民法典的规定，但是明显减损当事人合法权益、增加当事人法定义务或者背离当事人合理预期的除外。"这条规定被视为"空白溯及"的条款，既明确了空白溯及的适用原则，亦规定了不能适用空白溯及原则的例外情形。在具体案件审理过程中，对于《民法典》新增规定溯及的适用，需要根据法律事实发生的时间，结合案件的具体情况进行判断。如果出现增加当事人法定义务、破坏当事人的合理预期、损害当事人的合法权益，有悖于《民法典》保护民事主体合法权益的立法目的的情形，就不能适用空白溯及原则。

【典型案例】（2023）湘民终161号

张某林与张某等四人保证合同纠纷

> **裁判摘要**

关于龙某舞、张某因诉讼文书送达不成功等原因未收到该起诉状副本，是否产生"债权人未要求保证人承担保证责任"的法律后果问题。法院认为，龙某舞、张某与石某志、江某源系共同保证人，不能因未签收起诉状副本而认定不应当承担保证责任。在《民法典》施行之前，提起诉讼和送达起诉状副本至部分保证人可认定债权人已向全部保证人行使了权利。《最高人民法院关于适用〈中华人民共和国担保法〉若干问题的解释》（法释〔2000〕44号）第19条规定："两个以上保证人对同一债务同时或者分别提供保证时，各保证人与债权人没有约定保证份额的，应当认定为连带共同保证。连带共同保证的保证人以其相互之间约定各自承担的份额对抗债权人的，人民法院不予支持。"《最高人民法院关于已承担保证责任的保证人向其他保证人行使追偿权问题的批复》规定："根据《中华人民共和国担保法》第十二条的规定，承担连带责任保证的保证人一人或者数人承担保证责任后，有权要求其他保证人清偿应当承担的份额，不受债权人是否在保证期间内向未承担保证责任的保证人主张过保证责任的影响。"该批复采取的立场是承担连带责任的保证人追偿权不受债权人是否向其他保证人主张过保证责任的影响。《担保法》第12条规定："同一债务有两个以上保证人的，保证人应当按照保证合同约定的保证份额，承担保证责任。没有约定保证份额的，保证人承担连带责任，债权人可以要求任何一个保证人承担全部保证责任，保证人都负有担保全部债权实现的义务。已经承担保证责任的保证人，有权向债务人追偿，或者要求承担连带责任的其他保证人清偿其应当承担的份额。"在《民法典》施行之后，《民法典》担保制度对连带共同保证进行了规定。《最高人民法院关于适用〈中华人民共和国民法典〉有关担保制度的解释》（法释〔2020〕28号）第29条第1款规定："同一债务有两个以上保证人，债权人以其已经在保证期间内依法向部分保证人行使权利为由，主张已经在保证期间内向其他保证人行使权利的，人民法院不予支持。"因此，双方对本案的情形是适用新法还是适用旧法存在争议。二审法院认为，债权人向连带责任保证的部分保证人主张权利的效力及于全部保证人，即《民法典》施行之前对此有规定，一审法院适用《民法典》施行之前的法律认定并无不当，故张某、龙某舞仍应当承担保证责任。

即便退一步而言，将本案该情形视为《民法典》施行前没有明确法律规定的情形，根据《民法典时间效力规定》第 3 条"民法典施行前的法律事实引起的民事纠纷案件，当时的法律、司法解释没有规定而民法典有规定的，可以适用民法典的规定，但是明显减损当事人合法权益、增加当事人法定义务或者背离当事人合理预期的除外"的规定，本案该情形不应当适用该规定。一般认为上述《民法典时间效力规定》第 3 条系对空白溯及及其例外情形的规定，例外情形是明显减损当事人合法权益、增加当事人法定义务或者背离当事人合理预期的，即符合这三种情形，旧法没有规定，而新法有规定也不能溯及适用，以避免严重损害当事人的权益和预期。在《民法典》的框架内，对于空白溯及的适用，法律采取了审慎的态度，尤其是在可能对当事人权益造成不利影响的情况下，即当新法的实施可能导致上述三种情形时，不予适用空白溯及。具体而言，明显减损当事人合法权益，指的是如果新法的适用将导致当事人原有的合法权益遭受显著损害，那么法律将不予追溯至新法实施前，旨在防止法律变更对当事人权益的不当剥夺，确保法律的连续性和稳定性。增加当事人法定义务，指的是当新法要求当事人承担额外的法定义务，而这些义务在旧法中并不存在时，法律同样不予追溯至新法实施前，体现了法律对当事人义务的审慎态度，避免因法律的变更而无端加重当事人的负担。背离当事人合理预期，指的是如果新法的实施与当事人在旧法框架下形成的合理预期相悖，那么法律也不予追溯至新法实施前，旨在维护法律的可预测性和信赖保护原则，确保当事人在法律变更过程中不会面临不公平或不合理的结果。这些例外情况的规定，旨在平衡法律的稳定性与公平性，确保法律变更不会对当事人权益造成不当影响。

本案中，若因张某、龙某舞送达不成功不承担保证责任，减损张某林合法权益，加重江某源、石某志的法定义务，属于前两种例外情形，且也属于背离当事人合理预期的第三种例外情形。理由如下：首先，法律所保护的当事人预期，是当事人基于对行为时的法律信赖所形成的预期，如果当时并没有相关法律规定，当事人和社会公众就不存在明确的、统一的对法律后果的预期。其次，法律所要保护的当事人预期是当事人的合理预期。因缺乏法律的规定，当事人可能形成错误的预期或者不合法、不合理的预期，这些预期当然不受法律保护。最后，当事人合理预期应当是符合公平正义和人们日常经验法则的认知。本案中，若适用上述法律规定的空白溯及，则龙某舞、张某因送达不成功不承担责任，则背离了当事人合理预期。故若适用新法可能导致上述例外情形，因此应当不予适用空白溯及。一审法院认定虽对龙某舞、张某送达不成功仍应当承担保证责任并无不当。

二、无须招投标的建设工程项目，当事人已选择招投标方式情形的处理

对于无须招投标的建设工程项目，当事人选择了招投标方式，是否可以不受《招标投标法》约束的问题，存在一定争议。主流观点认为，当事人既然主动选择了招投标方式，就应当受《招标投标法》的约束。也有观点认为，不属于必须招标的建设工程项目，即使当事人先选择了招投标方式，也可以不受《招标投标法》约束。这种观点主张应尽量从维护不轻易认定合同无效的原则角度出发，对于订立合同时属于必须招标而起诉时属于非必须招标的工程项目，当事人订立合同未进行招投标也不必认定合同无效。对于发包人与承包人通过协商订立施工合同后，又通过招投标程序与承包人或者他人订立施工合同的情形，也不应以违反《招标投标法》第43条、第55条的规定为由认定合同无效。

最高人民法院（2022）最高法民终118号民事判决书认为，即使对于非必要招标的项目，如当事人自愿选择通过招投标程序订立合同，也应当受《招标投标法》的约束。本案中，承包人与发包人在招投标之前即签订了《框架协议》，约定项目范围包括土建、安装、装修项目的建安、取费标准，可以视为双方在招投标之前就投标价格等实质性内容进行谈判，且承包人已实际进场施工。故认定双方在招投标合同签订之前已就工程项目进行了实质性磋商，违反强制性规定，承包人中标无效，其签订的《建设工程施工合同》及《补充协议》无效。

我们认为，在目前招投标程序不规范的情况下，对于非必须招投标的工程项目，如果当事人选择了招投标方式，也应当受《招标投标法》的约束。理由有：一是当事人自愿选择通过招投标程序订立合同，是双方真实意思的表示。二是《招标投标法》规范的对象为所有招投标行为，虽然《必须招标的工程项目规定》《必须招标的基础设施和公用事业项目范围规定》已不再将民营投资的商品住宅项目等列入必须招标的范围，但双方当事人既然选择以招投标方式确定施工方，就应平等受《招标投标法》的规制，受《招标投标法》的约束，否则可能会导致招投标秩序产生紊乱，损害其他竞标人的公平竞争权。

【典型案例】（2021）最高法民申 5258 号

开源公司与闽南公司建设工程施工合同纠纷

》裁判摘要

闽南公司主张招标前双方签订的《湘商·鑫贸大楼主体建安工程施工合同书》无效，本案应以中标备案的《湖南省建设工程施工合同》作为案涉工程款的结算依据。法院认为，《招标投标法》的规范对象为在我国境内进行的所有招投标活动。虽然 2018 年 3 月 27 日国家发展和改革委员会公布的《必须招标的工程项目规定》《必须招标的基础设施和公用事业项目范围规定》，已不再将民营投资的商品住宅项目列入必须招标的范围，但双方当事人既然选择以招投标方式确定施工人，就应当平等适用规制招投标行为的法律规定，即应受《招标投标法》的约束。本案中，开源公司与闽南公司未经招投标即签订《湘商·鑫贸大楼主体建安工程施工合同书》，在闽南公司中标后，双方又签订一份用于备案的《湖南省建设工程施工合同》，故双方存在明显的串标行为，违反了《招标投标法》中有关禁止未招先定、串通招标的效力性强制性规定，故《湘商·鑫贸大楼主体建安工程施工合同书》和《湖南省建设工程施工合同》均无效。

三、劳务分包合同效力的正确认定

（一）劳务分包的判断标准

审判实践中，存在混淆劳务分包与转包、违法分包的情形。如何准确区分，关系合同效力的正确认定、案件的正确处理。判断是劳务分包，还是转包、违法分包，主要看承包范围是否包含了大型机械租赁、主要建材采购、现场管理等内容。

承包单位承包建设工程后，将案涉工程的劳务分包给不同的劳务公司（队）参与施工的情形较为普遍，合法的劳务分包受法律保护。如果无证据证明，承包人不属于将其承包的全部建设工程转包给他人，或将其承包的全部工程支解以后以劳务分包的名义分别转包给他人承包的情形，则应当认定劳务分包合同有效。但如果劳务分包的承包范围包含了大型机械租赁、主要建材采购、现场管理等内容，则有可能构成转包、违法分包。

《建工司法解释（一）》第5条规定，具有劳务作业法定资质的承包人与总承包人、分包人签订的劳务分包合同，当事人请求确认无效的，人民法院依法不予支持。即具有劳务作业法定资质的承包人与工程总承包人及其专业工程分包人订立的劳务分包合同，应认定为有效。

《房屋建筑和市政基础设施工程施工分包管理办法》第5条第2款规定，本办法所称劳务作业分包，是指施工总承包企业或者专业承包企业将其承包工程中的劳务作业发包给劳务分包企业完成的活动。

工程建设包括建设施工和劳务作业，建设施工是指整个建筑项目的建设过程，包括设计、采购、施工、监理、验收等阶段，劳务作业则是指在建设施工过程中具体的建设操作，是施工过程中的一个环节，如挖掘、浇筑、安装、焊接、切割等。建筑劳务分包项目包括十三种工程的劳务及所需的小型机具或辅材，这十三种工程的劳务是木工作业、砌筑作业、抹灰作业、石制作业、油漆作业、钢筋作业、混凝土作业、脚手架作业、模板作业、焊接作业、水暖电安装作业、钣金作业、架线作业。因此,劳务分包就是将简单的劳务作业从复杂的建设施工中剥离出来单独进行承包施工的行为,劳务分包人一般只负责劳务作业及部分小型机具或辅材,不负责租赁大型机械、周转性材料和采购主要建材设备等。在有些案件中,有的转包人为了赚取材料差价购买了部分主材,对此应当认定为合法的劳务分包还是转包呢?我们认为,转包人虽然购买了部分主材,但如果是分包人购买大部分主材且具体实施施工管理和实际施工,则仍应认定为转包而不能认定为劳务分包。

劳务作业发包人负责技术、管理、资金、主材、大型机械等,劳务作业分包人提供劳动力、部分小型机具或辅材,两者结合才能完成建设工程。劳务作业分包一般占建设工程总量的30%左右。劳务分包费通常采用综合单价或固定单价计算工程价款且一般不予调整。

【典型案例】 (2020)最高法民终428号

十九局二公司与川中公司建设工程施工合同纠纷

>> 裁判摘要

《建工司法解释(一)》第5条规定:"具有劳务作业法定资质的承包人与总承包人、分包人签订的劳务分包合同,当事人请求确认无效的,人民法院依法不予支持。"据原审查明,十九局二公司具有建筑工程、公路工程等施工总承包壹级资质,桥梁工程、隧道工程等专业承包壹级资质,川中劳务公司具有建筑劳务分包等资质。案涉《隧道施工合同》第2条2.2关于合同价款约定综合单价包括完成该工程所需的劳务、保险、利润、税金、安全文明施工措施费、施工环保费、施工防护费及作业范围内一切劳务费等,即劳务综合单价包括完成本合同工作内容所需的所有劳务费用。第4条对于甲方(指十九局二公司)责任,约定:向乙方(指川中公司)提供施工图纸及有关技术资料,负责施工测量、试验和技术服务工作;派驻施工现场工程师或代表,负责对乙方安全生产、工程质量、工程进度、标准化管理、变更的签证及验收等管理工作进行监督和指导;

按时组织供应本合同确定由甲方供应的材料以满足工程进度的需要。第6条6.1约定，主材（钢材、水泥、火工品、砼外加剂等）、机械、车辆由十九局二公司提供。据上述约定，十九局二公司将其承包工程中的劳务作业部分发包给有相应资质的川中公司，十九局二公司提供施工图纸、专业技术、机械设备和施工主材，川中公司主要义务为完成工程劳务。川中公司虽称主材、机械设备系由川中公司提供，但并未提供证据证明；结合十九局二公司与川中公司之间的工程量清单及验工计价单显示均为工作内容和对应单价，可以认定案涉合同系劳务分包合同，应认定有效。

审判实践中，应当特别注意识别以劳务分包之名行转包、违法分包之实的情形，正确认定合同效力。

《建筑工程施工发包与承包违法行为认定查处管理办法》第八条　存在下列情形之一的，应当认定为转包，但有证据证明属于挂靠或者其他违法行为的除外：

（一）承包单位将其承包的全部工程转给其他单位（包括母公司承接建筑工程后将所承接工程交由具有独立法人资格的子公司施工的情形）或个人施工的；

（二）承包单位将其承包的全部工程肢解以后，以分包的名义分别转给其他单位或个人施工的；

（三）施工总承包单位或专业承包单位未派驻项目负责人、技术负责人、质量管理负责人、安全管理负责人等主要管理人员，或派驻的项目负责人、技术负责人、质量管理负责人、安全管理负责人中一人及以上与施工单位没有订立劳动合同且没有建立劳动工资和社会养老保险关系，或派驻的项目负责人未对该工程的施工活动进行组织管理，又不能进行合理解释并提供相应证明的；

（四）合同约定由承包单位负责采购的主要建筑材料、构配件及工程设备或租赁的施工机械设备，由其他单位或个人采购、租赁，或施工单位不能提供有关采购、租赁合同及发票等证明，又不能进行合理解释并提供相应证明的；

（五）专业作业承包人承包的范围是承包单位承包的全部工程，专业作业承包人计取的是除上缴给承包单位"管理费"之外的全部工程价款的；

（六）承包单位通过采取合作、联营、个人承包等形式或名义，直接或变相将其承包的全部工程转给其他单位或个人施工的；

（七）专业工程的发包单位不是该工程的施工总承包或专业承包单位的，但建设单位依约作为发包单位的除外；

（八）专业作业的发包单位不是该工程承包单位的；

（九）施工合同主体之间没有工程款收付关系，或者承包单位收到款项后又将款项转拨给其他单位和个人，又不能进行合理解释并提供材料证明的。

两个以上的单位组成联合体承包工程，在联合体分工协议中约定或者在项目实际实施过程中，联合体一方不进行施工也未对施工活动进行组织管理的，并且向联合体其他方收取管理费或者其他类似费用的，视为联合体一方将承包的工程转包给联合体其他方。

从上述规定的内容分析，转包和劳务分包具有明显不同的法律特征。有的建筑企业为规避法律法规对企业规范管理的要求，弄虚作假以劳务分包的名义和手段转包工程或违法分包工程。比如，有的案件中先由实际施工人购买主材、租赁大型机械设备等，建设工程完工后由承包人将购买主材、租赁大型机械设备的款项支付给相关出卖、租赁单位，再转付给实际施工人，造成承包人负责大型机械租赁、主要建材采购，实际施工人完成工程劳务的假象。

【典型案例】（2023）湘民再243号

水电八局与王某霞、天人公司建设工程分包合同纠纷

>> 裁判摘要

当事人再审申请称，水电八局与天人公司之间建立了合法有效的劳务分包合同关系，二审法院认定水电八局为违法分包人，承接案涉工程

后转包给天人公司,基本事实认定错误。双方签订的合同内容是典型的劳务分包,案涉安装工程的劳务部分由天人公司提供,材料及设备由水电八局提供,天人公司具备建筑行业劳务施工的资质。

再审认为,挂靠和转包在某些表现形式和要件上,存在高度相似或重合。但从性质上分析,挂靠本质上属于借名经营,而转包是合同权利义务的概括转移,法律关系性质及法律后果存在较大不同。《建筑工程施工发包与承包违法行为认定查处管理办法》第7~10条分别规定了转包和挂靠的概念及认定为转包和挂靠的各种情形,其中第10条还明确,符合第8条第1款第3~9项规定的转包情形之一的,如有证据证明属于挂靠,则应当认定为挂靠。

本案中,水电八局与天人公司就案涉浏阳河风光带第一标段安装工程签订《合同协议书》,天人公司又与王某霞签订《项目目标管理责任书》,王某霞与天人公司之间的合同关系从表面看,符合工程转包的特征。但是,从案涉合同签订的时间来看,王某霞与天人公司在2020年12月签订《项目目标管理责任书》之前,已于当年4月与沃开节能公司签订了管道材料采购合同并支付部分采购款;天人公司与水电八局签订的全部合同文件中,合同签订时间一栏为空白,无法确定天人公司是否在与王某霞签订合同之前就与水电八局签订了合同;即使如水电八局在再审庭审中陈述,其与天人公司签订《合同协议书》的时间为2020年11月,这一时间点仍在王某霞采购管道材料之后,说明王某霞早已于案涉合同签订之前实际介入工程。从施工和退场交接进程来看,天人公司自始没有参与施工和管理,仅报送了结算材料并转付工程款;案涉项目第一标段安装工程对外采购材料、租赁设备以及工程计量、退场清点和工程量确认等工作,均是由王某霞委托其施工队人员周某负责完成,说明案涉项目第一标段安装工程在王某霞退场前实际由王某霞的施工队施工。从当事人一审、二审以及再审的陈述来看,虽然本案一审、二审中王某霞与天人公司均认可双方之间为转包关系,但王某霞在本案二审中陈述因其施工队帮助协调解决争端而承包案涉项目第一标段安装工程,再审庭审中又当庭陈述其是代表"老板"签订合同,借用天人公司资质从水电八局承包案涉项目第一标段安装工程，说明王某霞对其与水电八局、天人公司的实际关系应当是清楚的。从工程材料采购、设备租赁合同的签订及价款支付方式来看，王某霞与案外人签订采购灯具、管材和租赁设备的合同以及支付相应款项后，水电八局又与相同的案外人签订采购、租赁合同及支付价款，相关案外人又将水电八局支付的款项扣除税费后支付给王某霞，说明水电八局对王某霞实际施工并采购材料、租赁设备的事实是明知的。因此，从上述合同签订时间、施工和退场交接进程、当事人陈述、材料采购、设备租赁情况综合分析，本案应当认定王某霞与天人公司之间为挂靠关系，水电八局对王某霞挂靠的事实明知，其与王某霞之间成立事实上的建设工程分包合同关系，王某霞为案涉项目第一标段安装工程的实际施工人。王某霞所完成的工程质量验收合格，可以请求水电八局支付工程款。一审、二审法院认定天人公司与王某霞之间为转包关系，认定事实及适用法律有误，但认定水电八局应当向王某霞支付工程款的结果正确。

　　如上文所述，王某霞为案涉项目第一标段安装工程实际施工人，与水电八局成立事实上的建设工程分包合同关系。水电八局与天人公司签订的《合同协议书》因双方均为虚假意思表示，根据《民法典》第146条第1款的规定，应当认定为无效。王某霞与天人公司签订的《项目目标管理责任书》因违反法律法规的强制性规定，根据《民法典》第153条第1款、《建筑法》第26条第2款的规定，也应当认定为无效合同。上述合同仅是当事人为了形式上符合规定而签订，并非实际履行的合同，不能作为本案认定王某霞所完成工程价款的依据。从王某霞与水电八局之间的实际合同关系以及工程材料采购、设备租赁的实际情况分析，双方实际采用的材料、设备提供方式为，先由王某霞采购材料和租赁机械设备并支付价款，然后由水电八局与供应方签订合同并支付价款，再由供应方将水电八局支付的价款扣除税费退回给王某霞。王某霞实际是以工程分包方式承包了案涉项目第一标段工程安装工程，请求支付的款项为其所完成工程的全部工程款而非劳务款。

（二）劳务分包企业是否需要资质及其效力认定

专业分包需要资质，劳务分包一般也需要资质，但在效力认定上从宽。劳务分包是否需要资质可以由当事人双方约定。

根据国务院"放管服"改革要求，2020年12月18日住房和城乡建设部会同国家发展和改革委员会等十二个部门颁布了《住房和城乡建设部等部门关于加快培育新时代建筑产业工人队伍的指导意见》，意见指出要改革建筑施工劳务资质，大幅降低准入门槛，基本上放开了对劳务分包资质的要求。如果司法审判仍然坚持按照《建筑法》以及《民法典》第793条第3款禁止承包人将工程分包给不具备相应资质条件的单位的规定，认定劳务分包合同无效，将与客观事实相悖，且与经济发展的需求背道而驰。在此情况下，可以依据《民法典》第153第1款"违反法律、行政法规的强制性规定的民事法律行为无效。但是，该强制性规定不导致该民事法律行为无效的除外"的规定，原则上将不具有相应资质的劳务分包企业签订的劳务分包合同认定为有效，不轻易认定合同无效。因此，当事人不能仅以承包人未取得劳务作业资质或者未办理施工劳务资格备案为由，主张劳务分包合同无效。[①]

（三）劳务分包应认定为无效的情形

具有以下几种情形的劳务分包，应认定为无效：专业分包企业不具备相应资质的；劳务分包内容包括提供大型机械、周转性材料租赁和主要材料、设备采购的（可能构成转包或违法分包、挂靠）；专业分包（除劳务作业可以再次分包外）、劳务分包后再次分包的。

四、认定建设工程施工合同无效的法律依据

原《最高人民法院关于适用〈中华人民共和国合同法〉若干问题的解释（一）》第4条规定，合同法实施以后，人民法院确认合同无效，应

[①] 参见最高人民法院民事审判第一庭编著：《最高人民法院新建设工程施工合同司法解释（一）理解与适用》，人民法院出版社2021年版，第67页。

当以全国人大及其常委会制定的法律和国务院制定的行政法规为依据，不得以地方性法规、行政规章为依据。

但在建筑领域，建设工程的立项、规划许可、工程造价、取费标准、竣工验收等不少内容，要依据地方性法规、行政规章等大量管理性规定来进行规范。如果当事人在合同中的约定与地方性法规、行政规章规定的取费标准不一致的，如何认定当事人签订合同约定的法律效力；合同内容违反管理性强制性规定，是否一律不影响合同的效力，是司法审判经常会遇到而且必须解决的问题。有人认为，地方性法规、行政规章是管理性强制性规定，不是效力性强制性规定，不能作为认定合同无效的依据。事实上，在审理建设工程施工合同纠纷案件中，常有以违反地方性法规、行政规章等规定认定合同无效的情形。主要原因是建设工程领域具有较强的行政强制管理性的特点决定的。房地产市场涉及面广、行政强制管理性强，加之市场主体不规范行为大量存在，往往就会出现市场主体参与者签订合同的程序、内容以及对合同内容的履行，与地方性法规、行政规章的规定和要求不符，从而影响建筑领域的公平竞争秩序或者损害社会公共利益。在这种情况下，人民法院就必须对合同效力进行评判。

《全国法院民商事审判工作会议纪要》明确，违反规章一般情况下不影响合同效力，但该规章的内容涉及金融安全、市场秩序、国家宏观政策等公序良俗的，应认定合同无效。人民法院在认定规章是否涉及公序良俗时，要在考察规范对象的基础上，兼顾监管强度、交易安全保护以及社会影响等方面进行慎重考量，并在裁判文书中进行充分说理。下列强制性规定，应当认定为"效力性强制性规定"：强制性规定涉及金融安全、市场秩序、国家宏观政策等公序良俗的；交易标的禁止买卖的，如禁止人体器官、毒品、枪支等买卖；违反特许经营规定的，如场外配资合同；交易方式严重违法的，如违反招投标等竞争性缔约方式订立的合同；交易场所违法的，如在批准的交易场所之外进行期货交易；等等。

《民法典》第八条 民事主体从事民事活动，不得违反法律，不得违背公序良俗。

《民法典合同编通则解释》第十七条 合同虽然不违反法律、行政法规的强制性规定，但是有下列情形之一，人民法院应当依据民法典第一百五十三条第二款的规定认定合同无效：

（一）合同影响政治安全、经济安全、军事安全等国家安全的；

（二）合同影响社会稳定、公平竞争秩序或者损害社会公共利益等违背社会公共秩序的；

（三）合同背离社会公德、家庭伦理或者有损人格尊严等违背善良风俗的。

人民法院在认定合同是否违背公序良俗时，应当以社会主义核心价值观为导向，综合考虑当事人的主观动机和交易目的、政府部门的监管强度、一定期限内当事人从事类似交易的频次、行为的社会后果等因素，并在裁判文书中充分说理。当事人确因生活需要进行交易，未给社会公共秩序造成重大影响，且不影响国家安全，也不违背善良风俗的，人民法院不应当认定合同无效。

《民法典合同编通则解释（征求意见稿）》第十九条 合同违反地方性法规、行政规章的强制性规定，经审查，地方性法规、行政规章的强制性规定系为了实施法律、行政法规的强制性规定而制定的具体规定，人民法院应当依据民法典第一百五十三条第一款规定认定合同效力。

除前款规定的情形外，当事人以合同违反地方性法规、行政规章的强制性规定为由主张合同无效的，人民法院不予支持。但是，合同违反地方性法规、行政规章的强制性规定导致违背公序良俗的，人民法院应当依据民法典第一百五十三条第二款规定认定合同无效。

基于上述《民法典》《民法典合同编通则解释》的相关规定，在法律适用上为人民法院在特定条件下，认定当事人签订的建设工程施工合同或合同部分条款违反地方性法规、行政规章无效，提供了法律依据。在某些情况下，建设工程施工合同虽不违反"效力性强制性规定"，但如果违反地方性法规、行政规章规定，且属于《民法典》《民法典合同编通则解释》规定的违背公序良俗情形的，亦应当认定该合同或者该合同部分条款无效。

第三节　关于建设工程施工合同纠纷案件的管辖

建设工程施工合同纠纷由不动产所在地人民法院管辖，这是不动产物权的固有属性所决定的，这是认定建设工程施工合同纠纷具体管辖法院的根本法律原则。

一、建设工程设计合同纠纷、建设工程勘察合同纠纷应否适用不动产专属管辖

对这一问题仍存在一定争议，但主流观点明确，即建设工程设计合同纠纷、建设工程勘察合同纠纷应适用不动产专属管辖。

第一，建设工程勘察、设计合同属于建设工程合同的范畴。根据《民法典》第788条的规定，建设工程合同包括工程勘察、设计、施工合同。

第二，建设工程勘察、设计合同纠纷属于建设工程合同纠纷项下四级案由。2020年修订的《民事案件案由规定》第115个三级案由"建设工程合同纠纷"项下包括建设工程勘察合同纠纷、建设工程设计合同纠纷、建设工程施工合同纠纷、建设工程价款优先受偿权纠纷、建设工程分包合同纠纷、建设工程监理合同纠纷、装饰装修合同纠纷、铁路修建合同纠纷、农村建房施工合同纠纷9个四级案由。

第三，《民事案件案由规定》增加了建设工程勘察合同纠纷、建设工程设计合同纠纷案由。《最高人民法院关于适用〈中华人民共和国民事诉讼法〉的解释》（以下简称《民事诉讼法解释》）第28条规定的不动产专属管辖纠纷中的案由包括了建设工程施工合同纠纷，故建设工程施工合同纠纷适用不动产专属管辖比较明确。对于建设工程价款优先受偿权纠纷、建设工程分包合同纠纷、建设工程监理合同纠纷、装饰装修合同纠纷、铁路修建合同纠纷、农村建房施工合同纠纷案件的管辖，最高人民

法院在（2017）最高法民辖30号裁定中提出，《民事诉讼法解释》第28条"建设工程施工合同纠纷"的范围包括《民事案件案由规定》的第100个三级案由"建设工程合同纠纷"[①]项下的建设工程施工合同相关的案件，即建设工程施工合同纠纷、建设工程价款优先受偿权纠纷、建设工程分包合同纠纷、建设工程监理合同纠纷、装饰装修合同纠纷、铁路修建合同纠纷、农村建房施工合同纠纷，因此上述案件适用专属管辖也没有争议。但最高人民法院上述裁定中未包括建设工程勘察合同纠纷、建设工程设计合同纠纷，其原因是当时《民事案件案由规定》的第100个第三级案由"建设工程合同纠纷"项下没有建设工程设计合同纠纷、建设工程勘察合同纠纷，2020年《民事案件案由规定》修订才增加了这两个案由。而《民法典》第788条第2款规定建设工程合同包括工程勘察、设计、施工合同。因此，这两个案由同样应适用不动产专属管辖。

对于建设工程设计合同纠纷、建设工程勘察合同纠纷是否适用不动产专属管辖的问题，也有案件持不同观点。最高人民法院（2021）最高法民辖16号民事裁定书认为，建设工程设计合同纠纷不应适用不动产专属管辖。《民事诉讼法解释》第28条第2款规定，农村土地承包经营合同纠纷、房屋租赁合同纠纷、建设工程施工合同纠纷、政策性房屋买卖合同纠纷，按照不动产纠纷确定管辖。法律规定不动产纠纷由不动产所在地人民法院管辖，便于受诉人民法院勘验现场，调查收集证据，也便于裁判生效后的执行工作。

建设工程合同包括建设工程勘察、设计、施工合同。这三种合同均属于为建设房屋而订立的合同，但是各自具有不同的特点。勘察合同是指发包人与勘察人就完成建设工程地理、地质状况的调查研究工作而达成的协议；设计合同是指在建设工程中为项目决策提供可行性资料的设计及具体施工设计达成的协议；施工合同主要包括建筑和安装两方面内

[①] 在2011年《民事案件案由规定》中，"建设工程合同纠纷"是第100个三级案由。《民事案件案由规定》于2020年修改，此次修改后，"建设工程合同纠纷"成为第115个三级案由。——编者注。

容。在审理建设工程施工合同纠纷时，建设工程施工合同的履行基本是在建设工程所在地，即不动产所在地，其争议会经常涉及建筑物工程造价评估、质量鉴定、留置权优先受偿、执行拍卖等，故由不动产所在地法院管辖。依照《民事案件案由规定》的有关规定，与建设工程施工合同具有同样性质、具有建筑和安装内容的建设工程分包合同纠纷、装饰装修合同纠纷、铁路修建合同纠纷、农村建房施工合同纠纷，其合同履行基本也在建筑物所在地，故应适用不动产专属管辖，同时建设工程价款优先受偿权纠纷、建设工程监理合同纠纷与建设工程施工具有密切关联性，同样应适用不动产专属管辖。虽然建设工程勘察合同、建设工程设计合同的履行与工地有一定的联系，如设计合同，设计工作必须从工地勘察开始，但设计工作主体实际是在设计单位内完成；至于勘察合同的履行，尽管数据采集等大部分工作在工地进行，但后期作图、报告制作等也是在承揽单位完成，故建设工程勘察合同纠纷、建设工程设计合同纠纷不应适用不动产专属管辖。

也有人认为，由于工程勘察合同履行主要与工程现场情况有关，而勘察成果质量争议又可能涉及现场鉴定，故建设工程勘察合同纠纷宜适用专属管辖；而建设工程设计合同中设计人的主要合同义务是在其单位完成的设计工作，基本不涉及现场查看和鉴定的问题，故该类合同纠纷可适用一般管辖原则确定管辖法院。

二、发包人与受让人因工程价款债权转让发生的纠纷管辖如何确定

一般而言，债权转让纠纷本为普通管辖，但工程价款债权转让中债权受让人主张工程债权的基础，仍为发包人与作为债务人的承包人之间的建设工程施工合同关系，只是主张工程价款的主体发生了变化，基础法律关系并未改变。因此，债权转让的后果仅是建设工程施工合同权利主体发生变更，并不影响案件的法律关系性质认定，故仍应由建设工程所在地的人民法院专属管辖。而实践中工程价款明确后债权转让的情形

较少，将未结算、不明确的工程价款概括转让的情形较多，全部工程价款债权转让较少，部分工程价款债权转让较多。很多案件中，当事人对债权转让金额提出异议，此时无论工程是否已结算，案件审理仍会将审查认定的重心转移到工程量及工程价款的问题上，即实际上系审理建设工程施工合同纠纷案件，故该类案件应适用专属管辖。《建工案件解答》第1条明确规定，下列案件由建设工程所在地人民法院管辖：（1）建设工程施工合同纠纷、装饰装修合同纠纷、建设工程价款优先受偿权纠纷、建设工程监理合同纠纷、农村建房施工合同纠纷，建设工程分包合同纠纷及建设工程劳务分包合同纠纷。（2）建设工程勘察合同纠纷、建设工程设计合同纠纷。（3）工程款债权转让，债务人与受让人因债务履行发生的纠纷。（4）建设工程总承包合同纠纷。

最高人民法院在（2020）最高法民辖12号民事裁定书中提出，挂靠人与被挂靠人之间在挂靠过程中履行挂靠协议所发生的争议，并非发包人、承包人、转包人或违法分包人之间发生的建设工程施工合同纠纷，不适用有关专属管辖的规定，应当按照被告住所地和合同履行地的法定管辖原则确定管辖法院，即挂靠协议纠纷不适用不动产专属管辖的规定。我们认为，如果挂靠人与被挂靠人因工程价款结算等发生的与工程建设有关的纠纷，应当适用不动产专属管辖。

三、建设工程施工合同仲裁条款涉及管辖相关问题的处理

《建工案件解答》第二条 发包人与承包人在建设工程施工合同中约定仲裁条款的，除非实际施工人表示认可或表示受发包人与承包人之间的仲裁条款约束，否则仲裁条款仅对合同双方具有约束力。实际施工人、合法分包人起诉承包人或直接起诉发包人的，人民法院应当审理。如果本案诉讼需要以发包人与承包人之间的仲裁结果作为依据的，可中止审理，待仲裁程序结束后再恢复审理。人民法院对已为仲裁机构的生效裁决所确认的事实应根据《最高人民法院关于民事诉讼证据的若干规定》第

十条之规定予以认定。

实际施工人、合法分包人与承包人约定了仲裁条款，又以发包人为被告提起诉讼的，不予受理。已经受理的，裁定驳回起诉。实际施工人、合法分包人与承包人之间的仲裁已终结后，又起诉发包人的（包含发包人与承包人在建设工程施工合同中亦约定了仲裁条款情形），人民法院应当受理。

（一）发包人与承包人约定的仲裁条款是否对实际施工人产生约束力

合同具有相对性，原则上合同项下的权利义务只能赋予合同双方当事人，合同只能对合同双方当事人产生拘束力。因此，发包人与承包人在建设工程施工合同中约定仲裁条款的，该仲裁条款仅对合同双方具有约束力，对实际施工人不具有约束力，但实际施工人表示认可或表示受发包人与承包人之间的仲裁条款约束的除外。

人民法院案例库案例"中国工商银行股份有限公司岳阳分行与刘某良申请撤销仲裁裁决案"（2022年发布的第198号指导性案例）裁判要旨为：实际施工人并非发包人与承包人签订的施工合同的当事人，亦未与发包人、承包人订立有效仲裁协议，不应受发包人与承包人的仲裁协议约束。实际施工人依据发包人与承包人的仲裁协议申请仲裁，仲裁机构作出仲裁裁决后，发包人请求撤销仲裁裁决的，人民法院应予支持。即实际施工人因并非发包人与承包人签订的施工合同的当事人，不受该合同仲裁条款的约束，也不能依据该仲裁条款提起仲裁。

（二）仲裁条款对实际施工人起诉承包人或直接起诉发包人的影响

实际施工人起诉承包人或直接起诉发包人的，如果该案诉讼需要以发包人与承包人之间的仲裁结果作为依据的，可中止审理，待仲裁程序结束后再恢复审理。反之，如果实际施工人与转包人或违法分包人约定有仲裁条款，实际施工人对发包人提起诉讼时亦应适用仲裁前置。

【问题解答】 实际施工人与转包人或违法分包人约定有仲裁条款，实际施工人对发包人提起诉讼应否仲裁前置

应区分两种情况进行处理。如果实际施工人与转包人或违法分包人之间就工程价款已结算不存在争议，则实际施工人对发包人提起诉讼，不必受实际施工人与转包人或违法分包人之间仲裁条款的约束。如果实际施工人与转包人或违法分包人之间就工程价款结算仍存在争议，则实际施工人对发包人提起诉讼，仍应受到实际施工人与转包人或违法分包人之间仲裁条款的约束。因为实际施工人起诉的基础是实际施工人与其上手之间存在的合同关系，在此前提下同时可以要求发包人在欠付工程价款的范围内承担责任。但在查明相关案件事实时，首先要查明实际施工人和转包人或违法分包人之间的施工合同关系，然后查明发包人与承包人之间的施工合同关系。在实际施工人与转包人或违法分包人约定有仲裁条款的情况下，实际施工人亦应当明知其提起诉讼要受到仲裁条款的约束。因为，实际施工人起诉发包人承担欠付款责任，必须以实际施工人与承包人之间的结算为前提，在实际施工人与承包人的争议未解决前，发包人承担支付欠付工程价款的责任没有事实基础，故此时应当告知实际施工人先行仲裁。因此，如果实际施工人与转包人或违法分包人约定有仲裁条款，实际施工人对发包人提起诉讼应当先进行仲裁。

【问题解答】 实际施工人将发包人列为被告、将承包人列为第三人提起诉讼。实际施工人与承包人之间存在仲裁条款，根据《建工案件解答》第2条的规定，应先进行仲裁。但对于承包人与实际施工人之间的仲裁条款的异议，是否应当在首次开庭前提出；实际施工人将承包人列为第三人是否能够规避仲裁条款的约定

承包人与实际施工人之间存在仲裁条款，承包人的仲裁异议应在首次开庭前提出，承包人未提出的，视为接受人民法院管辖。在承包人与实际施工人之间有仲裁条款的情形下，实际施工人将承包人列为第三人，应当分两种情况进行处理。一种情况是，承包人与实际施工人已结算，

承包人与实际施工人之间的权利义务清晰无争议，双方不存在仲裁的前提条件，也无仲裁的必要，不存在规避仲裁的问题，人民法院可以直接对实际施工人对发包人的诉讼请求直接进行审理作出判决。另一种情况是，如果承包人与实际施工人之间的结算存在争议，且承包人在首次开庭前提出仲裁异议，因实际施工人起诉发包人承担欠付款责任必须以实际施工人与承包人之间的结算为前提，在实际施工人与承包人的争议未解决前，发包人的欠付款责任没有基础，则此时应当告知实际施工人先行仲裁，对发包人起诉的案件应当中止审理。

（三）对建设工程施工合同约定了仲裁条款但未提起仲裁、直接提起诉讼情形的处理

如果实际施工人与转包人、违法分包人之间约定了仲裁条款，应当先进行仲裁，实际施工人与转包人或违法分包人之间就工程价款不存在争议的情形除外。如果实际施工人与承包人约定了仲裁条款，在未提起仲裁的情况下直接以发包人为被告提起诉讼的，人民法院不应予以受理；已经受理的，应裁定驳回起诉。但仲裁终结后起诉发包人的（包含发包人与承包人在建设工程施工合同中亦约定了仲裁条款的情形），人民法院应当受理。反之，如果发包人与承包人约定了仲裁条款，发包人也不能直接诉讼请求承包人与实际施工人共同承担延误工期造成的损失，以及因建设工程质量等问题应承担的民事责任，同样应当先进行仲裁。

如根据《建工司法解释（一）》第15条的规定，因建设工程质量发生争议的，发包人可以以总承包人、分包人和实际施工人为共同被告提起诉讼。但在发包人与总承包人约定了仲裁条款的情况下，由于受仲裁条款的约束，发包人不能突破合同仲裁条款直接起诉分包人、实际施工人，只能先向承包人主张承担工程质量问题责任，再根据生效仲裁裁决向分包人、实际施工人追偿。最高人民法院在（2019）最高法民申5011号星某公司与建设公司建设工程施工合同纠纷再审民事裁定书中认为，关于星某公司能否依据原《最高人民法院关于审理建设工程施工合同纠纷案件适用法律

问题的解释》第 25 条的规定，突破其与建设公司的仲裁协议，提起本案诉讼的问题。根据该司法解释第 25 条"因建设工程质量发生争议的，发包人可以以总承包人、分包人和实际施工人为共同被告提起诉讼"的规定，发包人可以基于与承包人之间的合同关系就建设工程质量争议提起诉讼，也可以将承包人、分包人和实际施工人作为共同被告提起诉讼，故星某公司关于本案属于必要共同诉讼的理由不能成立。本案中，虽然由于仲裁条款的存在，星某公司不能将建设公司、富某公司、张某伟作为共同被告提起诉讼，但是如经由生效仲裁裁决确认建设公司应就案涉工程质量承担责任，那么建设公司仍可依据分包合同追究分包人富某公司、张某伟的责任，不存在星某公司所称本案排除法院管辖必然造成免除分包人实体责任的后果。

（四）如何处理代位权行使与仲裁协议、管辖协议的关系

原则上要尊重和维护仲裁协议的效力，但应受到相应制约。由于被挂靠人怠于向发包人行使工程款债权请求权，有时会出现挂靠人即实际施工人为维护自身合法权益，以被挂靠人名义行使代位权主张工程款债权，且因存在仲裁协议形成管辖冲突的情形。

《民法典合同编通则解释》第三十五条　债权人依据民法典第五百三十五条的规定对债务人的相对人提起代位权诉讼的，由被告住所地人民法院管辖，但是依法应当适用专属管辖规定的除外。债务人或者相对人以双方之间的债权债务关系订有管辖协议为由提出异议的，人民法院不予支持。

《民法典合同编通则解释》第三十六条　债权人提起代位权诉讼后，债务人或者相对人以双方之间的债权债务关系订有仲裁协议为由对法院主管提出异议的，人民法院不予支持。但是，债务人或者相对人在首次开庭前就债务人与相对人之间的债权债务关系申请仲裁的，人民法院可以依法中止代位权诉讼。

《民法典合同编通则解释》的上述规定，既摒弃了过去部分法院以订立仲裁协议为由轻易驳回债权人起诉的做法，有利于债权人利益的实现

和代位权制度的功能发挥；又维持了仲裁协议的效力，有利于激励债务人和相对人及时申请仲裁。合同具有相对性，在债权人提起代位权诉讼后，对于债务人或者相对人以其双方之间订有仲裁协议为由，提出法院主管异议的，不予支持。如果债务人或者相对人申请仲裁，则为维护其利益，代位权诉讼可以中止，待仲裁裁决生效后，代位权诉讼恢复进行。

（五）对生效仲裁裁决确认事实的适用

根据《民事诉讼证据若干规定》第10条的规定，人民法院对已为仲裁机构的生效裁决所确认的事实，当事人无须举证证明，但有相反证据足以反驳的除外。可以从以下三个方面进行理解。

1.生效仲裁裁决确认事实的法律效力。生效仲裁裁决确认的事实，依循现代仲裁法原理，其本质属性与人民法院判决书中"事实认定"部分相类似，具备相当的法律权威性与约束力。一经裁决生效且无合法异议，该部分事实认定即获得既判力，对合同双方乃至相关利害关系主体均产生强制性法律效果。此种既判力的双轨制特征，既解决了双方就该案的争议纠纷，又对案外第三人形成间接约束。尤其是在关联诉讼或后续仲裁中，原裁决确认的事实通常被视为既定事实，除非特殊情形，无须重复论证。

2.生效仲裁裁决确认事实的适用范围。生效仲裁裁决确认事实的适用范围如下：（1）关联案件。在涉及同一工程项目的其他诉讼或仲裁中，生效仲裁裁决确认的事实可以被直接引用，用于证明案件中的相似或相关事实，从而避免事实调查的重复工作，提高审理效率。例如，若原裁决已确认工程质量不合格，那么在后续因工程缺陷引起的损害赔偿诉讼中，这一事实无须再次举证证明。（2）执行程序。在执行仲裁裁决时，仲裁裁决书中确认的事实是执行法院判断执行依据正确与否的关键依据。执行机构可根据裁决书中明确的事实，迅速识别债务人应履行的具体义务，加速执行进程，确保权利人的合法权益得以及时兑现。（3）调解与和解。在争议各方试图通过非诉讼途径解决问题时，生效仲裁裁决确认的事实同样可以作为重要参考，为调解协议的形成提供事实基础，提高和解可能性，促进争议调解解决。

3. 生效仲裁裁决确认事实不予适用的例外情形。尽管生效仲裁裁决确认的事实原则上具有较高的法律效力，但并不排除在特定情形下对其重新评价的可能性。根据《民事诉讼证据若干规定》第10条的规定，对已为仲裁机构裁决所确认的事实，当事人无须举证证明，但有相反证据足以反驳的除外。主要例外情形包括：（1）新证据的出现。若事后发现能够根本改变原裁决事实认定的新证据，则受影响方有权向有管辖权的法院申请再审，请求法院重新考虑原仲裁裁决的有效性。（2）重大过失或欺诈。当有证据表明原仲裁程序中存在重大过失、不当行为或欺诈，导致裁决结果不公时，受不利影响的一方可依法提出撤销申请，要求重新审查案件。（3）法律规定的其他情形。如原裁决违反法定程序、裁决所依据的证据系伪造以及仲裁裁决违背社会公共利益等情况，均可成为启动撤销、不予执行或再审程序的理由。如借用资质签订的建设工程施工合同应属无效，仲裁机构认定合同有效的，损害了社会公共利益，依法应予撤销。（4）自认的事实。适用《最高人民法院关于民事诉讼证据的若干规定》第3条的前提是，当事人在本案中自认的事实，另一方当事人无须举证证明，而不包括在另案中自认的事实。故即使在仲裁案件中自认的事实，也不能在另案中作为"自认"的事实予以认定。

第二章

关于建设工程施工合同纠纷案件工程价款结算问题

第一节　合同无效情形下工程价款结算的原则及其适用

工程价款如何进行结算，是审理建设工程施工合同纠纷案件的核心和关键。审判实践中，我们处理的绝大部分建设工程施工合同纠纷案件，多数情况下都会涉及合同无效后如何进行工程价款结算的情形，所以本章的主要和重点内容是研究合同无效情形下工程价款结算的相关问题。

《民法典》第七百九十三条　建设工程施工合同无效，但是建设工程经验收合格的，可以参照合同关于工程价款的约定折价补偿承包人。

建设工程施工合同无效，且建设工程经验收不合格的，按照以下情形处理：

（一）修复后的建设工程经验收合格的，发包人可以请求承包人承担修复费用；

（二）修复后的建设工程经验收不合格的，承包人无权请求参照合同关于工程价款的约定折价补偿。

发包人对因建设工程不合格造成的损失有过错的，应当承担相应的责任。

《民法典》第793条的规定，是工程款结算的总原则。其中包括三层含义：一是建设工程经验收合格才符合支付工程价款的条件；二是合同中的结算条款可以参照适用；三是合同无效适用的是折价补偿原则。

一、建设工程价款支付的前提条件

（一）质量合格是支付建设工程价款的前提条件

根据《民法典》第799条的规定，建设工程竣工后，发包人应当根据施工图纸及说明书、国家颁发的施工验收规范和质量检验标准及时进行验收。验收合格的，发包人应当按照约定支付价款，并接收该建设工程。建设工程竣工经验收合格后，方可交付使用；未经验收或者验收不合格的，不得交付使用。

建设工程质量是否合格，需要通过竣工验收才能确定。建设工程竣工验收，是指建设工程竣工后，承包人将建设工程交付给发包人投入使用时，由发包人会同设计、施工、工程监理等有关单位及工程质量监督部门，依照国家关于建设工程竣工验收制度的规定，对该项工程是否符合设计要求和工程质量标准所进行的检查、考核工作。建设工程的竣工验收是工程建设全过程的最后一道程序，是对工程质量实行控制的最后一个重要环节，也是工程价款结算的必经程序。

对于建筑行业内工程质量、竣工验收等问题的管理，过去以政府行业行政主管部门的组织、监管为主，由政府专门设立建设工程质量监督机构，对建设工程的全过程进行监督。施工单位完工后，承包人向建设方（发包人）提交竣工报告，质监机构组织建设单位、施工单位等对工程进行竣工验收，并出具建设工程质量核验证明书。国务院颁布的《建设工程质量管理条例》第16条第1款关于"建设单位收到建设工程竣工报告后，应当组织设计、施工、工程监理等有关单位进行竣工验收"的规定，明确提出由建设单位主导竣工验收，行政主管部门不再负责工程质量验收评定和工程质量评定等级。根据《民法典》第799条的规定，建设工程竣工后，承包人应当按照国家工程竣工验收的有关规定，向发包人提供完整的竣工资料和竣工验收报告，并按照合同约定的日期和份数向发包人提交竣工图。发包人接到竣工验收报告后，应当根据施工图纸及说明书、国家颁发的施工验收规范和质量检验标准及时组织有关部门对工程进行验收。

对于建设工程施工合同的履行，承包人的基本义务是向发包人交付质量合格的建设工程，发包人的基本义务是向承包人支付建设工程价款，发包人与承包人互负给付义务。承包人所施工的建设工程竣工后，质量是否合格，是否符合发包人设计要求，需要发包人组织监理人、承包人、勘察单位、设计单位共同进行竣工验收，即"五方验收"。通常情形下，建设工程在经过"五方验收合格"即综合验收合格后，承包人可以向发包人交付建设工程，发包人应当向承包人支付全部建设工程价款。《民法典》第799条第1款规定了发包人的验收及支付建设工程价款的义务，第2款规定了建筑工程必须经验收合格后方可投入使用。如果经过验收，承包人施工的工程质量不合格，不合格的建设工程不能交付给发包人使用，承包人也不能请求发包人支付建设工程价款。

对于参与工程竣工验收的合格主体、工程竣工验收合格时间如何认定，关系到工程款、利息及违约金支付等起算时间的确定。审判实践中尚存在不同认识，不同的认定结果必然对各方当事人利益产生较大的影响。

不能将建设行政主管部门或者其他有关部门的备案监督等同于建设单位主导的工程竣工验收；不能将行政主管部门行使管理职能的时间认定为案涉工程竣工验收合格的时间。

【典型案例】（2024）湘民申1570号

特构公司与卓达公司建设工程施工合同纠纷

》裁判摘要

一审法院认为，1~25栋的竣工验收合格时间。根据双方提供的《竣工报告》《竣工验收报告》《竣工验收申请报告》《单位（子单位）工程质量竣工验收记录》证明，特构公司已于2016年4月1日向卓达公司申请了竣工验收，且建设单位、监理单位、施工单位、设计单位、勘察单位五方于当天共同参加验收并作出"符合设计及施工质量验收规范要求，同意验收"的综合验收结论，本案1~25栋主体工程即土建工程的竣工验收合格日期应当认定为2016年4月1日五方综合验收合格之日。但根据协议约定，工程承包范围既包括建设工程也包括安装工程，其中安装工程包括了防雷系统和室内消防工程。根据涉案工程形成的竣工验收资料证明，防雷中心出具《防雷装置检测报告》的时间是2017年1月22日，1栋、2栋和7~25栋消防工程竣工验收合格的时间是2017年9月22日，3~6栋消防工程竣工验收合格的时间是2018年2月2日。在上述土建部分及消防工程由相关部门验收合格之后，城乡规划局于2018年2月9日出具《建设工程竣工验收单》进行了规划验收。故一审法院认定，案涉合同约定的1~25栋工程全面竣工验收合格的时间应为城乡规划局出具《建设工程竣工验收单》之日即2018年2月9日。

二审法院认为，对于案涉1~25栋工程及附属工程的竣工验收合格时间如何认定的问题。因案涉四份补充协议均约定了卓达公司从竣工验收合格之日起即应向特构公司支付工程款，未按约定支付，卓达公司则应支付利息和违约金，故竣工验收合格时间就关系到利息及违约金的起算时间。从特构公司提交的相关证据来看，案涉工程于2016年4月1日逐栋通过了五方验收，因此特构公司主张卓达公司从该时间起就应支付工程款并承担利息和违约金。经查明，案涉施工协议约定的工程承包范围既有建设工程，也有安装工程，其中包括生活给水系统、排水系统及污水排水系统、电器照明动力系统、综合布线工程预埋、防雷工程以及室内消防工程。因此按照通常理解，特构公司应当将施工协议约定的所有施工内容均施工完毕并经竣工验收合格后才可向卓达公司主张工程款。而2016年4月1日只是进行了逐栋的土建工程验收，并不是对全部工程的验收，且防雷中心出具《防雷装置检测报告》的时间是2017年1月22日，1栋、2栋和7~25栋消防工程竣工验收合格的时间是2017年9月22日，3~6栋消防工程竣工验收合格的时间是2018年2月2日，直至2018年2月9日城乡规划局才出具《建设工程竣工验收单》，对案涉工程进行了全面验收。因此，一审法院将2018年2月9日确认为1~25栋工程的竣工验收时间，并确认从 2018 年 2 月 9 日开始计算工程款利息及违约金并无不当。

再审审查认为，关于原审判决对案涉工程竣工验收合格时间的认定。《合同法》第 279 条规定："建设工程竣工后，发包人应当根据施工图纸及说明书、国家颁发的施工验收规范和质量检验标准及时进行验收。验收合格的，发包人应当按照约定支付价款，并接收该建设工程……"《建设工程质量管理条例》第 16 条第 1 款规定："建设单位收到建设工程竣工报告后，应当组织设计、施工、工程监理等有关单位进行竣工验收。"《建设工程质量管理条例》第 49 条第 1 款规定："建设单位应当自建设工程竣工验收合格之日起 15 日内，将建设工程竣工验收报告和规划、公安消防、环保等部门出具的认可文件或者准许使用文件报建设行政主管部门或者其他有关部门备案。"据此，建设工程的竣工验收系由建设单位组织，设计、施工、工程监理等主体参与，建设行政主管部门或其他有关部门一般情况下并不直接参与工程的竣工验收，其是通过要求建设单位进行工程竣工验收备案的方式依法行使对建设工程质量的监督管理职能。不能将建设单位主导的工程竣工验收等同于建设行政主管部门或者其他有关部门的备案监督。本案中：第一，特构公司已于 2016 年 4 月 1 日就案涉 1~25 栋工程向卓达公司申请了竣工验收，且建设单位、监理单位、施工单位、设计单位、勘察单位五方于当天共同参加验收并做出"符合设计及施工质量验收规范要求，同意验收"的综合验收结论，既然为综合验收结论，则理应包括双方合同约定范围内的工程验收，原审法院在无充分证据证明案涉项目的土建工程与安装工程系分开验收的情况下，认定 2016 年 4 月 1 日的综合验收仅为土建工程验收而非整体验收，理据不足。第二，经查，原审认定的 2017 年 9 月 22 日 1 栋、2 栋和 7~25 栋消防工程竣工验收、2018 年 2 月 2 日 3~6 栋消防工程竣工验收，均系消防部门就案涉工程进行的竣工验收消防备案，2017 年 1 月 22 日防雷中心出具《防雷装置检测报告》系行政管理部门对案涉工程防雷装置检测合格后出具的报告，城乡规划局于 2018 年 2 月 9 日出具《建设工程竣工验收单》系对卓达金谷创业园整体 28 栋进行的规划验收，上述行为均系行政管理部门对案涉建设工程质量行使监督管理职能的行为，不等同于应由建设单位主导的工程竣工验收行为，原审判决将行政部门行使管理职能的时间认定为案涉工程竣工验收合格时间，缺乏依据。

《民法典》第793条第1款规定的"建设工程经验收合格"实际上包含了"部分工程验收合格"，在已经交付且无证据证明不合格的情况下视为全部或已完成部分已经合格。根据《建工司法解释（一）》第14条的规定，建设工程未经竣工验收，发包人擅自使用后，又以使用部分质量不符合约定为由主张权利的，人民法院不予支持。也就是说，发包人擅自使用未经验收的建设工程，又以质量问题为由拒付工程价款，不应予以支持。如发包方接收未完工程，并另行安排第三人进场施工，应视为对已完工程质量无异议。在工程未交付的情况下，如双方对工程价款进行了结算，即使最终双方对结算存在争议，但对工程质量未提出异议，或发包方提出存在质量问题，而未提供充分证据证明，一般也应认定达到了支付工程价款的条件。当然，承包人应当在建设工程的合理使用寿命内对地基基础工程和主体结构质量承担民事责任。

实践中，发包人往往以质量存在问题等为由，不及时进行竣工验收，或者在竣工验收合格后，不及时进行工程价款结算、拖延结算。有的法院常常以双方当事人未进行竣工验收、未进行结算等为由，认定支付工程价款的条件不成就，驳回当事人的起诉或诉讼请求，导致承包人的合法权益得不到及时实现。正确的做法是，应当根据案件查明的事实，准确判断支付工程价款的条件是否成就，不能轻易以支付工程价款条件不成就为由，驳回当事人的起诉或诉讼请求。

【典型案例】（2020）湘民终1023号

谢某与锦隆公司建设工程施工合同纠纷

》 裁判摘要

二审法院认为，谢某与锦隆公司签订《内部承包协议》后，依约对

"东山领秀"项目工程进行了桩基础、土建、门窗、水电、消防、电梯等部分的施工，其对案涉工程的投入已物化到了案涉工程中。虽然案涉"东山领秀"小区项目的整体工程尚未办理竣工验收手续，但谢某撤离施工现场后，工程已经移交给锦隆公司，并由其交由第三方继续施工至主体工程完成。工程既然已经移交锦隆公司使用，其应当支付相应工程价款。一审法院以案涉项目尚未竣工验收，认定谢某请求结算支付工程价款条件不成就，属认定事实错误。鉴于案涉工程价款因双方未经结算而存在争议，原审未进行工程造价鉴定，案涉工程的工程价款基本事实不清。

发包人具有依照合同约定，按时审核结算资料和欠付工程价款金额的义务。如果发包人故意不及时进行结算、拖延结算，应当承担从应当支付工程价款的期限或合同约定的期限开始计算逾期付款利息的责任。

【实务问题】实践中，发包人对承包人提交的结算资料和结算金额不予认可，导致工程价款无法确定，有的项目工程结算甚至多年不能完成。发包人未按时结算、拖延结算是否应承担逾期付款利息

对此有些法院和法官认为，未完成结算的原因是发包人、承包人双方对欠付工程价款存在争议，发包人不应当承担未按时结算逾期付款利息的责任。我们认为，这种观点是错误的。理由是：发包人具有依照合同约定，按时审核结算资料和欠付工程价款金额的义务。承包人提交结算资料后，发包人应当及时进行审核，如果有异议，亦应在合同约定的期限或合理期限内提出。如因为双方对工程价款存在争议而导致诉讼，法院最终认定非承包人原因导致存在欠付工程价款，这种情况下，发包人应当承担从合同约定期限开始计算的逾期付款利息。如合同没有约定的，应当按照《建工司法解释（一）》第27条规定的时间开始计付利息：建设工程已实际交付的，从交付之日起计算；建设工程没有交付的，从提交竣工结算文件之日起计算；建设工程未交付，工程价款也未结算的，从当事人起诉之日起计算。

【典型案例】（2024）湘民终89号

大坤公司与意峰公司建设工程施工合同纠纷

» 裁判摘要

二审法院认为，案涉合同签订、履行及本案起诉均发生于2021年1月1日《民法典》施行之前。根据《民法典时间效力规定》第1条"民法典施行后的法律事实引起的民事纠纷案件，适用民法典的规定。民法典施行前的法律事实引起的民事纠纷案件，适用当时的法律、司法解释的规定，但是法律、司法解释另有规定的除外。民法典施行前的法律事实持续至民法典施行后，该法律事实引起的民事纠纷案件，适用民法典的规定，但是法律、司法解释另有规定的除外"的规定，本案应当适用《民法典》施行前的法律、司法解释对本案进行审理。

关于欠付工程款利息。意峰公司称诉讼前已经超额支付全部应付工程款，不存在任何违约行为，大坤公司应当对其拒不提交结算资料，导致双方结算延后的行为承担全部责任，大坤公司无权要求支付资金占用利息。二审法院认为，《最高人民法院关于审理建设工程施工合同纠纷案件适用法律问题的解释》（法释〔2004〕14号）第17条规定："当事人对欠付工程价款利息计付标准有约定的，按照约定处理；没有约定的，按照中国人民银行发布的同期同类贷款利率计息。"第18条规定："利息从应付工程价款之日计付。当事人对付款时间没有约定或者约定不明的，下列时间视为应付款时间：（一）建设工程已实际交付的，为交付之日；（二）建设工程没有交付的，为提交竣工结算文件之日；（三）建设工程未交付，工程价款也未结算的，为当事人起诉之日。"首先，本案双方在补充协议三对工程款利息标准有明确约定，原审判决按照年利率12%计算案涉工程欠款的利息，没有违反法律规定，双方上诉对该利率没有提出异议，二审法院予以确认。其次，工程款利息属于法定孳息，不具有违约金性质，应当自合同约定的工程款支付期限届满之日起开始计算，不因发包、承包双方是否达成结算协议而受影响。在建设工程施工合同工程价款结算中，发包、承包双方在某些问题上发生争议，各自坚持自己的利益而无法达成一致，显然不能归责于任何一方的单方过错。而且，建设工程大多实行垫资建设（本案工程即为大坤公司全额垫资至主体封顶），在工程项目已竣工验收交付给发包方使用的情况下，如发包人以双方未结算为由不支付承包方的工程款，既违背诚实信用原则，也导致一方获利而另一方受损，从而变相鼓励发包方以双方无法达成结算协议为由拖延结算。即使发包方认为承包方结算资料不全而要求承包方补交，承包方未补交的，发包方也应当在合同约定的审核结算期限内完成结算审核，由承包方承担结算资料不齐的责任。从二审法院最终确定的案涉工程价款来看，远超出意峰公司主张的日升咨询公司编制的阶段性结算意见的金额，也说明意峰公司坚持主张的结算金额缺乏事实依据。因此，意峰公司以双方未达成结算协议为由主张不支付欠付工程款的利息不能成立。本案施工总承包协议对工程款的支付时间有明确约定，即五方责任主体竣工验收合格，支付至完成工程量金额的88%；意峰公司完成结算总价二审，双方就结算金额达成一致后一个月内意峰公司向大坤公司支付至工程结算总价的97%。案涉工程于2019年11月22日竣工验收，意峰公司已欠付工程款，原审判决确定从2019年11月22日起计算案涉工程欠款利息并无不当。而且，原审以日升咨询公司阶段性结算意见的工程款155978506.57元而非最终认定的工程款179161515.45元计算双方完成工程款结算之前的欠付工程款，以本案诉讼中长城咨询公司作出鉴定意见之日作为双方达成结算协议的时间，分阶段计算案涉工程欠付工程款利息，已经充分考虑了本案案情和意峰公司的利益，大坤公司上诉未提出异议，对此分段计息方法应当维持。意峰公司应当对前述欠付工程款本金39052628.9元自2021年4月16日起按年利率12%向大坤公司支付利息至全部清偿之日。

（二）依法处理抗辩、反诉、另诉的关系

虽然原则上对发包人在建设工程经验收合格接收使用后，或者擅自接收建设工程使用后，又以质量不符合约定为由，拒绝支付工程价款的

不诚信行为不予支持，但如果有证据证明部分质量确系承包人施工原因造成的，承包人也应承担相应的施工质量存在缺陷的责任。

对于建设工程竣工验收合格后，承包人是否应对质量问题责任承担的问题，理论界和实务界有三种不同观点。

一是绝对效力说。在竣工验收合格后建设工程应当认定为质量合格，承包人不再承担质量违约责任，即使发包人提供初步证据证明了建设工程存在明显质量问题，如果是未涉及地基基础工程和主体结构的其他质量问题，发包人也无权向承包人就施工过程中的质量问题主张权利，应当驳回发包人的诉讼请求。

二是相对效力说。竣工验收文件并不当然免除了承包人施工中的质量责任，在发包人提供初步证据证明建设工程存在严重质量问题时，承包人应当承担质量问题的责任。

三是可撤销说。竣工验收合格文件系发包、承包双方就工程质量合格而形成的合意，同时发包人签订该文件的本意也是相信建设工程不存在明显质量问题，如建设工程客观上存在明显质量问题，且存在重大误解或者欺诈等情形，发包人有权主张予以撤销，但在竣工验收合格文件被撤销前，仍应视为建设工程质量合格。

主流意见认可第二种观点。工程竣工验收合格并不等同于建设工程事实上质量合格。虽然建设单位、监理单位、施工单位、设计单位、勘察单位五方主体签章的《竣工报告》《竣工验收申请报告》《竣工验收报告》《单位（子单位）工程质量竣工验收记录》等证据材料，能够证明工程已经竣工验收合格，但其所证明的内容并不一定绝对客观真实。建设方如果有充分证据和事实证明质量问题系因承包人原因发生，承包人仍应承担因质量问题产生的相应民事责任。因为发包人在竣工验收过程中，未发现事实上客观存在的质量问题不构成过错。因此，即使建设工程竣工验收合格，若有相反证据证明质量问题确实存在，发包人可要求承包人承担瑕疵担保责任或保修责任。当然，正如前文所述，建设工程竣工验收后，发包人不能以质量问题抗辩工程价款的支付条件不成就。

为了实质性化解纠纷，人民法院应秉持能够在一案中解决的问题尽量在一案中解决的原则,对于审理承包人请求支付工程价款的案件,如果发包人同时提出质量问题,一般应当一并处理。对于这类案件,可以区分不同情况按照被告抗辩、被告反诉和被告另行起诉三种不同情形予以处理。

1. 被告抗辩的情形。承包人请求发包人支付工程款,发包人往往以工程质量存在问题等为由,主张拒绝支付工程款或者减少工程价款。如发包人以承包人施工工程不符合设计要求、存在偷工减料、存在未按图施工、存在工程漏项等情形,要求减少工程价款;因原告拒绝维修工程,发包人另行委托他人修复后,主张抵扣修复费用等。

《建工司法解释(一)》第12条规定:"因承包人的原因造成建设工程质量不符合约定,承包人拒绝修理、返工或者改建,发包人请求减少支付工程价款的,人民法院应予支持。"一般情况下,双方当事人在订立合同时,对工程质量标准及应承担的责任均会进行约定。因此,在工程质量未达到合同约定的标准时,发包人可以在承包人主张支付工程款的同时,向承包人请求减少给付工程款。发包人请求减少工程款的主张是抗辩事由,不构成新诉,无须提起反诉。

被告主张"减少支付工程价款",表明被告承认拖欠原告工程价款,只是出于质量问题等原因而要求减少支付工程款,实质仍系在原告主张的工程欠款基础上的抵销主张,不具有新的独立的给付内容,故应认定为抗辩,无须提出反诉。如果被告没有提出"减少工程价款",而是以工程存在质量问题、给其造成损失为由直接拒绝支付剩余工程款或要求赔偿损失,同样是抗辩而非反诉。双方当事人在合同中明确约定直接将工程质量违约金或赔偿金从应付工程价款中予以扣减,亦应将被告的该主张视为抗辩,无须当事人提起反诉。①

对被告选择以抗辩形式主张且属于抗辩情形的,人民法院应作为抗辩进行审理,不应要求被告另行提起反诉。

---

① 参见最高人民法院民一庭编著:《最高人民法院新建设工程施工合同司法解释(一)理解与适用》,人民法院出版社2021年版,第164~165页。

【典型案例】（2022）湘民申 7571 号

神州公司与鑫云华公司建设工程施工合同纠纷

≫ 基本案情

神州公司与鑫云华公司签订《冷库工程承包合同书》，神州公司将葡萄冷藏保鲜库及车间降温工程承包给鑫云华公司施工，工程总价为 480 万元。神州公司出具《完工单》及《冷库验收单》并接收。因神州公司认为鑫云华公司设计施工的冷库存在库板不达标、制冷机开机后主机结冰、漏水等问题无法使用，不同意支付剩余工程价款 151 万元。经鉴定冷库库板作为墙面保温泡沫塑料，不符合《建筑材料及制品燃烧性能分级》（GB 8624-2012）的 B1 级要求。

≫ 裁判摘要

一审法院认为，神州公司抗辩鑫云华公司在施工过程中使用了不达标的"复合 B1 级"阻燃材料致冷库存在质量问题，至今不能正常使用，应当赔偿损失，判决神州公司支付鑫云华公司工程款 151 万元、鑫云华公司赔偿神州公司库板损失 112 万元。二审法院认为，在神州公司撤回反诉后，一审判决鑫云华公司赔偿损失 112 万元，明显不当，撤销了该判项。

再审审查认为，神州公司一审虽已撤回要求鑫云华公司赔偿损失的反诉请求，但其提出的案涉工程质量问题为抗辩，其实质是要求减少工程价款，本案应当围绕鑫云华公司要求支付剩余工程价款的诉讼请求和神州公司要求减少工程价款的抗辩进行审理。

【问题解答】

与承包单位签订内部承包协议的实际施工人在项目完工后，就工程价款向承包单位主张权利。前期因实际施工人未按时支付材料供应商货款，法院判决承包单位承担相应货款及逾期付款利息或违约金的支付义务，上述应付款项能否在本案的建设工程施工合同纠纷中一并处理；承包人可否主张代付的材料款及逾期利息全额抵扣工程款

承包人主张代付的材料款及逾期利息、违约金全额抵扣工程款为抗

辩，可以在建设工程施工合同纠纷案件中一并处理。承包人代付的材料款因属于工程款的组成部分可以全额冲抵，但代付的材料款的逾期利息、违约金是否全额抵扣，要根据工程款的支付情况、逾期利息、违约金产生的原因等因素综合认定。如果是因为承包人欠付实际施工人工程款所致，或者是实际施工人自身原因所致，抑或是双方的原因，则产生的逾期利息损失、违约金应由承包人承担或者由实际施工人承担，或者根据各方的过错程度合理分担。

上述列举的案件和解答的问题，实质上属于当事人要求债务抵销的情形。在审理建设工程施工合同纠纷案件中，常常会遇到当事人因代付相关款项或代还借款等要求债务抵销的情形，如果该要求抵销的情形是在履行诉争建设工程施工合同过程中产生，则应视为当事人对减少支付工程价款的抗辩主张，应当一并审理，不能要求当事人另诉。

《民法典》第五百六十八条　当事人互负债务，该债务的标的物种类、品质相同的，任何一方可以将自己的债务与对方的到期债务抵销；但是，根据债务性质、按照当事人约定或者依照法律规定不得抵销的除外。

当事人主张抵销的，应当通知对方。通知自到达对方时生效。抵销不得附条件或者附期限。

《民法典》第五百六十九条　当事人互负债务，标的物种类、品质不相同的，经协商一致，也可以抵销。

《建工案件解答》第十四条　建设工程施工合同履行过程中，当事人出具借条预支工程进度款，发包人或承包人在结算工程价款过程中主张抵扣借款本金及利息的，应当一并处理。

【典型案例】（2023）湘民终118号

海南建工公司、海南建工湖南分公司与金旺公司建设工程施工合同纠纷

》基本案情

原一审法院认为，被告金旺公司提出其代原告方偿还1050万元借款

本金及利息应抵扣本案工程价款。原告方则提出，被告金旺公司代原告方偿还的1050万元借款本金及利息与本案无关，不能抵扣本案的工程价款。经查，被告金旺公司提交的用以证明其代替原告方偿还债务1050万元的《乙方代甲方偿还借款明细》，系海南建工湖南分公司与胡某签订的《合作协议书》的组成部分，原告方提出该1050万元与本案无关的理由成立，被告金旺公司要求在本案工程价款中抵扣的请求，二审法院不予支持。被告金旺公司就此可另行协商和主张权利。①

≫ 裁判摘要

关于金旺公司的还款应否抵扣工程款的问题。海南建工公司、海南建工湖南分公司上诉主张，原审法院在本案中错误地将不属于同一法律关系的所谓代为偿还借款认定为海南建工公司的债务，并支持金旺公司行使债务抵销权适用法律错误、程序违法。二审法院认为：首先，案涉借条与《乙方代甲方偿还借款明细表》载明的6名债权人及1050万元债务金额相互印证，海南建工公司、海南建工湖南分公司也认可该1050万元债务。因此，海南建工公司与胡某生等6人的债权债务真实存在。金旺公司提交的银行转款凭证及以房产抵债的收据等证据证明，金旺公司已代海南建工公司向胡某生等6人偿还借款本息2506万元，海南建工公司、海南建工湖南分公司对金旺公司所主张的代为偿还债务的金额及时间等均予承认，故金旺公司已代海南建工公司偿还借款本息2506万元的事实亦真实存在。其次，《合作协议书》虽约定海南建工公司、海南建工湖南分公司将其承包的二期工程交由胡某、方某华承包经营，胡某、方某华以代海南建工公司、海南建工湖南分公司偿还其1050万元债务及550万元利息的方式抵扣该两人应交纳的1600万元二期项目管理费。但是，以代偿债务抵扣二期项目管理费系胡某、方某华与海南建工公司、海南建工湖南分公司之间达成的合意，海南建工公司、海南建工湖南分公司未举证证明胡某、方某华后续挂靠海南建工公司、海南建工湖南分公司进

---

① 本案因遗漏当事人，发回原审法院重新审理。重审一审判决支持了代为偿还借款抵扣工程价款的诉讼请求。——作者注

行了二期项目的施工，应承担举证不能的后果。同时，从《合作协议书》约定的内容来看，海南建工湖南分公司既不参与工程施工，也不投入资金，无论项目盈亏均向胡某、方某华收取1600万元管理费。因此，胡某、方某华系借用海南建工湖南分公司资质进行二期施工。故即使进行了二期项目施工，因借用资质违反法律的强制性规定，出借资质的企业实际并未参与工程施工，其既不投入资金，也不承担风险，仅收取一定比例的管理费，该管理费实质并非出借资质的企业对建设工程施工进行管理的对价，而系通过出借资质违法套取利益的行为。因此，《合作开发协议》中管理费的约定为无效约定，不应受法律保护。故海南建工公司、海南建工湖南分公司关于依据《合作协议书》的约定金旺公司代为偿还的债务本息应抵扣二期项目管理费的主张不能成立。第三，因海南建工公司欠胡某生等6人1050万元的借款本息2506万元实际已由金旺公司代为偿还，故胡某生等6人对海南建工公司的债权已转让给金旺公司，该2506万元应属海南建工公司对金旺公司所负的债务，与金旺公司所欠海南建工公司、海南建工湖南分公司涉案一期工程款连同应返还工程质量保证金共计10733478.15元以及应支付的利息，系同种到期债务，根据《合同法》第99条的规定，双方互负到期债务的，可以抵销。原审法院据此认定双方债务抵销后，金旺公司不再欠付海南建工公司、海南建工湖南分公司涉案工程款及应付利息并无不当，海南建工公司、海南建工湖南分公司关于案涉债务不能抵销的上诉理由不能成立，予以驳回。

【典型案例】（2024）湘民申2206号

宏鑫房地产公司、华厦建筑公司、刘某龙 建设工程施工合同纠纷

>> 裁判摘要

二审法院认为，本案系华厦建筑公司作为权利主体向法院提起诉讼，刘某龙作为第三人参加诉讼，并未提出独立的诉讼请求，而宏鑫房地产

公司受让的债权系宏鑫房地产公司的股东对刘某龙的债权，与华厦建筑公司无关，华厦建筑公司亦不同意以该债权抵工程款，且一审判决已告知其另行主张权利。因此，宏鑫房地产公司要求将400万元借款抵工程款的上诉理由，二审法院不予支持。

再审审查认为，关于宏鑫房地产公司提出的法定抵销抗辩。通常情形下，如果发包人明知实际施工人借用被挂靠企业资质签订合同并组织施工，挂靠人与发包人形成事实上的建设工程施工合同关系，被挂靠企业欠缺订立建设工程施工合同的真实意思表示且没有实际施工，一般应由实际施工的挂靠人向发包人主张折价补偿工程款。但是，在挂靠人已经作为当事人或以被挂靠企业代理人身份参加诉讼、未向发包人另行提出诉讼请求且认可被挂靠企业起诉的情形下，被挂靠企业可以向发包人主张折价补偿工程款。在这种情形下，由于挂靠人是工程款的实际享有主体，确定发包人欠付的工程款金额时，应当充分考虑挂靠人作为实际施工人可以自主收取工程款以及发包人与挂靠人之间存在的经济往来等实际情况进行综合认定。如果发包人抗辩主张以其对挂靠人的债权抵销工程款，则应当依照法定抵销或约定抵销的条件进行审查。

本案中，刘某龙挂靠华厦建筑公司承包案涉工程，华厦建筑公司起诉请求支付工程款，由于刘某龙没有向宏鑫房地产公司提出诉讼请求，且对华厦建筑公司主张工程款没有提出异议，故而本案可以支持被挂靠企业华厦建筑公司以自己名义向发包人宏鑫房地产公司主张权利。但是，如上文所述，本案确定宏鑫房地产公司欠付的工程款金额时，还应当结合宏鑫房地产公司直接向刘某龙支付过部分工程款，或保证金以及双方之间存在经济往来的实际情况进行审查。宏鑫房地产公司提交借条、转账凭证、债权转让协议等证据，提出以受让其股东对刘某龙的债权抵销应付工程款的抗辩。虽然刘某龙对该抵销主张提出异议，但宏鑫房地产公司主张抵销的债权是因案涉工程产生，从避免当事人诉累以及实质性解决争议的角度出发，本案仍应当就该债权是否符合法定抵销条件进行适度审查。如果通过本案现有证据能够查清该债权成立，则应当予以抵销；如果难以查明该债权是否成立，则可告知当事人另行救济。

一审法院虽然认可刘某龙实际施工人的地位并追加刘某龙为第三人参加诉讼，但又以刘某龙提出异议、该借贷关系属于另一法律关系为由，对宏鑫房地产公司以该债权抵销应付工程款的抗辩主张不予审查，不利于实质性解决本案纠纷。二审法院认为该债权与华夏建筑公司无关而不予审查，没有考虑到案涉工程实际施工人刘某龙是工程款实际享有主体的实际情况，处理不当。

2. 被告反诉的情形。《建工司法解释（一）》第16条规定："发包人在承包人提起的建设工程施工合同纠纷案件中，以建设工程质量不符合合同约定或者法律规定为由，就承包人支付违约金或者赔偿修理、返工、改建的合理费用等损失提出反诉的，人民法院可以合并审理。"因此，发包人要求承包人支付违约金，要求承担返修义务，要求赔偿改建、工期延误损失等情形，超出了原告请求支付工程价款的诉讼请求范围，并具有独立的给付请求内容，具备"诉"的全部条件，属于独立的诉，应当作为反诉处理，人民法院应当受理反诉，与本诉合并审理，而不能告知当事人另行起诉。

3. 被告应另行起诉的情形。发包人要求承包人赔偿因工程质量不符合合同约定而造成的其他财产或者人身损害损失等，不符合反诉的条件。因发包人的请求为侵权损害赔偿之诉，承包人主张的工程欠款为建设工程施工合同纠纷，二者不是同一法律关系，故不能提起反诉主张权利，只能另行起诉。

（三）"黑白合同"情形下，如何认定作为工程价款结算依据的合同

《建工司法解释（一）》第2条第1款规定，招标人与中标人另行签订的建设工程施工合同约定的工程范围、建设工期、工程质量、工程价款等实质性内容，与中标合同不一致，一方当事人请求按照中标合同确定权利义务的，人民法院应予支持。此条通常被称为有关"黑白合同"

的规定,其中中标合同被称为"白合同",另行签订的合同被称为"黑合同"。依据该条的规定,当事人另行签订的"黑合同"与"白合同"对于工程范围、建设工期、工程质量、工程价款等实质性内容约定不一致的,应当以"白合同"作为工程价款的结算依据。适用"黑白合同"规则的前提是"白合同"应当合法有效,如果"白合同"无效,则不能适用上述规则。

《建工案件解答》第7条规定,中标合同有效,以中标合同作为结算依据。中标合同与其他合同均无效的,以实际履行的合同作为结算依据。无法区分实际履行的合同的,以后签订的合同作为结算依据。招标人与中标人另行签订的建设工程施工合同约定的实质性内容与中标合同不一致的,应以中标合同作为结算依据。但因客观情况发生了招投标时难以预见的变化而另行签订施工合同的除外。

【典型案例】 (2017)最高法民终175号

第一建筑公司与昌隆房地产公司
建设工程施工合同纠纷

》 裁判摘要

《最高人民法院关于审理建设工程施工合同纠纷案件适用法律若干问题的解释》第21条规定,当事人就同一建设工程另行订立的建设工程施工合同与经过备案的中标合同实质性内容不一致的,应当以备案的中标合同作为结算工程价款的依据,其适用前提应为备案的中标合同合法有效,无效的备案合同并非当然具有比其他无效合同更优先参照适用的效力。在当事人存在多份施工合同且均无效的情况下,一般应参照符合当事人真实意思表示并实际履行的合同作为工程价款结算依据;在无法确定实际履行合同时,可以根据两份争议合同之间的差价,结合工程质量、当事人过错等实际情况,根据诚实信用原则等予以合理分配。

【典型案例】（2024）湘民终 89 号

大坤公司与意峰公司建设工程施工合同纠纷

》 裁判摘要

关于合同效力。意峰公司主张签订的备案中标合同有效，应当作为案涉工程款的结算依据。二审法院认为，《民法典》施行前的《合同法》第 52 条规定，违反法律、法规强制性规定的合同无效。《最高人民法院关于审理建设工程施工合同纠纷案件适用法律问题的解释》（法释〔2004〕14 号）第 1 条规定："建设工程施工合同具有下列情形之一的，应当根据合同法第五十二条第（五）项的规定，认定无效：……（三）建设工程必须进行招标而未招标或者中标无效的。"《招标投标法》第 43 条规定："在确定中标人前，招标人不得与投标人就投标价格、投标方案等实质性内容进行谈判。"第 55 条规定："依法必须进行招标的项目，招标人违反本法规定，与投标人就投标价格、投标方案等实质性内容进行谈判的，给予警告，对单位直接负责的主管人员和其他直接责任人员依法给予处分。前款所列行为影响中标结果的，中标无效。"本案中，在履行法定招标程序之前，大坤公司与意峰公司就签订了施工总承包协议，确定由大坤公司承包案涉工程施工，对工程承包合同条款进行了详细具体的约定，然后意峰公司才进行招投标，并确定由大坤公司中标，签订中标备案合同，双方同时确认该合同仅用于备案并非实际履行。此后，双方还签订多份补充协议。以上事实足以说明：一是双方先定后招，违反了《招标投标法》的强制性规定，中标无效；二是双方的招标、投标均是为满足备案需要而实施的虚假招投标行为，中标备案合同并非双方的真实意思表示。因此，双方签订的标前施工总承包协议、中标备案合同以及补充协议一、补充协议二、补充协议三均应认定无效。

关于应当以哪份合同作为结算案涉工程价款的依据。意峰公司主张以中标备案合同为案涉工程价款的结算依据，大坤公司主张以施工总承包协议及其相关补充协议为案涉工程价款的结算依据。二审法院认为，《最高人民法院关于审理建设工程施工合同纠纷案件适用法律问题的解释

（二）》（法释〔2018〕20号）第1条第1款规定："招标人和中标人另行签订的建设工程施工合同约定的工程范围、建设工期、工程质量、工程价款等实质性内容，与中标合同不一致，一方当事人请求按照中标合同确定权利义务的，人民法院应予支持。"第11条第1款规定："当事人就同一建设工程订立的数份建设工程施工合同均无效，但建设工程质量合格，一方当事人请求参照实际履行的合同结算建设工程价款的，人民法院应予支持。"适用《最高人民法院关于审理建设工程施工合同纠纷案件适用法律问题的解释（二）》（法释〔2018〕20号）司法解释第1条规定的前提是中标合同有效，而本案中标合同如前所述属于无效合同，因此，不存在适用该司法解释第1条规定的适用前提。本案标前施工总承包协议和中标合同均无效，应当根据上述《最高人民法院关于审理建设工程施工合同纠纷案件适用法律问题的解释（二）》（法释〔2018〕20号）司法解释第11条的规定，以双方实际履行的施工总承包协议及其相关补充协议作为案涉工程的结算依据。

二、建设工程施工合同无效，结算条款是否可以参照适用及参照适用范围如何确定

《民法典》第五百六十七条　合同的权利义务关系终止，不影响合同中结算和清理条款的效力。

《民法典》第七百九十三条第一款　建设工程施工合同无效，但是建设工程经验收合格的，可以参照合同关于工程价款的约定折价补偿承包人。

根据上述规定，建设工程施工合同无效，工程价款的约定属于结算条款，可以参照。但实践中对于参照适用的范围有不同认识，比如对参照是否及于"付款方式"等问题，不同的案件审理中出现了不同理解和判决结果。主流观点认为，当事人双方签订的合同虽为无效合同，但案涉工程竣工经验收合格，可以参照双方签订的合同中关于工程价款计算方式的条款，也可以参照双方关于付款方式（支付时间、支付比例、价格调整）的约定来判令一方当事人履行付款等义务。但当事人约定的结算条款具有违

反法律、司法解释规定以及违背公序良俗情形的，不能参照适用。因此，有关意见认为，《民法典》第793条中的"工程价款的约定"包括建设工程施工合同确定的总金额、工程量清单计价以及工程价款的支付时间、支付方式、价格调整约定等内容。

【问题解答】 建设工程施工合同无效，哪些约定条款可以参照适用；下浮率、管理费、工程款支付时间、支付条件、逾期付款利率、垫资利息等条款能否参照适用；工程质量保证金条款能否参照适用

参考主流观点的认识和根据审判实践的通常做法，下浮率、工程款支付时间、支付条件、工程质量保证金条款属于关于工程价款结算的相关约定，可以参照适用。

关于工程质量保证金约定条款是否可以参照的问题，有三种不同观点。第一种观点认为，无效的合同或者被撤销的合同自始没有法律约束力，故当事人关于工程质量保证金的约定亦无效。第二种观点认为，当事人对工程质量保证金的约定未违反住建部门的相关规定，即使合同无效也可以参照。如根据住房和城乡建设部、财政部发布的《建设工程质量保证金管理办法》（建质〔2017〕138号）第2条、第7条的规定，建设工程质量保证金返还期限最长不超过2年；工程质量保证金总预留比例不得高于工程价款结算总额的3%，如果当事人约定工程质量保证金的期限和比例未超过2年或3%，则该约定应为有效可以参照。第三种观点认为，当事人关于工程质量保证金的约定属于结算条款的一部分，即使当事人约定工程质量保证金的期限和比例超过住建部门规定的2年或3%，也不因主合同无效而无效，该条款可以参照。

我们认同第三种观点。《建工司法解释（一）》第17条规定："有下列情形之一，承包人请求发包人返还工程质量保证金的，人民法院应予支持：（一）当事人约定的工程质量保证金返还期限届满；（二）当事人未约定工程质量保证金返还期限的，自建设工程通过竣工验收之日起满二年；（三）因发包人原因建设工程未按约定期限进行竣工验收的，自承包

人提交工程竣工验收报告九十日后当事人约定的工程质量保证金返还期限届满；当事人未约定工程质量保证金返还期限的，自承包人提交工程竣工验收报告九十日后起满二年。发包人返还工程质量保证金后，不影响承包人根据合同约定或者法律规定履行工程保修义务。"从该司法解释的规定可以看出，当事人对工程质量保证金返还期限可以进行约定，只有未约定工程质量保证金返还期限的，才适用自建设工程通过竣工验收之日起满2年，或未按约定期限进行竣工验收的以提交工程竣工验收报告90日起满2年的规定。因此，当事人可以自主约定工程质量保证金返还期限。而《建设工程质量保证金管理办法》关于工程质量保证金总预留比例不得高于工程价款结算总额3%的规定，属于部门规章。故即使当事人约定工程质量保证金的期限和比例超过住建部门规定的2年或3%，也并未违反法律、行政法规的强制性规定，不会因此导致工程质量保证金条款无效。故虽然建设工程施工合同无效，但当事人对工程质量保证金返还期限、返还比例的约定属于结算条款，仍然可以参照。

对于管理费条款，不能直接参照适用，须查明是否进行了实际管理。在查明确有实际管理行为的情况下，可适当支持。根据《建工案件解答》第11条的规定，建设工程施工合同无效，合同约定的管理费原则上不予支持。当事人主张的，法院可以根据合同系借用资质或转包、违法分包等不同类型，结合出借资质人、转包人、违法分包人是否履行管理职责因素予以适当支持，一般不宜超过总工程款的3%。

对于逾期付款利率条款，不能直接参照适用。合同无效可根据损失的实际情况认定，常见的判决结果是按照同期同类贷款利率或同期贷款市场报价利率计息。《建工司法解释（一）》第26条规定，当事人对欠付工程价款利息计付标准有约定的，按照约定处理。没有约定的，按照同期同类贷款利率或同期贷款市场报价利率计息。审判实践中，合同有效的，按照约定处理；合同无效的，逾期付款利率不能按照约定处理，应参照同期同类贷款利率或同期贷款市场报价利率计息。例如，最高人民法院（2022）最高法民终983号民事判决书认为，关于逾期付款利息计算标准，因《BT合同》违反法律、法规强制性规定无效，冷某、蒋某文和黄某主张依据合同约定按年利率7.8%计算利息，最高人民法院不予支持，利息应按照中国人民银行发布的同期同类贷款利率计算。

对于垫付资金利息条款，不能直接参照适用。立法、司法对于垫付资金持否定态度，如2024年6月1日起施行的《湖南省政府投资建设工程造价管理若干规定》第2条第2款规定，建设单位对政府投资建设工程造价确定与控制承担主体责任，实行全过程造价控制，不得要求施工单位垫资建设。所以，对于垫付的资金，无论合同是否有效，实际支持的利率均不应超过同期同类贷款利率或同期贷款市场报价利率。根据《建工司法解释（一）》第25条的规定，当事人对垫资和垫资利息有约定，承包人请求按照约定返还垫资及其利息的，人民法院应予支持，但是约定的利息计算标准高于垫资时同类贷款利率或者同期贷款市场报价利率的部分除外。当事人对垫资没有约定的，按照工程欠款处理。当事人对垫资利息没有约定，承包人请求支付利息的，人民法院不予支持。

对于下浮率条款，根据具体情况决定是否参照适用。下浮率通常是指发包人与承包人对工程价款结算下浮比例的约定，一般情形下不予调整，明显不合理的，也有案件根据实际情况进行了适当调整。

但对于承包人（转包人、违法分包人、被挂靠人）与实际施工人约定的所谓"下浮"是否应予支持有不同认识。有的认为合同具有相对性，合同约定的"下浮"是当事人双方真实意思的体现，法院应尊重当事人的约定。我们认为，由于工程建设具有主体的限制性、管理的强制性的特点，决定了建筑市场的参与者应受到更多强制性、管理性规范的约束，不能允许他们通过违法违规行为获取非法利益。人民法院应当对被挂靠人、转包人、违法分包人利用资源、权力、关系获取工程项目，转手通过所谓"下浮"等手段违法获利的行为依法予以规制。因此，在转包人、违法分包人、被挂靠人并未实际参与施工的情形下，其收取的"下浮"款应视为转包人、违法分包人、被挂靠人违法套取的非法利益，他们之间的此种约定不能被直接参照适用，应根据是否存在实际管理行为等酌定支持部分管理等费用。如何在当前不够规范的建筑市场寻求各方利益的平衡，是审判实践面临和亟须解决的棘手难题。

有的法院对于承包人（转包人、违法分包人、被挂靠人）与实际施工人约定的所谓"下浮"，也认定合法有效予以支持。下面的案例，审理法院认定，承包人与分包人（实质上可能存在转包或挂靠情形）按当地审计部门审定总价下浮28.5%作为公司管理费及上缴利润的最终结算价，是合同关于工程价款计价方法、计价标准等与工程价款数额有关的约定，当事人主张合同无效，案涉工程结算金额也就不应下浮的主张不能成立。这种认识和认定没有事实依据，也没有法律依据。

【典型案例】 （2023）×××民终3618号

艺境园林公司与铁汉公司、文化园公司
建设工程施工合同纠纷

裁判摘要

一审法院认定事实：2017年5月1日，依据铁汉公司与文化园公司签署的合同（此时工程还未招标，合同也未签订），铁汉公司成立文化园沿湖路项目部，负责对该工程进行项目管理，并聘任李某欧为该工程项目经理。为此，铁汉公司作为甲方与乙方文化园沿湖路项目部签署《项目管理目标责任书》。约定项目经理为李某欧，本项目的利润目标为按照本工程结算价（当地审计部门审定的定额计价总价）的28.50%上缴铁汉公司作为公司管理费及上缴利润。2017年5月18日，艺境园林公司向铁汉公司转账200万元，并注明用途为履约保证金。2017年6月6日，铁汉公司通过公开招标评标工作中标文化园景观工程建设项目EPC总承包（设计、采购、施工）。随后，发包人文化园公司与承包人铁汉公司签署《文化园景观工程建设项目设计施工总承包（EPC）合同》，该合同约定：由铁汉公司承包文化园景观工程建设项目，铁汉公司不得违法分包。合同签约价暂定为3443.8万元。2017年11月28日，承包人铁汉公司与分包人艺境园林公司签署《文化园景观工程建设项目工程建设工程施工专业分包合同》，合同价款采用下浮率结算方式计价，暂定含税合同总价为2400万元，最终结算承包价为本合同工程范围内艺境园林公司最

终完成工程量（含工程变更签证增加或减少部分）按当地审计部门审定总价下调 28.5% 作为最终结算价。上述合同签订后，艺境园林公司组织人员进行施工，工程于 2018 年 12 月 14 日竣工验收合格。2019 年 12 月 24 日，文化旅游产业发展公司作为建设方与承包方铁汉公司在结算项目评审结论确认表上盖章，确认文化园景观工程建设项目设计施工承包合同书的审定金额为 38448044.89 元。2020 年 8 月 10 日，铁汉公司与文化园公司签署文化园环湖路景观提升改造工程移交申请表，均认可同意移交。一审法院另查明，案涉项目文化园公司共计支付工程款 30560159.12 元。艺境园林公司认可收到文化园公司和铁汉公司支付的案涉工程款共计 30428585.79 元。

一审法院认为，参照湖南省高级人民法院印发的《建工案件解答》的通知第 13 条规定，当事人约定以行政审计、财政评审作为工程款结算依据的，按约定处理。① 本案中，承包人铁汉公司与分包人艺境园林公司签署《文化园景观工程建设项目工程建设工程施工专业分包合同》，明确约定最终结算承包价为本合同工程范围内艺境园林公司最终完成工程量（含工程变更签证增加或减少部分）按当地审计部门审定总价下调 28.5% 作为最终结算价。发包人与承包人之间的工程款亦约定以财评审计结果为准。经审理查明，涉案项目财评审计结果未出，工程量及工程价款尚无法确定。因此，付款条件并未成就，对艺境园林公司要求铁汉公司支付工程款和逾期付款利息的诉讼请求，不予支持。判决驳回艺境园林公司的全部诉讼请求。

二审法院认为，本案的争议焦点为上诉人艺境园林公司主张工程款及保证金的诉讼请求能否得到支持。根据铁汉公司与文化园公司签订的《文化园景观工程建设项目设计施工总承包（EPC）合同》的约定，工程

---

① 该规定不能在裁判文书中引用。《建工案件解答》第 29 条明确规定，本解答仅供湖南省内各级法院审理建设工程施工合同纠纷案件作为参考，在裁判文书"本院认为"部分具体分析法律适用理由时可根据本解答的相关意见进行说理，但不能作为裁判依据进行援引。——作者注

完工竣工验收后，经发包人送财政投资评审中心审核完毕15日内支付至已完成工程造价的80%，通过审计局审计后，支付至已完成工程造价的97%，剩余结算价的3%属工程质量保证金，在质保期满后的30天内无息退还。即铁汉公司与文化园公司约定案涉工程结算须先经过财政评审，然后再通过审计局审计。经查明，上诉人艺境园林公司提交的《结算项目评审结论确认表》盖有铁汉公司与文化园公司的公章，同时盖有财政投资评审中心的公章和相关人员的签字，因此说明案涉工程已经经过了财政评审。一审认为财评审计结果并未出现不当，二审法院予以纠正。铁汉公司与艺境园林公司签订的《文化园景观工程建设项目工程建设工程施工专业分包合同》约定，最终结算承包价为本合同工程范围内艺境园林公司最终完成工程量（含工程变更签证增加或减少部分）按当地审计部门审定总价下调28.5%作为最终结算价。因此，根据双方约定，案涉工程需经某市审计部门审定，而根据查明的事实，案涉工程尚未通过审计，因此艺境园林公司要求按照《结算项目评审结论确认表》审定的金额38448044.89元作为案涉工程最终结算金额的主张缺乏事实依据，即案涉工程尚需等待审计结果或者进行司法鉴定。但是，根据案涉分包合同的约定，最终完成工程量要在审计金额的基础上下调28.5%作为最终结算价。根据财评金额38448044.89元计算，最终结算价应为27490352元（38448044.89元×71.5%），而经查明，艺境园林公司已收到工程款30428585.79元，超最终结算价近300万元。根据常理，在各方当事人对财评金额无异议的情况下，审计金额只会比财评金额低而不会高，审计并不会改变上述事实，由此说明铁汉公司支付的金额已经超过了艺境园林公司应收的工程款及保证金金额（29490352元），故艺境园林公司要求铁汉公司支付工程款及保证金的请求无事实依据，二审法院不予支持。艺境园林公司主张其与铁汉公司签订的分包合同及铁汉公司与文化园公司签订的总包合同为无效合同，合同中的结算条款也应无效，二审法院认为，即便上述两份施工合同无效，也不影响合同中关于工程款计价方法、计价标准等与工程价款数额有关的约定，因此艺境园林公司主张合同无效，案涉工程结算金额也就不应下浮的主张不能成立。故对于艺境园林公司提交《工程签证单》欲证明案涉总包合同无效，因合同无效并不影响结算条款的效力，与本案无关联性，二审法院不予认证。①综上所述，艺境园林公司主张工程款及保证金的上诉请求不能成立。判决驳回上诉，维持原判。

三、建设工程施工合同无效，当事人签订的结算协议效力如何认定

结算协议，是指发包人与承包人就建设工程预付款、工程进度款、工程竣工价款支付的金额或方式等进行约定而达成的协议。实务中，关于结算协议效力以及与建设工程施工合同效力的关系问题存在争议。

第一种观点认为，结算协议属于建设工程施工合同的从合同，主合同无效从合同也应当认定无效，但有关结算的条款可以参照适用。第二种观点认为，结算协议是对既存债权债务关系的结算与清理，是双方当事人真实意思表示，且内容不违反法律法规强制性效力性规定，应属于合法有效的合同。

第二种观点为主流观点。建设工程施工合同无效，不影响当事人单独签订的结算协议的效力。最高人民法院民一庭法官会议认为，当事人有权通过协议方式确定合同无效后的权利义务，建设工程施工合同无效并不必然导致建设工程施工合同关系终止后当事人就工程价款（折价补偿款）支付方式、支付时间、未按约定支付的违约责任所签订的合同无效。建设工程经验收合格的，发包人与承包人就工程价款结算的数额、支付方式和时间作出约定，是当事人的权利，是自愿原则的体现，并不违反法律的强制性规定，故建设工程施工合同无效不影响结算协议的效力。

因此，结算协议具有独立性，不因建设施工合同无效而必然导致无

---

① 本案存在不审查认定合同效力的情形：是否存在先定后招、转包或挂靠必须予以查明。——作者注

效,结算协议若无其他无效情形,属于双方当事人真实意思表示的,应当认定有效。协议中约定的结算条款、价款数额、支付方式、支付时间等对当事人具有约束力。认定当事人签订的结算协议的有效性,体现了《民法典》确立的自愿原则和诚信实用原则。

(一)合同履行过程中签订的结算协议效力如何认定

具体案件中有时当事人会签订单独的结算协议,有时会以补充协议或以结算表等形式签订结算协议,此时要明确结算协议或补充协议、结算表等是因主合同无效而无效,还是不必然无效。根据上述分析,我们认为若经过审查以上合同属于对工程价款结算性质的协议,不宜扩大合同无效后果边界,该类结算协议或补充协议、结算表等不因建设工程施工合同无效而必然无效。

在主合同无效的情况下,如果补充结算协议包含主合同中的部分条款,那么该部分条款的效力是必然无效,还是当然有效?根据结算协议具有独立性的特点,一般应认定有效,但也要根据案件具体情况进行具体分析,如果部分条款具有无效的情形,则应认定该部分条款无效。

【典型案例】 (2021)湘民终3号

宏福公司与富恒公司、九桥公司建设工程施工合同纠纷

▶ 基本案情

城投公司与富恒公司(投资建设方)签订《某某大桥BT项目投资建设合同》,约定由富恒公司投资建设。富恒公司、城投公司与九桥公司签订《某某大桥施工合同》,约定九桥公司中标该项目。九桥公司与宏福公司签订协议,约定由宏福公司实际承担九桥公司与业主或投资公司签订协议中的全部义务与责任,并以九桥公司名义施工,宏福公司承诺按2%向九桥公司交纳管理费。宏福公司与富恒公司(投资建设方)签订《合作协议书》,约定宏福公司履行九桥公司的全部义务,并支付富恒公司税后价款12%投资收益,在回购时一并扣除或支付给富恒公司。后富恒公

司与宏福公司签订《〈合作协议书〉终止协议》《工程结算、支付、移交、退场协议》，约定按12%扣除富恒公司应计提的投资收益380万元。

> **裁判摘要**

一审法院认为，《工程结算、支付、移交、退场协议》是在终止《合作协议书》的基础上就工程结算和工程款支付事项等达成新的协议，并非《合作协议书》的从合同，是双方对工程款结算和支付等事项的一种民事权利处分行为，并未违反法律规定，宏福公司提出富恒公司收取的380万元是非法所得、要求予以返还的理由不成立。

二审法院认为，案涉《某某大桥工程施工合作协议》《合作协议书》均约定将九桥公司中标的某某大桥工程项目转包给宏福公司施工，均为无效协议。但富恒公司与宏福公司经协商达成的《〈合作协议书〉终止协议》《工程结算、支付、移交、退场协议》等均是在原协议终止后，双方就结算事宜达成的新的独立协议，是双方当事人真实意思的表示，除关于12%的投资收益部分的约定外，其他内容不违反法律法规的强制性规定，合法有效。富恒公司要求扣除投资收益380万元系依据双方《合作协议书》第4条关于投资利益分配的无效约定，《工程结算、支付、移交、退场协议》关于12%投资收益部分的约定亦应认定无效。并且，富恒公司与宏福公司之间并非投资建设关系，而系建设工程施工合同关系。富恒公司作为案涉工程投资方，其投资收益已由BT合同保障，其在本案中按已付工程款12%向宏福公司收取投资收益无事实与法律依据。

（二）诉前结算协议效力如何认定

《建工司法解释（一）》第29条规定，当事人在诉讼前已经对建设工程价款结算达成协议，诉讼中一方当事人申请对工程造价进行鉴定的，人民法院不予准许。《建工案件解答》第8条亦规定，当事人就建设工程价款自行达成结算协议后，又以建设工程施工合同无效为由，否定结算协议确定的工程价款的，不予支持。因此，建设工程施工合同无效，发包人和承包人就承包人应得折价补偿款达成协议，一方当事人主张依据该协议确定双方权利义务的，人民法院应依法支持。

1. 工程价款结算协议合法有效的，应当直接作为确定工程价款的依据。建设工程竣工后，当事人在诉讼前达成工程价款结算协议的，应视为双方已认可工程价款结算的方式及结算金额，可以直接认定该结算协议的效力，作为确定工程款的依据。当事人诉讼时否认结算协议的效力，申请对建设工程进行造价鉴定，违背诚实信用原则，人民法院依法不应予以支持。按照双方达成的结算协议处理，既尊重了当事人的意思自治，也节约了司法资源。因此，当事人一方否认结算协议效力要求进行鉴定，属于"对证明待证事实无意义的"情形，应不予准许。除非确实存在基于欺诈、重大误解或恶意串通等情形，当事人一方在诉讼中提出的证据足以证明结算协议存在不实情形，才应允许当事人一方申请人民法院委托进行相关鉴定。另外，承包人请求支付工程款的，应当提交证据并予以证明，如果其否认结算协议的效力，在发包人同意、人民法院向其释明后又不申请鉴定的情况下，人民法院可以参照结算协议认定工程价款、损失数额及已支付工程价款数额。

【典型案例】 （2022）湘民再208号

第五工程公司与永福公司建设工程施工合同纠纷

》 **裁判要旨**

《工程结算书》系独立就工程价款进行结算的协议，即使总承包合同因挂靠而无效，亦不影响结算协议的效力。

》 **裁判摘要**

再审查明（原审法院忽略了应当查明认定的事实），2018年8月13日，永福公司与朱某宝、朱某林签署《工程结算书》，载明："工程量按实结算，包含消防、水电、土建、外墙装饰工程及所有工程，另加8%垫资管理费，全部计算在内，总金额3100万元，大写叁仟壹佰万元整（施工方不负责税金）。工程付款方式按朱某宝与永福公司签订的合同执行，不存在任何延期付款违约责任。双方签字后不得提出任何异议。"该结算书建设单位落款处有永福公司法定代表人龚某生的签名及公司公章，朱某宝与朱某林在项目负责人处签名并按捺指印。

　　再审法院认为，《最高人民法院关于审理建设工程施工合同纠纷案件适用法律问题的解释（二）》第12条规定："当事人在诉讼前已经对建设工程价款结算达成协议，诉讼中一方当事人申请对工程造价进行鉴定的，人民法院不予准许。"案涉工程系朱某宝以朱某林名义挂靠第五工程公司进行施工，《工程结算书》虽系发包人永福公司与实际施工人朱某宝签署，但被挂靠人第五工程公司后续以诉讼行为对朱某宝的行为及结算金额进行了追认，并同意以该金额作为其与发包人的结算金额。同时，永福公司法定代表人龚某生亦在该工程结算书建设单位落款处签字并加盖了公司公章，永福公司也未举证证明龚某生的签字及公司公章存在虚假的可能。且该《工程结算书》系独立就工程价款进行结算的协议，即使总承包合同因挂靠而无效，亦不影响结算协议的效力。故《工程结算书》系各方真实意思表示，未违反法律、行政法规的强制性规定，不存在欺诈、恶意串通等致使结算协议无效的情形。永福公司关于该结算系无效结算的主张不能成立。永福公司在签署《工程结算书》后又向第五工程公司支付了五笔工程款，该付款行为亦证明其实际认可并履行双方签订的结算书。因此，当事人在诉讼前已经达成了工程价款结算协议，应视为双方均已认可结算方式及其相应的结算金额，永福公司诉讼中又申请工程造价鉴定试图否定其先前的认可，显然违背了诚实信用原则。原审法院未采信该《工程结算书》，径行对工程造价委托进行司法鉴定，系适用法律错误。

　　2.对于当事人签订的结算协议，要进行认真审查。如果结算协议存在明显错误，或不是双方当事人的真实意思表示的，则该结算协议不能作为结算工程价款的依据。

【典型案例】（2023）湘民申 2790 号

鑫业公司与金石公司建设工程施工合同纠纷

>> 裁判摘要

本案存在两份结算书，即《工程进度款结算书》与《工程款总结算》（二审提交），均形成于 2021 年 9 月 30 日。两份结算书已完成工程进度款金额相差 1500 余万元。同时《工程进度款结算书》中的金额存在矛盾，该结算书已完成工程进度款减去已付工程款与结算书中载明的欠付工程款金额相差 200 余万元。此外，金石公司对鑫业公司提交的《工程款总结算》证据三性均无异议，仅对其证明目的存在异议。在此情况下，二审法院在判决书中既未列明该证据，又未对本案存在的两份金额矛盾的结算协议的情况予以说明。同时，未对两份结算协议的性质与效力进行详细论证说理，而径行采信了金石公司提交的《工程进度款结算书》，并以此作为认定双方结算金额的依据。在鑫业公司对该结算协议提出异议的情况下，原审法院直接以该结算协议作为定案依据，明显缺乏证据。

3. 在双方当事人未结算、未进行有效结算或未达成最终结算协议的情况下确定工程价款的方式。

【典型案例】（2024）湘民再 2 号

湘润公司与梁熠公司建设工程施工合同纠纷

>> 裁判摘要

二审法院认为，《民事诉讼法解释》第 90 条规定："当事人对自己提出的诉讼请求所依据的事实或者反驳对方诉讼请求所依据的事实，应当提供证据加以证明，但法律另有规定的除外。在作出判决前，当事人未能提供证据或者证据不足以证明其事实主张的，由负有举证证明责任的当事人承担不利的后果。"本案中，梁熠公司在一审中提交的聊天记录能够证明其公司已与湘润公司沟通结算对审事宜，并要求湘润公司提交补充资料，推进结算进程。湘润公司虽主张已将全部结算资料提交，系梁熠公司拖延结算，但其并未提交有效证据证明，且其主张亦与梁熠公司提交的聊天记录所述事实相悖。同时，正源项目管理咨询公司对案涉项目出具的《项目园林景观工程结算一审确认表》，亦明确载明该确认表上的一审金额并非最终定案金额，最终定案金额以中梁地产集团三级授权审核的最终审核结果为准，最终金额确认时梁熠公司与湘润公司将另外签订结算定案单。现并无有效证据证明梁熠公司已委托正源项目管理咨询公司代为结算，而上述确认表上无梁熠公司签字盖章，根据确认表上载明的内容，湘润公司在上述确认表上签字盖章亦表明知晓会导致的法律后果，故该确认表不能作为双方已完成结算的依据。根据湘润公司与梁熠公司签订的施工合同的约定，合同价款暂定 2817973.55 元，工程经梁熠公司、监理及政府相关部门验收合格，且通过集团评估后，移交到梁熠公司或物业公司，并在签订维保协议后 30 日内，累计支付至合同总价的 80%。双方结算完成后 90 天内，梁熠公司向湘润公司支付结算总额的 97%。湘润公司在本案中并未提交有效证据证明准确的竣工验收时间，现案涉工程已进行竣工验收并完成交付，但双方亦未完成结算，根据合同约定，梁熠公司应支付湘润公司竣工款 2254378.84 元（2817973.55 元 ×80%），梁熠公司已实际支付湘润公司 2162465.04 元，还应支付湘润公司工程款 91913.8 元。

再审审理认为，在双方对湘润公司实际完成的工程量、工程造价存在争议，不能对工程结算达成一致，且梁熠公司不再推进复审的情况下，确有必要就工程量进行鉴定，湘润公司可以通过申请司法鉴定等方式确定案涉工程造价。原审法院未根据法律规定向当事人释明鉴定事由，在未确定实际工程造价的情况下，径行按照合同暂定工程价款确定应付款项，属于认定基本事实不清，应当发回一审法院重审，通过司法鉴定认定相关事实。

（三）诉前咨询意见效力如何认定

《建工司法解释（一）》第 30 条规定，当事人在诉讼前共同委托有关机构、人员对建设工程造价出具咨询意见，诉讼中一方当事人不认可该咨询意见申请鉴定的，人民法院应予准许，但双方当事人明确表示受该咨询意见约束的除外。依据该条规定，一方当事人不认可该咨询意见原则上可申请鉴定，但鉴于司法实务中，确实存在不少当事人通过恶意申请鉴定的方式拖延诉讼进程的情形。如果双方已通过委托合同或者签订协议等其他方式明确表示接受咨询意见约束，则意味着该咨询意见及其证明的事实已经得到双方当事人的认可，人民法院可以将诉前咨询意见出具的造价审计鉴定结论作为确定工程款数额的依据。当事人申请司法鉴定的，应依照《民事诉讼法解释》第121条第1款的规定认定申请鉴定的事项与待证事实无关联，或者对证明待证事实无意义，驳回当事人要求鉴定的申请。

【典型案例】（2021）最高法民申6167号

龙腾公司与水安公司建设工程施工合同纠纷

≫ 裁判要旨

发包人主张鉴定机构不具有审计评估的资格，但并未提供相应证据予以证明，在发包、承包双方已就工程款结算相关事宜达成协议并共同委托鉴定机构进行造价审计的情况下，对发包人重新鉴定的申请，应当依法予以驳回。

≫ 裁判摘要

2015年4月28日签订的《安徽省建设工程造价咨询合同》及2018年3月18日签订的《利辛县金龙商贸港工程项目审计及竣工验收、工程款支付的协议》第2条，龙腾公司、水安公司已经就工程款（进度款）的支付方式、造价审计等问题作出了安排，双方已就工程款结算相关事宜达成协议并共同委托华普公司进行造价审计。龙腾公司时任法定代表人也表示对《工程结算审核报告》结果无异议。故原判决将华普公司出具的《工程结算审核报告》作为确定工程款数额的依据，并适用《最高人民法院关于审理建设工程施工合同纠纷案件适用法律问题的解释（二）》第 12 条驳回龙腾公司的重新鉴定申请，并无不当。

需要注意的是，作为确定工程款数额的诉前咨询造价审计鉴定结论，必须是双方当事人签字认可的最终鉴定结论。如果一方当事人对于双方选定的咨询机构出具的初审审核意见不予认可，后续又未继续审计鉴定的，则应视为一方当事人此时已明确表明不受该咨询意见的约束，双方因此并未对共同委托的咨询机构出具的咨询意见达成一致认可的共识，人民法院不能将该咨询意见形成的初审结论作为确定工程价款数额的依据。

【典型案例】（2024）湘民终 89 号

大坤公司与意峰公司建设工程施工合同纠纷

▶ 裁判摘要

关于是否应当以日升咨询公司的初审意见作为案涉工程款的结算依据。2019 年 3 月 27 日，双方签署了《补充协议》，约定双方共同随机抽取一家具有相应审计资质的机构对大坤公司承包的工程量和工程结算价进行编制和审计，并同意以该机构出具的正式结算报告作为"双方最终认可的结算"。该协议签订后，双方选定的日升咨询公司作出了阶段性编制意见，意峰公司据此主张以此阶段性编制意见确定案涉工程价款。二审法院认为，《最高人民法院关于审理建设工程施工合同纠纷案件适用法律问题的解释（二）》（法释〔2018〕20 号）第 12 条规定："当事人在诉讼前已经对建设工程价款结算达成协议，诉讼中一方当事人申请对工程造价进行鉴定的，人民法院不予准许。"本案中，虽然双方签订《补充协议》约定以双方共同选定的第三方审计机构作出的正式结算报告为"双方最终认可的结算"，但双方共同选定的日升咨询公司只在 2019 年 6 月 17 日作出了阶段性编制意见，双方对该意见未签字认可，而且此时工程尚未完工及竣工验收，此后日升公司也未作出正式结算审核意见。因此，本案不属于上述司法解释规定的"当事人在诉讼前已经对建设工程价款结算达成协议"这一法定情形，意峰公司主张以日升咨询公司的阶段性意见进行案涉工程价款的结算不能成立。

关于长城咨询公司作出的鉴定意见是否可以采信。意峰公司认为，双方在诉讼前达成了结算协议，原审同意大坤公司鉴定申请程序违法；长城咨询公司鉴定意见存在诸多错误，案涉工程造价1800元/平方米，超过了当地均价，与意峰公司诉讼中自行委托的专业机构作出的造价报告相差巨大，违背了市场行情。二审法院认为：首先，如前所述，因日升咨询公司并未作出正式结算报告，不符合《最高人民法院关于审理建设工程施工合同纠纷案件适用法律问题的解释（二）》（法释〔2018〕20号）规定的"当事人在诉讼前已经对建设工程价款结算达成协议"这一法定情形，原审准许大坤公司的鉴定申请不违反法律规定，鉴定程序也不存在其他违法情形。其次，鉴定机构和鉴定人员具有合法资质。再次，鉴定方法、鉴定依据合法有效。如前所述，案涉中标备案合同与施工总承包协议均为无效合同，应当以反映双方真实意思表示且实际履行的施工总承包协议作为结算案涉工程价款的依据，长城咨询公司以施工总承包协议作为鉴定依据符合法律规定和本案实际。本案鉴定资料均经过了质证，对于鉴定意见也征求了双方的意见，鉴定人员出庭接受了质询，对于双方的异议意见，鉴定机构进行了认真回应和修正，对于双方争议较大、需要审判人员从证据采信和法律适用上作出判断的争议问题，鉴定意见在作出其专业判断的同时，也明确说明由法院裁量。意峰公司对鉴定意见提出诸多异议，并申请专家辅助人出庭提出意见，从其异议及专家辅助人的意见来看，二审法院认为，并不足以否定长城咨询公司的鉴定意见。例如，其专家辅助人认为长城咨询公司的鉴定不符合行业规范，但其并没有提供依据证明其所称的行业规范即为公认或众所周知的行业规范；再如，其专家辅助人认为建设工程造价中不应全额计算社会保险费，而这一问题涉及合同有关社会保险费的约定是否有效的法律判断，不属于工程造价专业人员的专业判断范围。最后，在人民法院已经委托进行司法鉴定的情形下，意峰公司单方委托专业机构出具的咨询意见，对方当事人未参与，缺乏程序上的公正性，不具有参考价值。《最高人民法院关于民事诉讼证据的若干规定》第40条第1款规定："当事人申请重新鉴定，存在下列情形之一的，人民法院应当准许：（一）鉴定人不具备相应资格的；（二）鉴定程序严重违法的；（三）鉴定意见明显依据不足的；（四）鉴定意见不能作为证据使用的其他情形。"第3款规定："对鉴定意见的瑕疵，可以通过补正、补充鉴定或者补充质证、重新质证等方法解决的，人民法院不予准许重新鉴定的申请。"意峰公司申请重新鉴定不符合上述司法解释的规定，原审法院未予准许并无不当。且重审中长沙市中级人民法院对意峰公司提出的质量问题进行了补充鉴定，并委托友谊咨询公司对大坤公司施工的案涉项目的混凝土结构、地下车库地面、屋面工程、内墙抹灰工程、门窗与厨房阻水台工程、外墙抹灰工程的造价根据质量问题鉴定结果重新进行了造价补充鉴定，重审判决根据友谊咨询公司的鉴定意见，对长城咨询公司的鉴定意见的工程价款进行了相应的扣减，扣减金额为2174605.17元。综上分析，意峰公司主张长城咨询公司的鉴定意见不能作为案涉工程造价的认定依据的理由不能成立，其在二审中再次申请重新鉴定，二审法院不予准许。

（四）以房抵顶工程款协议效力如何认定

实践中就欠付工程款签订以房抵顶协议的情形较为常见，这种以房抵顶工程款的协议系当事人对欠付工程款进行结算的约定，性质上属于对既存债权债务关系的清理，具有相对的独立性，即使主合同无效，一般也不会影响这种协议的效力。以房抵顶工程款的协议属于诺成性合同，不以房屋过户或交付为生效条件。如果施工人以尚未办理房屋产权手续为由主张以房抵顶工程款的协议不发生法律效力，仍请求建设方支付被抵顶的工程款债权的，不应支持。如果一方当事人以该抵顶工程款的房屋价格上涨或下跌为由要求解除以房抵顶工程款的协议、履行原被抵顶的工程款债权的，也不应当支持。除非承包人能够证明存在发包人拒绝履行以房抵债义务或其他履行障碍情形。《建工案件解答》第15条亦作出规定，工程款结算中，发包人与承包人约定以承包人建设的房屋抵顶工程款的，在案件结算中应一并予以处理，除非承包人能够证明存在发包人拒绝履行以房抵债义务或其他履行障碍情形。

因此，只有在以房抵顶工程款的协议目的不能实现的情形下，债权人才有权请求债务人履行旧债务。

【典型案例】（2016）最高法民终字第 484 号

建总集团公司与兴华公司建设工程施工合同纠纷

>> 裁判摘要

第一，对以物抵债协议的效力、履行等问题的认定，应以尊重当事人的意思自治为基本原则。一般而言，除当事人有明确约定外，当事人于债务清偿期届满后签订的以物抵债协议，并不以债权人现实地受领抵债物，或取得抵债物所有权、使用权等财产权利为成立或生效要件。只要双方当事人的意思表示真实，合同内容不违反法律、行政法规的强制性规定，合同即为有效。第二，当事人于债务清偿期届满后达成的以物抵债协议，可能构成债的更改，即成立新债务，同时消灭旧债务；亦可能属于新债清偿，即成立新债务，与旧债务并存。基于保护债权的理念，债的更改一般需有当事人明确消灭旧债的合意，否则，当事人于债务清偿期届满后达成的以物抵债协议，性质一般应为新债清偿。第三，在新债清偿情形下，旧债务于新债务履行之前不消灭，旧债务和新债务处于衔接并存的状态；在新债务合法有效并履行完毕后，因完成了债务清偿义务，旧债务才归于消灭。第四，在债权人与债务人达成以物抵债协议、新债务与旧债务并存时，确定债权是否得以实现，应以债务人是否按照约定全面履行自己义务为依据。若新债务届期不履行，致使以物抵债协议的目的不能实现的，债权人有权请求债务人履行旧债务，且该请求权的行使并不以以物抵债协议无效、被撤销或者被解除为前提。

四、建设工程施工合同结算默示条款的适用

《建工司法解释（一）》第二十一条 当事人约定，发包人收到竣工结算文件后，在约定期限内不予答复，视为认可竣工结算文件的，按照约定处理。承包人请求按照竣工结算文件结算工程价款的，人民法院应予支持。

根据以上规定，我们认为，结算默示条款属于建设工程价款结算和清理条款，即使合同无效，也可以根据《民法典》第793条的规定参照适用。审判实践中，对这条规定的理解和适用尚存在错误和不当。正确适用要注意以下四点。

（一）结算默示条款适用的前提

结算默示条款适用的前提，是当事人双方有明确约定。结算默示条款源于FIDIC施工合同条款，是国际上通行的规则，有利于敦促发包人及时履行结算义务，保护承包人的合法权利。《最高人民法院关于如何理解和适用〈最高人民法院关于审理建设工程施工合同纠纷案件适用法律问题的解释〉第20条的请示的复函》（〔2005〕民一他字第23号）提出，适用该司法解释的前提条件是当事人之间约定了发包人收到竣工结算文件后，在约定的期限内不予答复，则视为认可竣工结算文件，承包人提交的竣工结算文件可以作为工程款结算的依据。不能简单地通过建设部制定的建设工程施工合同格式文本中的通用条款第33条第3款的规定，推论出双方当事人具有发包人收到竣工结算文件一定期限内不予答复，则视为认可承包人提交的竣工结算文件的一致意思表示，承包人提交的竣工结算文件不能作为工程款结算的依据。

因此，《建工司法解释（一）》第21条结算默示条款适用的前提是发包人、承包人在建设工程施工合同中特别约定了以承包人提交的结算文件为结算依据，并且明确约定了发包人的答复期限。

如果发包人、承包人未就建设工程价款的结算依据问题作出明确约定或约定不明，则承包人即使自行作出结算文件并送交到发包人处，也

不得引用《建工司法解释（一）》第 21 条的规定主张依据结算文件进行结算。

（二）结算文件的具体形式和接收方式

承包人递交的必须是书面结算文件，发包人一方必须是有权负责收件的部门或人员签字或盖章签收，不适用留置递交。有权签收结算文件的部门或人员，当事人一般都会在双方签订的建设工程施工合同中进行明确约定。承包人主张发包人不接收结算文件的，应当提供视频、照片、拒收回执单等证据，经发包人质证后，由人民法院综合认定其效力，或作为判断各方过错的依据。

（三）发包人对书面结算文件提出异议的处理方式

如果发包人在约定期限内对承包人提交的书面结算文件提出了异议，则不能依据结算文件结算，而不管其异议是否成立、是否具有合理性。发包人接到承包人提出的结算文件后，在建设工程施工合同约定的期限内不予答复，则应当以承包人提交的结算文件作为建设工程价款的结算依据。但只要发包人在约定期限内提出异议，就不能依据结算文件结算，不需要审查其异议是否具有正当性和合理性。

【典型案例】（2023）湘民申 2796 号

高标公司与杭萧公司建设工程施工合同纠纷

>> 裁判摘要

再审审查认为，《建工司法解释（一）》第 21 条规定："当事人约定，发包人收到竣工结算文件后，在约定期限内不予答复，视为认可竣工结算文件的，按照约定处理。承包人请求按照竣工结算文件结算工程价款的，人民法院应予支持。"本案中，案涉合同第 4.2.1 条系针对工程结算，仅约定高标公司审核杭萧公司提交的结算资料与结算金额的期限，并未约定逾期后的法律后果为认可杭萧公司提交的结算文件。第 5.6 条属于合同第五部分付款方式中的条款，系针对付款金额，即在双方完成结算并确定最终付款金额后，对该付款金额履行给付期限的约定。因此，在双方未明确约定结算默示条款的情况下，原审法院适用前述法律规定，明显存在错误。此外，杭萧公司亦自认高标公司请求其就案涉项目与业主方进行结算复审对接，高标公司已以实际的行为对杭萧公司提交的结算金额表示不予认可，且杭萧公司亦配合业主方对竣工结算签证及资料进行审核与修改。此外，杭萧公司于2021年7月还向高标公司发送《工作联系函》协商结算过程中的税费承担问题。由此说明，杭萧公司与高标公司一直在就案涉项目的结算进行协商。在此情况下，即使将案涉合同的两条款理解为结算默示条款，本案亦不再符合结算默示的情形。因此，原审法院将杭萧公司提交的结算金额认定为案涉工程造价这一事实缺乏证据证明。

（四）承包人应证明的事项

承包人应提供充分证据证明，已将竣工结算文件有效送达到发包人。虽然建设工程施工合同中特别约定了以承包人提交的结算文件为结算依据，但承包人如果无证据证明已将竣工结算文件有效送达到发包人，则亦不能依据结算文件进行结算。

【典型案例】（2024）湘民申724号

鸿鑫公司、徐某冰与某县建筑公司建设工程施工合同纠纷

》 裁判摘要

二审法院认为，某县建筑公司在多次找两被告结算工程价款无果的情况下，于2020年1月5日向徐某冰邮寄了一份《竣工结算书》，依照《建工司法解释（一）》第21条"当事人约定，发包人收到竣工结算文件后，在约定期限内不予答复，视为认可竣工结算文件的，按照约定处理。承包人请求按照竣工结算文件结算工程价款的，人民法院应予支持"的规定和双方签订的《承包合同》第8条第2项的约定，徐某冰作

为项目部负责人应当在收到该结算书60天内，即2020年3月10日前审核、审批完该份结算资料。因徐某冰未在规定的期限内提出异议，应当视为认同。

再审审查认为，案涉工程于2015年交付使用，已具备结算条件，但此后鸿鑫公司、徐某冰并未与某县建筑公司达成书面结算协议。某县建筑公司原审提交了2020年1月5日向徐某冰邮寄的《竣工结算书》，载明结算总价为35494849.72元。徐某冰不认可《竣工结算书》确定的数额，并表示未收到过该《竣工结算书》。某县建筑公司向二审法院申请律师调查令并获得准许，邮政公司向二审法院提交的回执确认：1137356004978号邮件因寄件时间为2020年1月5日，超过1年的邮件查询期，不能提供该邮件详细的签收证明。据此，某县建筑公司现并无充分证据证明徐某冰已收到其邮寄的《竣工结算书》，其仍应就案涉工程完成的工程量承担举证责任。二审法院将《竣工结算书》作为结算依据有误。

五、建设工程施工合同通用条款与专用条款的适用

为了规范建设工程施工合同的订立，住建部门制定了《建设工程施工合同（示范文本）》（GF–2017–0201），示范文本由合同协议书、通用合同条款和专用合同条款三部分构成。通用合同条款是根据法律、行政法规的规定，就工程建设的实施及相关事项，对当事人的权利义务作出的原则性规定。专用合同条款是合同当事人根据不同建设工程的特点及具体情况，对通用合同条款的细化完善、补充及修改，但不得违反法律、法规的强制性规定。

（一）通用合同条款与专用合同条款具有不同的功能和作用

通用合同条款旨在建立标准化的行为准则，专用合同条款侧重于满足特定项目个性化的需求。两者相辅相成，共同构成完整的合同框架，对规范合同双方权利义务、推进工程建设起着至关重要的作用。通用合同条款作为合同文本的基础骨架，其设计初衷在于为各类建设工程合同

提供一套普适性、标准化的操作指引。这类条款通常覆盖了工程范围、时间表、付款条件、质量标准、保险责任、索赔程序等一系列基本要素，旨在确保合同双方在履行合同过程中拥有清晰一致的预期。由于其广泛的适用性，通用合同条款能够在很大程度上简化合同起草流程，减少因条款表述歧义而导致的后期争议。相比之下，专用合同条款聚焦于特定工程项目特有的条件和要求，是对通用合同条款的必要补充与细化。这部分条款可能涉及项目现场的特殊环境、特定的地质条件、特殊的技术规范、额外的安全措施以及其他与工程特性密切相关的细节。

（二）通用合同条款与专用合同条款的适用规则

1. 互补规则。通用合同条款与专用合同条款应当互为补充，共同构成完整的合同体系。如果专用合同条款是对通用合同条款的具体细化或补充，则应一并适用两类条款综合认定当事人的真实意思表示，并作为确定当事人权利义务的根据。但应当注意的是，对于当事人双方权利义务产生实质影响、必须要在专用合同条款中明示才能适用的内容，不能因为专用合同条款中没有约定而简单运用互补规则适用通用合同条款。如专用合同条款中没有明确约定默示结算条款，而仅通用合同条款中有约定，则不能根据通用合同条款的约定简单地推断出双方当事人具有相同的意思表示。因此，在这种情况下，不适用通用合同条款的约定。

2. 优先冲突解决规则。如果专用合同条款对通用合同条款做了修改或两者之间存在冲突，则按照合同文件优先解释顺序的原则，应当优先适用专用合同条款的约定。根据《民法典》第498条的规定和《建设工程施工合同（示范文本）》（GF-2017-0201），合同文件的解释顺序为：专用合同条款、通用合同条款。因此，通常采取专用合同条款优先的原则，即专用合同条款的具体规定优先于通用合同条款的一般规定，以此确保合同能够更符合订立目的，满足特殊需求。即与通用合同条款相悖的专用合同条款都将被视为合同双方的真实意愿表达，应当优先适用。

3. 专用合同条款的优先限制规则。尽管专用合同条款在冲突解决中占据主导地位，但仍受到一系列制约，以维系合同的公平与合法性。首先，专用合同条款不得违反法律、行政法规的规定。其次，专用合同条款不应加重任何一方合同当事人的义务负担，避免造成双方利益失衡。最后，专用合同条款不可削弱合同主体基于通用合同条款享有的正当权益，如索赔权、异议权等，以保障合同双方的根本利益。

【典型案例】（2021）最高法民终706号

南通二建与房开公司、石油管理局建设工程施工合同纠纷

》 裁判要旨

适用《最高人民法院关于审理建设工程施工合同纠纷案件适用法律问题的解释》第20条的前提是，双方在专用合同条款中约定发包人对承包人报送的竣工结算文件，在一定期限内不答复便视为认可等明确意思表示，从住建部门制定的建设工程施工合同格式文本中的通用合同条款不能简单地推论出双方当事人具有发包人收到竣工结算文件一定期限内不予答复则视为认可承包人提交的竣工结算文件的一致意思表示。

六、建设工程施工合同固定价结算工程价款相关问题

（一）固定价合同如何判断和认定

《建工司法解释（一）》第28条规定，当事人约定按照固定价结算工程价款，一方当事人请求对建设工程造价进行鉴定的，人民法院不予支持。即建设工程施工合同约定按照固定总价结算工程价款，实际施工工程与约定施工范围一致，应当按照约定的固定价结算工程价款。什么是固定价格合同，如何作出正确判断和认定，对工程价款的确定具有重要影响。我们通过下面的典型案例予以解析。

【典型案例】 （2024）湘民申90号

昂然公司与临鑫公司建设工程施工合同纠纷

》裁判摘要

再审审查认为，《最高人民法院关于审理建设工程施工合同纠纷案件适用法律问题的解释》（2004年）第22条规定："当事人约定按照固定价结算工程价款，一方当事人请求对建设工程造价进行鉴定的，不予支持。"最高人民法院民事审判第一庭对该条文如何理解与适用进行了分析："合同中约定按照固定价结算工程款的，一般是指按施工图预算包干，即以经审查后的施工图总概算或者综合预算为准，有的是以固定总价格包干或者以平方米包干等方式，都可以不通过中介机构的鉴定或评估就可以确定一个总价款。承包人和发包人在履行建设工程施工合同过程中，如果没有发生合同修改或者变更等情况导致工程量发生变化时，就应该按照合同约定的包干总价格结算工程款。如果一方当事人提出对工程造价进行鉴定的申请，按照工程造价进行结算的，不管是基于什么样的理由，都不应予以支持。对于因设计变更等原因导致工程款数额发生增减变化的，在可以区分合同约定部分和设计变更部分的工程时，也不应导致对整个工程造价进行鉴定，只是根据公平原则对增减部分按合同约定的结算方法和结算标准计算工程款。"因此，适用前述条文，不同意进行鉴定的前提条件是，双方明确约定为固定总价合同，且实际施工工程不存在变更或增加的内容。具体到本案，亦应从前述两个方面进行审查。

关于案涉合同是否为固定总价合同的问题：

首先，固定总价合同，俗称"闭口合同""包死合同"。所谓"固定"，是指这种价款一经约定，除业主增减工程量和设计变更外，一律不调整。所谓"总价"，是指完成合同约定范围内的工程量以及为完成该工程量而实施的全部工作的总价款。合同的工程数量（没有数量，取决于图纸）、单价（用于变更和支付）及合同总价固定不变，由承包人包干，除非发生合同内容范围和工程设计变更及约定外的风险。

审查合同是否属于固定总价合同，应从以下三个方面考量：（1）合同中是否有"包死价""包干价""闭口价""固定总价"等一类表述；（2）合同中是否明确约定承包范围内的工作内容总价固定，不再调整；（3）合同中并无前述两方面的明确约定，但合同为总价合同，承包范围确定，且计价方式可以反映出承包人承担承包范围内工程的量、价风险的，可以视为固定总价合同。

其次，书面合同是证明当事人意思表示真实且一致的最有力的证据，在没有相反证据足以反驳的情况下，应当以书面合同为依据确定当事人的权利义务。案涉《协议书》第4条"签约合同价变更，结账约定"中约定"1.约定合同价为：陆佰万元整。2.关于变更估价约定：后期项目，市场价格波动，基础超深，因甲方要求或施工设计发生变更的，工程量其数量按实计算，其价格按国家规定要求执行（按岳阳市同期中定额下调百分之十三进行结算）"。第5条"付款周期约定"中约定"1.乙方人员进场施工7天内，付暂定总价款的10%"。结合前述合同条款来看，合同并未明确600万元系固定总价或"包死价""包干价""闭口价"，且《协议书》中亦未明确约定承包范围内的工作内容总价固定，不再调整，反而《协议书》第4条第2款及第5条第1款中均出现"变更估价""暂定总价款"的表述。因此，从案涉合同约定内容来看，无法得出双方约定的600万元系固定总价。

最后，根据《建设工程工程量清单计价规范》（GB 50500—2013）（以下简称《清单计价规范》），总价合同主要有两种类型：一是以施工图预算为基础形成的固定总价，俗称"包图纸"。该种类型的固定总价合同，通常由承包人依据发包人提供的图纸等设计文件、招标文件结合预算定额自行计算工程量，预计工程造价，并向发包人报出投标价格，在承包范围内工程量计算错误的风险由承包人承担，风险范围内的价格风险也由承包人承担。二是以工程量清单为基础形成的固定总价，俗称"包清单"。该种类型的固定总价合同，通常由发包人根据图纸编制工程量清单，承包人根据图纸和工程量清单报出单价，并在此基础上形成总价，但与"包图纸"不同的是，结算时仍要按照承包人实际完成工程量结合图纸据实结算，即工程量清单与图纸相比出现的工程漏项、工程量偏差等风险由发包人承担，承包人承担工程量清单范围内工作内容的价格风险。①

因此，固定总价合同价格固定的前提是：（1）签订合同时固定总价对应的施工范围是明确的，且施工过程中未出现设计变更等造成承包人工作内容增减的情况。（2）合同对计价方式为"固定总价"的约定必须明确清楚，不存在歧义和矛盾。（3）合同履行过程中未出现双方签订合同时未预料到的、对合同条件造成重大影响的风险事件。

签订固定总价合同的工程一般经过了招投标程序，有施工图纸或工程量清单用以固定工程施工范围或工程量。本案中，对于涉及公共安全的加油站工程，并未经过招投标程序，而是通过亲属关系签订合同进行工程建设。根据原审查明的事实，签订《协议书》时并无施工图纸，《协议书》第6条第1款第3项约定："签订合同后，开工前向乙方提供施工、设计文件及图纸肆套。"《协议书》内容非常简单，极不规范，仅约定工程内容为："施工图所含的全部施工内容及附属工程"（签订合同时并未附图纸），工期300天，依据现有证据无法确认《协议书》约定的600万元工程款确定了承包范围及计价方式，无法反映出承包人负担的承包范围内工程的量、价风险范围。综合前述分析，原审判决认定《协议书》中约定的600万元为固定总价合同，依据不充分。

（二）合同约定按照固定价结算工程价款，工程未完工双方终止合同，对已完工程部分的价款如何结算

如果已完工程量确定无争议，一方当事人要求按照合同约定计算工程价款，则应尽量按照合同约定处理。如果双方对已完工程量存在争议，一方当事人申请对工程造价进行鉴定的，则应允许进行造价鉴定。在固定总价款的情形下，可以通过鉴定确定已完工程量与全部工程量的比例，再乘以固定总价款即可得出已完工程价款。对于未完工程，鉴定机构可能因为存在不平衡报价问题，对鉴定总金额确定上浮或下浮一定比例确

---

① 关于工程漏项、漏量的处理和责任的承担，司法审判实践中有不同的认识，后文将进行具体评析。——作者注

定为争议项，由法院确定是否上调或下调以及上调或下调的比例。

下面说明一下不平衡报价问题。不平衡报价，是指投标人在工程项目的最高投标限价确定后，在不抬高投标总价的情况下，通过调整投标文件中工程子项目的报价，对某些子项目单价设置高于常规价，对其他项目单价设置低于常规价或者不予计价，以求提高项目的实际收益、较早收回工程款的一种报价方法。对于工程范围为整个工程的，不平衡报价一般不会影响其整体结算价格（可能影响工程进度款支付比例）。但对于施工范围为部分工程的，不平衡报价因可能存在报价前高后低的情况，可能会对结算价产生影响。因此，在出现不平衡报价的情况下，人民法院可以根据案件具体情况对鉴定结论做出的工程造价进行适当调整。

【典型案例】（2023）湘民再240号

陆某发与陈某、军辉公司建设工程施工合同纠纷

▶ 裁判摘要

再审法院认为：首先，本案中标合同对工程单价进行了约定，原审法院以鉴定结论中以中标价格确定的工程造价作为定案依据符合法律规定，但将该工程造价上浮20%，实际上背离了中标合同的约定。其次，不平衡报价是指投标人在工程项目的最高投标限价确定后，不抬高投标总价的情况下，通过调整投标文件中工程子项目的报价，对某些子项目单价设置高于常规价，对其他项目单价设置低于常规价，以求提高项目的实际收益、较早收回工程款的一种报价方法。对于总承包人及其转包人陆某发而言，因工程范围为整个工程，故不平衡报价一般不会影响其整体结算价格。但陈某的施工范围为部分工程，不平衡报价可能将对其结算价格产生影响，原审法院亦考虑到该问题，并按照鉴定结论予以调整，但该种调整应考量该不平衡报价是否导致其利益严重失衡、受损。根据《清单计价规范》第9.8.2条"承包人采购材料和工程设备的，应在合同中约定主要材料、工程设备价格变化的范围或幅度；当没有约定，且材料、工程设备单价变化超过5%时，超过部分的价格应按照本规范附录A的方

法计算调整材料、工程设备费"的规定,工程量偏差超过一定幅度而导致发包人与承包人双方利益严重失衡时,应予以调整。本案鉴定报告估算工程下降20%系参照材料市场价格比对,原审法院并未考量价格偏差的幅度因素,而是将比市场价格下降的20%全部予以上调。再次,虽然陆某发与陈某之间并未签订书面合同,但陆某发与军辉公司之间及军辉公司与天然气管网投资公司之间均签订了书面的施工合同,陆某发与军辉公司签订的合同约定以军辉公司与发包人签订的施工合同作为依据,按常理陈某作为实际施工人应当知晓上游合同对于工程价款的约定,且陆某发作为工程转包人对陈某许诺的结算条件亦不会超过其与总承包人签订的施工合同约定。综上,原审法院对于工程价款的认定以中标合同约定确定的工程造价调整上调20%不妥,再审法院酌情认定按市场价上调15%计算。

【实务问题】 建设工程施工合同约定按照固定总价结算工程价款,工程未完工即终止履行合同,已施工部分质量合格且当事人就价款不能协商一致,是否可以参照合同签订时建设工程所在地建设行政主管部门发布的计价方法或者计价标准及建设工程施工领域相关规范确定工程价款

原则上应按合同约定予以结算,在按合同约定无法确定已完工程价款的情形下,才可参照合同签订时建设工程所在地建设行政主管部门发布的计价方法或者计价标准及建设工程施工领域相关规范确定。理由是:主管部门发布的计价标准一般会比市场价要高,发包人与承包人在签订建设工程施工合同时,通常会在定额造价的基础上进行一定比例的下调。如果一律直接参照该计价方法或者计价标准及建设施工领域相关规范确定,可能会导致未完工的当事人获得的工程价款比已施工完毕、按合同约定的固定总价结算的工程价款更高。

在人民法院根据已完工程量及固定总价的计算方法可以得出工程价款数额的情况下,不应同意当事人要求进行鉴定的申请。只有在按约定无法确定已完工程价款的情形下,才允许通过鉴定得出工程价款数额,

其计算方法是：以合同约定的固定价为基础，由鉴定机构依据建设工程所在地建设行政主管部门发布的计价方法或者计价标准分别计算出已完工部分的价款和整个工程约定的总价款，两者对比计算出相应系数，再用合同约定的固定价乘以该系数，确定工程价款。

（三）合同约定固定价格，因发包人原因导致工程价款变更的如何结算

承包人能够证明工程变更增加的工程量不属于合同约定固定总价范围，对于这部分工程量的结算，合同有约定的按照约定结算工程价款；没有约定的，可以参照合同约定标准对工程量增减部分予以单独结算；无法参照约定标准结算的，可以参照建设工程施工地建设行政主管部门发布的计价方法或计价标准结算。对于新材料、新工艺等在建设行政主管部门发布的计价方法或计价标准中没有的项目，按照市场行情据实结算。

根据"谁主张，谁举证"的原则，承包人应当对超出合同约定的施工具体范围、实际工程量增减的原因、数量等事实负举证责任。

（四）固定价格合同，主要材料价格、人工成本发生重大变化，工程价款如何结算

固定价格合同履行过程中，工程价款原则上不调整。但钢材、水泥、人工成本等对工程造价影响重大的主要材料价格、人工费发生重大变化，超出正常风险范围，合同对主要材料价格、人工费变动风险调整计算方法有约定的，按照约定执行。没有约定的，当事人请求对人工费、主要材料价格进行调整的，参照《民法典》第533条（情势变更）的规定处理。因承包人原因导致工期或主要材料供应时间延误导致的主要材料、人工费价格变化风险，一般应由承包人自己承担。

因此，建设工程施工合同约定按照固定总价结算工程价款，当事人以约定的履行期限内人工费、主要材料价格发生重大变化为由要求调整工程价款的，应从严把握，原则上不予支持，除非合同约定可以调整或

属于《民法典》第 533 条规定的情形。

对于主要材料费如何适用"情势变更",以及"情势变更"情形如何判断争议很大。例如,对于主要材料费如何适用"情势变更",有的认为应以建设行政主管部门制定的上下 5% 为风险范围,如果超出了该风险范围,可以认定为情势变更。有的认为这一标准过低,但又不好确定一个具体标准,主张不要作具体规定,由法官根据实际情况按照有关"情势变更"的法律规定综合考量。

(五)固定价格合同漏项、漏量、错算情形下工程价款如何结算

采用工程量清单、固定综合单价合同、固定总价合同方式招投标,在合同履行过程中发生缺项、漏量等情形,属于行业正常现象。承包人按发包人招标文件及所附工程量清单进行投标报价,中标后的施工图纸计算工程量与工程量清单中的工程量存在较大差异或者出现漏项、错算的情况常有发生,从而使发包人与承包人就工程价款的结算产生争议。对此,要注意以下几点。

1. 正确认定当事人各方对固定价格合同发生漏项、错算的过错及应承担的责任。工程量清单是指建设工程的分部分项工程项目、措施项目、其他项目、规费项目和税金项目的名称和相应数量等的明细清单。《清单计价规范》第 4.1.3 条规定:"招标工程量清单是工程量清单计价的基础,应作为编制招标控制价、投标报价、计算或调整工程量、索赔等的依据之一。"第 4.1.2 条规定:"招标工程量清单必须作为招标文件的组成部分,其准确性和完整性由招标人负责。"《清单计价规范》虽为强制性条文,但因其为国家标准文件,违反该条规定是否会导致约定无效,清单缺漏或清单错误的责任如何承担,在司法实践中存在争议。

第一种观点认为,《清单计价规范》第 4.1.2 条系强制性条文,如果合同约定工程量清单错误的责任由承包人承担,则该约定明显与该条内容形成冲突,为无效约定,应严格依照《清单计价规范》由发包人承担清单错漏责任。该种观点认为,中标合同中"中标后工程量缺项、漏量,

招标人概不负责"的类似约定,将工程量清单中出现的清单缺项、漏量责任全部转嫁给投标人,有悖社会公平,造成利益严重失衡,承包人要求发包人按照《清单计价规范》支付工程量清单缺项、漏量的工程款有法律依据。

第二种观点认为,招标人在招标文件中应明确设置投标人核实清单的义务和提出异议的权限,如承包人在合同履行过程中均未提出异议则应由承包人承担清单漏错责任。或者,如果固定总价合同明确约定,承包人需要对发包人提供的清单列项及工程量进行复核,如果发现问题应以书面形式提出,经发包人审核后予以修改。如果未提出,则视为承包人认可未列子项目不予计量,其费用已分摊到合同其他有关子项目的单价或总价之中,该漏项、错算部分的风险由承包人承担,结算时承包人以发包人提供的清单漏项、错算为由要求调整工程价款不应当得到支持。

第三种观点认为,根据《清单计价规范》第4.1.2条"招标工程量清单必须作为招标文件的组成部分,其准确性和完整性由招标人负责"的规定,发包人具有履行其作为招标人编制工程量清单的审慎义务。同时,承包人作为专业建筑施工企业,亦应具有审慎核实招标人工程量清单漏项错算情况的责任。如果工程量清单漏项错算远超合理范围,则表明双方在招投标过程中均存在过错,应按过错承担工程量清单漏项错算的责任。

司法实务中一般采用第三种做法,由发包方与承包方按过错承担清单漏项错算责任。

【典型案例】 (2019)最高法民终379号

金某祥、银泰公司建设工程施工合同纠纷

≫ 裁判摘要

关于招标清单与银泰公司提供图纸工程量的差额问题。根据鉴定结果,银泰公司提供的招标清单与图纸之间的工程量差额为54800877.12元,

已完成部分差额为35885509.09元。本案中，招投标文件和案涉《建设工程施工合同》均明确约定承包人对工程量清单有根据招标资料及设计图纸计算复核的义务，且在招标前未就其准确性和完整性提出异议的，工程量不予调整。但根据招标代理机构、其他投标人的情况说明，银泰公司在招标工程中没有发过工程图纸。银泰公司虽在招标前给东欣公司马某某发过一份工程图纸，但未能提供证据证明该份图纸与招标清单相配套。而东欣公司、金某祥作为承包人和实际施工人在负有核对工程量清单与图纸是否一致义务的情况下，未就图纸发放问题提出异议，也未与银泰公司协商；银泰公司实际发放图纸后，也未就工程量清单与图纸之间的差异进行核对，亦应承担相应责任。综合考虑，案涉工程已验收合格并实际交付银泰公司使用，金某祥就工程量清单与图纸差额部分已实际付出成本与劳动，银泰公司作为案涉工程的实际使用者与受益方，依公平原则，应就大部分款项承担支付义务。故最高人民法院对一审法院酌定已完工部分差额35885509.09元中的80%，即28708407.27元属银泰公司应当支付工程款的处理意见，予以认可。

广东二建公司与黄冈中学建设工程施工合同纠纷案，广东高院二审判决认为：施工图所包含的工程内容的相应工程造价为72800976.25元，与工程招标时的工程量清单4650.11万元差异部分的工程造价为26299900.32元，工程量清单漏项漏量达到56.55%（一审判决发包人对工程价款差额部分承担54%的责任，由承包人承担46%的责任）。关于双方当事人在涉案工程发生清单漏项漏量中的过错问题，一审法院对此进行了详细、充分的论述，本院赞同并不再赘述。需要指出的是，采用工程量清单计价作为招标方式属现行招标的主要形式，鉴于建设工程清单确定的复杂性和专业性，招标人确定的工程量清单难免会出现漏项漏量的情形，招标人和投标人可以对这种漏项漏量的风险通过合同方式进行分配，但这种漏项漏量应控制在合理范围之内，发包人和承包人在招投标过程中应本着诚信原则，尽量减少漏项漏量发生，以维护建筑市场正常交易秩序。发包人未履行其作为招标人编制工程量清单的审慎义务，将超过合理范围之外的漏项漏量责任全部归由承包人承担，不仅有违《清单计价规范》的规定，也有违诚信原则。承包人作为专业的建筑公司，亦应审慎核实招标人漏项漏量的情况，如果对于超过合理范围的漏项漏量不及时指出，不仅与其专业建筑公司的能力水平不符，也有违诚信原则。本案中，工程量漏项漏量达到56.55%，显然超出了建设项目漏项漏量的合理范围，表明双方在涉案工程招标中不仅存在过错，也未遵循诚信原则参与招投标。

2.对于当事人请求发包人承担工程量清单漏项、错算责任的，要对案件事实进行严格审查，审慎认定是否存在工程量清单漏项、错算的情形及是否应承担的责任。

【典型案例】 （2023）湘民申6217号

五工程公司与格瑞公司建设工程施工合同纠纷

▶ 基本案情

2015年7月，格瑞公司就污水处理项目公开招标，招标控制价为5818.93万元，五工程公司中标。工程承包范围为本工程设计图纸及工程量清单范围内全部内容；签约合同价为5399.95万元，合同价格形式为固定综合单价合同。

▶ 裁判摘要

再审审查认为，关于原审是否遗漏了一座综合池工程造价问题：

首先，施工图纸显示综合池为2座，对称分布；《工程量清单》"编制说明"第4点关于"工程概况"载明"本期工程主体建（构筑物）含……综合池2座"，第7点第27条载明"设计图中的综合池为对称布置，本工程量清单中为单个综合池的工程量"，故招标文件明确的招标范围含综合池2座，招标控制价5818.93万元，对应的综合池数量也是2座。五工程公司虽然主张存在招标漏项，但其在投标时提交的《技术标书》中明确载明综合池数量为2座，可见五工程公司明知招标范围含综合池2座并进行投标。

其次,《清单计价规范》第 6.2.6 条规定:"招标工程量清单与计价表中列明的所有需要填写的单价和合价的项目,投标人均应填写且只允许有一个报价。未填写单价和合价的项目,视为此项费用包含在已标价工程量清单中其他项目的单价和合价中。竣工结算时,此项目不得重新组价予以调整。"《招标文件》第五章"工程量清单"第 3 条"投标报价说明"第 3.4 条载明:"已标价工程量清单中投标人没有填入单价或价格的子目,其费用视为已分摊在工程量清单中其他已标价的相关子目的单价或价格之中。"据此,五工程公司提交《技术标书》按 2 座综合池数量投标,其在《投标文件(商务部部分)》中的投标报价 5399.95 万元应认定为针对含 2 座综合池的整个案涉工程的报价。五工程公司虽主张对综合池的报价仅系 1 座综合池的报价,但项目招标控制价为 5818.93 万元,若以其现有投标价格 5399.95 万元再加上 1 座综合池的报价 870 万元,则其投标价格势必会超出招标控制价。对比投标文件的综合单价与招标控制价的综合单价,可知部分安装工程、土方工程及装饰工程的投标报价大幅高于招标控制价,故二审判决认定五工程公司的此种报价方式符合建筑行业的不平衡报价方法,亦系其投标策略的选择、未报价的综合池的费用视为已分摊在工程量清单中其他已标价的相关子目的单价或价格之中,并无不当。

最后,《招标文件》第五章工程量清单第 4.2.2 条载明:"投标人可对招标人提供的工程量进行认真细致的复核……如果投标人经过检查和复核以后认为招标人提供的工程量清单存在差异,则投标人应将此类差异的详细情况连同按投标人须知规定提交的要求招标人澄清的其他问题一起交给招标人。"本案争议的综合池工程单座造价高达 800 余万元,五工程公司如认为工程量清单与施工图纸不符、存在漏项,可要求招标方进行答疑。但五工程公司并未在招投标时就工程量清单问题向格瑞公司要求答疑,亦未在施工过程中就综合池施工问题与格瑞公司进行协商、办理签证,其主张清单漏项却直接按 2 座综合池施工,未尽《招标文件》规定的审核义务,亦与通常的建设工程施工习惯不符。因此,在五工程公司知晓施工范围的综合池数量为 2 座并予以投标报价、投标及施工过程中未就相关问题予以协商和办理签证的情况下，仅以工程量清单"漏项"为由在办理结算时要求"据实"结算，缺乏依据。

》专家解读

（1）作为招标文件的设计图纸与工程量清单应当保持一致，工程量清单编制说明与清单明细应当准确、完整，如出现图纸与工程量清单不符的情况，招标人对此应当负主要责任。（2）当出现图纸与工程量清单不符的情况时，双方在多个环节均可解决：投标人进行投标时可要求招标人答疑；评标环节的专业评审能发现该问题；公示中标结果前的复核环节也能发现该问题；即便中标后在施工过程中双方也有机会协商解决该问题。但本案投标人直至施工完毕办理结算时才提出新增综合池造价问题，有违常理。（3）本案招投标过程中部分单位按1座综合池投标报价，部分单位按2座综合池投标报价，则必有一种情况不符合招投标规定，理应废标，但本案招投标并未进行废标处理，招投标程序蹊跷，不排除招投标程序违法的可能。（4）本案招投标项目招标控制价5800余万元，如依照投标人的主张按现有单价直接增加1座综合池造价，则结算价将超出招标控制价，对于超出控制价部分可能涉属于害国家利益，非经正当程序财政资金也不可能支付。

七、建设工程转包合同结算，是否应当以承包合同结算为前提（"背靠背"条款的适用）

（一）"背靠背"条款的性质、效力及其争议

承包人为规避建设工程资金垫付风险，常常存在与下手施工人订立的合同中，将承包人与发包人进行结算并以收到发包人支付工程款作为承包人向下手施工人支付工程款的前提条件，此类条款被称为"背靠背"条款。对于如何认定"背靠背"条款的效力，在最高人民法院发布《最高人民法院关于大型企业与中小企业约定以第三方支付款项为付款前提条款效力问题的批复》（法释〔2024〕11号，以下简称《批复》）之前，并

没有法律和司法解释对此作出规定。通常认为，认定"背靠背"条款无效没有法律依据，但在处理时要具体问题具体分析，分不同情况进行处理。对于承包人依据"背靠背"条款拒绝支付工程款的主张不能一概予以否定，要根据承包人是否正常和积极履行验收、结算、催款等义务的情况综合判断。如果承包人怠于履行职责，不进行验收、结算、催款等义务，则该情形属于《民法典》第159条规定的附条件的民事法律行为，当事人为自己的利益不正当地阻止条件成就的，视为条件已成就的情形，则承包人关于"背靠背"条件未成就、不负有支付义务的主张不能成立。对此，司法实践中存在两种观点。

第一种观点认为，转包合同采用的结算标准与承包合同相同，因而承包合同与转包合同具有牵连关系，不能作为完全相互独立的合同看待。如果当事人之间约定了"背靠背"条款，则承包人在收到实际施工人的结算资料后转交给发包人的行为不构成对工程价款的认可。发包人未审核同意结算资料的，实际施工人无权请求结算并支付工程款。特别是在发包人与承包人已就另案发生诉讼的情况下，将可能导致同一个工程在不同案件中出现不同金额的工程价款。如果按照结算资料支持实际施工人主张的工程价款，而在发包人与承包人另案诉讼中发包人提出有效抗辩，则可能导致承包人承担巨额差价损失。

第二种观点认为，转包合同与承包合同仍然属于独立的合同。转包人对实际施工人提交的结算资料未进行审核即提交发包人，且在实际施工人提起诉讼后仍未就结算资料欠缺真实合理性提出有效抗辩，理应承担相应责任。即便当事人之间约定了"背靠背"条款，并且可能导致承包人承担一定的工程款差价的损失，亦应视为其应当承担的商业风险，不能作为其拒绝向实际施工人支付工程价款的理由。

最高人民法院法官会议纪要的观点认为，承包合同与转包合同仅具有事实上的牵连关系而非法律上的牵连关系，合同效力彼此独立。在当事人无特殊约定的情形下，转包合同的结算不以承包合同的结算为前提。实际施工人向承包人提交结算资料后，承包人理应在合理期限内审核并及时向实际施工人提出核定意见。承包人未对结算资料提出异议，而仅以发包人尚未与其结算作为抗辩事由的，应不予支持。即便在发包人与承包人、承包人与实际施工人的不同诉讼中可能会出现工程价款差异，但此种差异是两个合同事实牵连关系的体现，不能作为其具有法律牵连的理由。

正如前文所述，关于合同纠纷案件中"背靠背"条款的效力认定，以前并没有明确的法律和司法解释规定该约定为无效，审判实践中的做法并未完全统一。

通常认为，合同如果不存在其他无效情形，一般应尊重当事人之间的约定，予以支持。但如果承包人怠于履行职责，不正常或不积极履行验收、结算、催款等义务，该情形属于当事人为自己的利益不正当地阻止条件成就的，视为条件已成就，则承包人关于"背靠背"条件未成就、不支付工程款的主张不能成立。对此，有关意见认为，分包合同中约定承包人与发包人进行结算且发包人支付工程价款后，承包人再向分包人支付工程价款的，该约定有效。因承包人拖延结算或者怠于行使其到期债权导致分包人不能及时获得工程价款的，分包人请求承包人支付工程价款的，人民法院应予支持。承包人应当就其与发包人之间的结算情况及发包人支付工程价款的事实负举证责任。转包人或者违法分包人主张依据约定先取得工程价款后履行支付折价补偿款义务的，人民法院不予支持；接受转包或者违法分包的单位或者自然人主张交付（经验收合格的）工作成果后，要求转包人或者违法分包人支付折价补偿款的，人民法院依法予以支持。可以看出，该意见表明的观点是，合同有效时，约定的"背靠背"条款有效；合同无效时，则约定的"背靠背"条款无效。

（二）对最高人民法院关于"背靠背"条款效力批复的理解与适用

2024年8月27日，最高人民法院针对山东省高级人民法院《关于合同纠纷案件中"背靠背"条款效力的请示》，发布了《批复》，并同步发布了相关指导性案例，明确大型企业与中小企业约定以第三方支付款项为付款前提的条款，实质是关于不合理的付款期限、方式、条件的约定，违反了《保障中小企业款项支付条例》规定，根据《民法典》第153条第1款的规定，此类条款应当认定无效，为统一审理此类案件裁判标准提供了法律依据。该批复的内容为："一、大型企业在建设工程施工、采购货物或者服务过程中，与中小企业约定以收到第三方向其支付的款项为付款前提的，因其内容违反《保障中小企业款项支付条例》第六条、第八条的规定，人民法院应当根据民法典第一百五十三条第一款的规定，认定该约定条款无效。二、在认定合同约定条款无效后，人民法院应当根据案件具体情况，结合行业规范、双方交易习惯等，合理确定大型企业的付款期限及相应的违约责任。双方对欠付款项利息计付标准有约定的，按约定处理；约定违法或者没有约定的，按照全国银行间同业拆借中心公布的一年期贷款市场报价利率计息。大型企业以合同价款已包含对逾期付款补偿为由要求减轻违约责任，经审查抗辩理由成立的，人民法院可予支持。"

对于如何理解和适用最高人民法院这一最新具有司法解释性质的答复，最高人民法院进行了说明：（1）适用的对象。《批复》适用的对象主要包括大型企业与中小企业之间签订的合同。关于大型企业、中小企业的认定标准问题，《中小企业促进法》第2条、《保障中小企业款项支付条例》第3条对大型企业、中小企业有界定标准，可作为认定依据。（2）适用的范围。《批复》列举了建设工程施工、采购货物或者服务等典型的合同类型。在约定内容方面，表现为大型企业以收到业主或上游采购方等第三方向其付款作为向中小企业付款前提的条款，约定按第三方向大型企业拨付的进度款比例向中小企业付款等不合理条件的，也包括在内。鉴于《保障中小企业款项支付条例》对机关、事业单位从中小企业采购货物、工程、服务的预算执行、政府投资项目不得垫资建设、付款期限等均有规定，故其不属于《批复》的规制范围。（3）溯及力的问题。因《保障中小企业款项支付条例》从2020年9月1日开始施行，根据溯及力的一般原则，对于2020年9月1日之后大型企业和中小企业签订此类条款引发的纠纷案件，应当适用《批复》的规定。对于2020年9月1日前大型企业和中小企业签订此类条款引发的纠纷案件，虽然不能直接适用《批复》的规定，但是最高人民法院处理该问题的态度是一贯的，为做好《批复》施行的衔接，最高人民法院将广西某物资公司诉某工程公司买卖合同纠纷案、上海某建设公司诉上海某公司建设工程施工合同纠纷案、北京某建筑工程公司诉某建筑公司北京分公司、某建筑公司建设工程分包合同纠纷案作为示范案例纳入案例库，以统一裁判尺度。因此，我们理解《批复》应具有溯及力。

三个指导性案例的裁判要旨分别为：（1）在承包方与供应商签订和履行涉工程领域采购合同时，承包方作为独立商事主体，应独立承担第三方业主不能支付工程款的商业风险。承包方约定以第三方业主支付款项作为向供应商支付货款的条件，并以此作为拒绝付款的理由的，因该条款不符合签订合同的目的，法院不予支持。（2）在建设工程施工合同纠纷中，合同约定以第三方业主支付工程款等作为付款的前提条件的，当项目已通过竣工验收且已交付使用，且第三方业主因进入破产程序导致能否及时足额支付总包方工程款出现极大的不确定性时，总包方不应将该风险转嫁给依约完成施工的分包方。工程经竣工验收合格，分包方请求参照合同约定支付工程价款的，法院应予支持。（3）在建设工程分包合同中，合同约定以业主方付款作为总包方向分包方付款条件的，该付款条件不能成为总包方无限期延迟支付分包方工程款的合理理由。如工程已竣工验收并交付使用，总包方以合同约定业主方付款系总包方向分包方付款条件为由拒付分包方款项的，法院不予支持。

（三）"背靠背"条款适用对象及效力认定是否存在例外情形

关于适用对象。《批复》的规定仅适用于大型企业与中小企业之间的建设工程施工合同纠纷案件，能否适用于中小企业之间或者建设施工企业与实际施工人之间的建设工程施工合同纠纷案件尚无明确意见，上述三个指导案例均不涉及建设施工企业与实际施工人之间工程款纠纷。倾向认为，依据合同相对性原则，参考三个指导性案例的裁判标准，为平等保护各种市场主体的合法权益，对于建设施工企业等承包人与实际施工人签订的转包、分包合同中的"背靠背"条款的效力认定，可以参照

《批复》规定的精神办理。

关于效力认定。对于在建设工程价款结算过程中，当事人达成的结算协议中的"背靠背"条款效力是否一律认定为无效，还是区分不同情况予以认定。正如前述分析，倾向认为结算协议具有独立性，不因施工合同无效而必然导致结算协议无效，结算协议若无其他无效情形，属于双方当事人真实意思表示的，应当认定有效。如果当事人在结算协议中明确按照约定的方式和条件主张工程款，也没有其他无效情形的，则该协议中约定的"背靠背"条款属于结算条款，对当事人具有拘束力。

【典型案例】（2024）湘民申 1172 号

王某月与衡某公司建设工程施工合同纠纷

≫ 裁判摘要

二审法院认为，"衡某公司收到人防办工程款后再支付给王某月"的约定（2020年12月25日），属于限制责任的"背靠背"条款，即约定合同价款的支付以第三方的支付为条件，在第三方尚未履行付款义务时，发包方可相应后延承包方的付款义务。"背靠背"条款实质上亦是承包方在付款时间上的利益让渡，该约定系当事人的意思自治，并不违反公平原则，对当事人具有约束力。但在具体适用时，应当平衡双方的利益，综合考量合同签约履约、发包方对第三方权利主张情况，以及第三方履约能力等各项因素，做区分处理和限制适用，防止发包人利用"背靠背"条款转嫁自身违约风险，导致承包人合同利益的保护无法实现。具体到本案，要从以下几个方面对该条款的适用作出判断：（1）约定"收款后再付"，说明王某月甘愿承担延迟付款的风险，但不能由此认为王某月终局免除衡某公司的付款义务，衡某公司作为合同的相对方，非因法律的规定或当事人的特别约定，不能免除合同责任，衡某公司仍然对合同工程价款负有最终给付义务。（2）"背靠背"条款适用过程中，发包人负有积极向第三方主张权利的义务，以保障承包人合同权利的实现，且发包人行使权利的认定应当从严,不能仅限于发送催讨函,必要时要及时通过诉讼或仲裁的方式向第三方主张合同款项,否则应认为其对自身权利实现持消极态度,是怠于行使权利,此种情况下,承包人可以"背靠背"条款不受限制责任条款的约束,应推定付款条件已经成立,由发包方直接向承包方履行支付义务。案涉合同工程自2013年12月5日竣工验收起算至2022年5月25日衡某公司起诉向人防办追索款项,历时近9年,时间之长已足以证明衡某公司怠于行使权利,王某月为工程垫资施工,工程价款被长期拖欠,如果继续以"背靠背"条款限制王某月依法主张合同权利,则对其利益的保护将明显失衡,显失公平。(3)案涉合同为无效合同,合同无效条款一般亦归于无效,根据《民法典》第507条、第567条的规定,"背靠背"条款是附支付条件的约定,不属于独立生效的条款,案涉合同无效,该条款亦归于无效。综上所述,案涉"背靠背"条款付款义务已经成就,衡某公司应当向王某月给付工程价款。

再审审查认为,2020年12月25日,王某月在"钢结构工程造价汇总表(征求意见稿)"上签署意见:(1)同意审计结果;(2)该工程款项由人防办直接支付给衡某公司,衡某公司收取该笔款项后再支付给我(王某月——编者注);(3)该项目所产生的任何纠纷由我(王某月——编者注)个人承担,与衡某公司无关。2021年1月16日,衡某公司因案涉项目工程施工结算事宜召集各专业分包商以及供应商协商约定:项目结算以衡某公司为主体,走司法程序,各分包商以及供应商不得独立诉讼,配合提供相关资料及证据,按各自的造价共同分摊诉讼过程中发生的费用,法院判决后,执行回来的款项全额进入衡某公司账户,扣除相关税费后,按判决结果向关联分包商支付。上述约定属于双方当事人就欠付工程款如何支付、最终结算价如何确定而签订的补充协议,其意思表示真实且内容不违反法律、法规的禁止性规定,应属有效。王某月参加了会议并在约定上签名,应当按照上述约定的方式和条件主张工程款。经查,衡某公司因案涉工程结算诉人防办建设工程施工合同纠纷一案,已经启动司法鉴定程序对案涉项目造价进行司法鉴定,目前因未完成造价鉴定而尚未作出判决,王某月请求支付工程款的条件尚未成就。王某月签署上述协议以及衡某公司起诉业主单位在前，王某月提起本案诉讼在后。一审、二审法院以衡某公司怠于行使权利为由认定付款条件成就，并判决衡某公司支付工程款，认定事实及适用法律错误。

八、建设工程折价补偿原则

建设工程施工合同无效的法律后果是折价补偿和按照过错赔偿损失。"折价补偿"时首先应确定履行无效合同、建造的建筑产品是否有价值，然后才存在补偿问题；没有价值就不补偿，只能按过错赔偿损失。是否有价值的衡量标准，应根据《民法典》第799条的规定予以认定。建设工程经验收合格后，方可交付使用；未经验收或者验收不合格的，不得交付使用。建设工程竣工验收不合格就无法交付使用，建设工程的价值就无法体现，无法折价补偿，故人民法院在审理案件时，应把建设工程是否合格作为重点予以审查。

根据《民法典》第793条的规定，建设工程施工合同无效，但是建设工程经验收合格的，可以参照合同关于工程价款的约定折价补偿承包人。建设工程施工合同无效，且建设工程经验收不合格的，按照以下情形处理：（1）修复后的建设工程经验收合格的，发包人可以请求承包人承担修复费用；（2）修复后的建设工程经验收不合格的，承包人无权请求参照合同关于工程价款的约定折价补偿。发包人对因建设工程不合格造成的损失有过错的，应当承担相应的责任。因此，因承包人的原因致使建设工程质量不符合约定，人民法院应当支持发包人要求承包人在合理期限内无偿修复，或者将案涉工程交由第三人修复或者自行修复，以及要求原承包人承担修复费用的诉讼请求。但值得注意的是，有关意见认为，修复后的建设工程在经验收合格前，承包人请求支付工程价款的，人民法院不予支持。发包人自行修复或者委托他人修复，工程实际修复前，发包人请求原承包人承担修复费用的，人民法院不予支持。实践中，有的案件在工程实际修复前直接判决承包人先行承担修复费用，而发包人又不予修复，造成了执行困难。

九、关于以涉嫌经济犯罪为由驳回起诉的问题

充分保障当事人诉讼权利，是民事诉讼法的基本要求。因此，人民法院不能随意驳回当事人的起诉。但审判实践中，有的案件在没有任何事实依据和法定理由的情况下，也驳回了当事人的起诉。

第一，在另案生效判决已认定当事人为实际施工人的情况下，以"可能存在刑事犯罪嫌疑"为由不予审理，直接驳回原告的起诉。

【典型案例】（2023）湘民申 1198 号

高某与涂某、五局工程公司、长安公司、中舜公司、昱信公司等建设工程施工合同纠纷

》裁判摘要

一审法院认为，在本案庭审过程中，被告五局工程公司认可与被告长安公司、第三人中舜公司分别签订分包合同，但认为与原告之间无合同关系；被告长安公司、昱信公司均认为与原告之间无合同关系；第三人中舜公司认可原告高某所述事实；被告涂某称不认识原告高某，与其没有分包合同关系，且在第三人称其承建的案涉工程实际由原告挂靠公司施工完成，第三人只认识原告，不清楚原告与被告涂某的关系，更不认识涂某的情况下，被告涂某仍否认认识原告。综上所述，本案存在刑事犯罪嫌疑。另外，被告涂某不认可与原告之间的关系，被告五局工程公司、长安公司、昱信公司均认为原告不是本案适格主体，原告向本院提交的现有证据亦无法证实其为本案适格主体。第三人中舜公司虽认可原告的主体资格，但原告在本案中并未向第三人主张权利。综合被告的意见、本案现有证据，原告的主体资格存疑。依照《民事诉讼法》第122条第1项、第157条第1款第3项、《最高人民法院关于在审理经济纠纷案件中涉及经济犯罪嫌疑若干问题的规定》（以下简称《涉及经济犯罪嫌疑问题的规定》）第11条的规定，裁定驳回原告高某的起诉。

二审法院认为，当事人合法、自愿达成的合同，对当事人具有法律约束力，非合同当事方不应成为该合同纠纷诉讼中的主体。本案中，上诉人高某主张自己是案涉工程的实际施工人，被上诉人五局工程公司分别与长安公司、中舜公司签订分包合同，但这些合同上均没有上诉人高某的签名，且四被上诉人均否认与上诉人高某存在合同关系，本案系诉讼主体不适格，上诉人认为被上诉人欠付工程款，可通过其他途径主张权利。

再审法院审查认为，本案应由再审法院提审，提审后裁定撤销原一审、二审裁定，指令审理。首先，湘××民终1390号民事判决已经认定高某是案涉工程的实际施工人，故其与本案有直接利害关系。高某的起诉有明确的被告及具体的诉讼请求和事实、理由，且本案属于人民法院受理民事诉讼的范围和原审人民法院管辖。原审法院以原告不是本案适格主体为由，驳回其起诉，属适用法律不当。其次，《涉及经济犯罪嫌疑问题的规定》第11条规定，人民法院作为经济纠纷受理的案件，经审理认为不属于经济纠纷案件而有经济犯罪嫌疑的，应当裁定驳回起诉，将有关材料移送公安机关或检察机关。一审裁定以本案可能存在刑事犯罪为由适用该条裁定驳回起诉，亦属适用法律不当。

第二，以案涉建设工程未结算、法定代表人"可能涉嫌经济犯罪"为由两次驳回原告起诉。

【典型案例】（2023）湘民终100号

雨奇公司与某区政府建设工程施工合同纠纷

湘××民初338号民事裁定以工程未结算为由驳回雨奇公司的起诉，驳回某区政府的反诉。双方均不服上诉，省高级法院指令审理。一审法院再次驳回起诉。

> 裁判摘要

一审法院认为，根据《涉及经济犯罪嫌疑问题的规定》第12条的规定，人民法院已立案审理的经济纠纷案件，公安机关或检察机关认为有经济犯罪嫌疑,并说明理由附有关材料函告受理该案的人民法院的,有关人民法院应当认真审查。经过审查,认为确有经济犯罪嫌疑的,应当将案件移送公安机关或检察机关,并书面通知当事人,退还案件受理费;如认为确属经济纠纷案件的,应当依法继续审理,并将结果函告有关公安机关或检察机关。本案中,雨奇公司的实际控制人李某熙涉嫌职务侵占,有公安机关立案决定书和市公安局关于雨奇公司实际控制人李某熙涉嫌经济犯罪的联系函及相关证据材料。经审查,李某熙有可能涉嫌经济犯罪,根据上述规定,应当将案件移送公安机关,并书面通知当事人。因此,一审法院对雨奇公司提出的起诉及某区政府提出的反诉均予以驳回。

二审法院认为,本案二审的争议焦点为:一审法院以雨奇公司的实际控制人李某熙有可能涉嫌经济犯罪为由驳回雨奇公司的起诉是否正确。首先,本案系经二审法院二审裁定指令一审法院审理的案件,且经二审法院审查,雨奇公司的起诉、某区政府的反诉均符合法律规定的起诉条件。其次,《涉及经济犯罪嫌疑问题的规定》第12条规定:"人民法院已立案审理的经济纠纷案件,公安机关或检察机关认为有经济犯罪嫌疑,并说明理由附有关材料函告受理该案的人民法院的,有关人民法院应当认真审查。经过审查,认为确有经济犯罪嫌疑的,应当将案件移送公安机关或检察机关,并书面通知当事人,退还案件受理费;如认为确属经济纠纷案件的,应当依法继续审理,并将结果函告有关公安机关或检察机关。"本案中,一审法院根据公安机关的立案决定书和联系函等相关材料,经审查认为李某熙有可能涉嫌经济犯罪,也即根据公安机关有关函告材料,一审法院并未得出本案确有经济犯罪嫌疑的结论,故一审法院以李某熙有可能涉嫌经济犯罪为由,依据上述规定裁定驳回雨奇公司的起诉属适用法律不当。再次,《涉及经济犯罪嫌疑问题的规定》第1条规定:"同一自然人、法人或非法人组织因不同的法律事实,分别涉及经济纠纷和经济犯罪嫌疑的,经济纠纷案件和经济犯罪嫌疑案件应当分开审理。"本案中,根据雨奇公司起诉请求及事实与理由、某区政府反诉请求及事实与理由,本案系雨奇公司与某区政府因履行《融资建设协议》而引发的纠纷，而从公安机关提供的《立案决定书》《关于某市雨奇实业有限公司实际控制人李某熙涉嫌经济犯罪的联系函》等内容看，公安机关对雨奇公司实际控制人李某熙系以职务侵占为由予以立案侦查，虽公安机关联系函认为该刑事案件与本案有关，但并未具体说明有何种关联，亦未附相关材料进一步证明该刑事案件与本案的关联性。且从现有在卷证据来看，公安机关已立案侦查的案件与本案并不属同一法律事实。因此，原审法院裁定驳回起诉属适用法律错误，应予纠正。

第三，以"是否存在违反有关法律规定情形、是否存在违法利益等问题，尚不能确定"为由，认为不宜认定本案目前属于人民法院受理民事诉讼的范围，裁定驳回原告起诉。

【典型案例】（2024）湘民申3116号

胡某益与某城建投公司、湘源公司建设工程施工合同纠纷

》**裁判摘要**

一审法院认为，本案在审理过程中，发现案涉工程中相关人员涉嫌违纪违法，可能存在犯罪行为。据此，依照《民事诉讼法》第122条、第157条第1款第3项的规定，经一审法院审判委员会讨论决定裁定如下：驳回胡某益的起诉。

二审法院认为，胡某益虽主张的是案涉工程款的民事权益，但案涉工程相关人员涉嫌违纪违法，可能存在犯罪行为，案涉工程项目是否存在违反有关法律规定情形、是否存在违法利益等问题尚不能确定，故本案目前不宜认定属于人民法院受理民事诉讼的范围，应不予受理；已经受理的，应裁定驳回起诉。一审法院的裁定处理并无不当。上诉人胡某益的上诉请求与理由不能成立，二审法院不予支持。但上诉人胡某益可在相关职能部门对上述问题调查、处理后，另行主张权利。综上，一审裁定认定事实清楚，适用法律正确，应予维持。据此，依照《民事诉讼法》第177条第1款第1项、第178条的规定，裁定驳回上诉，维持原裁定。

上述三个案件原审审理中普遍存在的问题是，对是否存在犯罪嫌疑的初步证据、基本事实，没有进行任何具体的分析和认定；在未查明存在犯罪嫌疑基本事实的情况下，仅以"可能存在刑事犯罪嫌疑""有可能涉嫌经济犯罪""尚不能确定"等为由，裁定驳回当事人的起诉，缺乏基本的事实依据和法律依据。这种情形，也必然导致当事人之间的民事权利义务关系长期处于不确定状态，影响当事人合法民事权益及时实现。

正确理解和适用《涉及经济犯罪嫌疑问题的规定》，审慎判断和认定属于经济纠纷案件还是经济犯罪案件，并分别不同情况依法处理，对于精准惩治违法犯罪、有效保护当事人正当合法民事权益，都具有重要意义。

《涉及经济犯罪嫌疑问题的规定》第一条　同一自然人、法人或非法人组织因不同的法律事实，分别涉及经济纠纷和经济犯罪嫌疑的，经济纠纷案件和经济犯罪嫌疑案件应当分开审理。

《涉及经济犯罪嫌疑问题的规定》第十条　人民法院在审理经济纠纷案件中，发现与本案有牵连，但与本案不是同一法律关系的经济犯罪嫌疑线索、材料，应将犯罪嫌疑线索、材料移送有关公安机关或检察机关查处，经济纠纷案件继续审理。

《涉及经济犯罪嫌疑问题的规定》第十一条　人民法院作为经济纠纷受理的案件，经审理认为不属经济纠纷案件而有经济犯罪嫌疑的，应当裁定驳回起诉，将有关材料移送公安机关或检察机关。

《涉及经济犯罪嫌疑问题的规定》第十二条　人民法院已立案审理的经济纠纷案件，公安机关或检察机关认为有经济犯罪嫌疑，并说明理由附有关材料函告受理该案的人民法院的，有关人民法院应当认真审查。经过审查，认为确有经济犯罪嫌疑的，应当将案件移送公安机关或检察机关，并书面通知当事人，退还案件受理费；如认为确属经济纠纷案件的，应当依法继续审理，并将结果函告有关公安机关或检察机关。

根据《涉及经济犯罪嫌疑问题的规定》的规定，人民法院审理涉及经济犯罪的经济纠纷案件，应把握好以下几点。

其一，要对是否确有经济犯罪嫌疑的相关证据、事实进行认真审查、审理，并依据查明的有关经济犯罪嫌疑的线索、材料，判断案件是否涉嫌经济犯罪。认定存在基本犯罪事实和确有犯罪嫌疑，是认定审理的经济纠纷案件涉嫌经济犯罪、裁定驳回起诉并作为经济犯罪案件移送的基本前提条件。

其二，要对涉嫌经济犯罪的事实与经济纠纷的事实，是否属于同一法律事实、同一法律关系进行审查、审理，并区别不同情况，决定是作为经济犯罪案件移送还是作为经济纠纷案件继续审理。如果经审查、审理发现属于同一事实、同一法律关系的，应当裁定驳回起诉并移送公安机关或检察机关；如果不属于同一事实也不是同一法律关系的，经济纠纷仅与涉嫌的经济犯罪存在牵连关系，经济纠纷应当继续审理；确有证据证明案涉法律关系的认定和裁判应以经济犯罪的处理为前提的，可以中止审理。

其三，要对确有经济犯罪嫌疑、裁定驳回起诉的案件涉及的犯罪线索、材料及时移送。《涉及经济犯罪嫌疑问题的规定》第11条规定，经审理认为不属于经济纠纷案件而有经济犯罪嫌疑的，应当裁定驳回起诉，将有关材料移送公安机关或检察机关。第12条规定，经过审查，认为确有经济犯罪嫌疑的，应当将案件移送公安机关或检察机关，并书面通知当事人，退还案件受理费。因此，在发现确有经济犯罪嫌疑的情况下，不能仅裁定驳回当事人起诉，还应当在裁定驳回当事人起诉的同时，在裁定书中明确及时将案件或将有关犯罪线索、材料移送公安机关或检察机关处理的内容。

第二节 "管理费"、总包合同与转包、违法分包合同工程价款差额的处理、损失索赔依据问题

在建设工程领域中，转包、违法分包、挂靠现象屡见不鲜，由此引发了大量的工程价款争议。保护建筑业健康发展需要打击和遏制建筑企

业的违法行为。有的建筑企业承包工程后不对工程进行施工，而是将工程转包给第三人施工，或者允许他人以自己名义承包工程，从中赚取差价或者管理费。转包和出借资质本质上均是"出租"资质的违法行为，不仅不能产生效益，反而扰乱建筑市场秩序，损害建设工程质量。因此，防止建筑企业、"中间商"、管理人员利用资质、权力、关系违法获利，是审判的重要目标。出借资质、非法转包和违法分包行为，本质上均是"出租资质"行为，其所寻之"租"，主要表现为管理费、转包差价。[①]

一、建设工程施工合同当事人约定的"管理费"如何处理

（一）建设工程领域"管理费"的性质

"管理费"是我国建筑市场发展过程中特定历史条件下产生的特定现象。当前，建设工程领域收取"管理费"的现象相当普遍。根据《工程造价术语标准》（GB/T 50875-2013）的规定，"企业管理费"是指施工企业为组织施工生产和经营管理所发生的费用。一般而言，对有效合同约定的"管理费"的认定和收取没有争议，但是对无效合同约定的"管理费"如何认定处理，实践中做法并不统一。建筑市场参与主体通过转包、违法分包以及出借资质收取"管理费"，是利用国家授权的资质或资格实施的非法牟利、恶意规避市场监管的行为，严重扰乱建筑市场秩序，危及社会公共利益，故基于该行为产生的所谓"管理费"本质为不法原因给付。

针对该问题首先要说明的是，《建工司法解释（一）》已删除了关于收缴"管理费"的规定，主要原因是缺失上位法依据，《民法典》第179条已将原《民法通则》第134条中没收违法所得的民事责任承担方式删除，

[①] 参见谢勇：《建设工程施工合同纠纷案件的审判理念和思路》，载中国法院网2024年7月18日，https://www.chinacourt.org/article/detail/2024/07/id/8031009.shtml。

以前将"管理费"作为违法所得予以没收的做法已无法律依据。

转包合同、违法分包合同及借用资质签订的合同，均违反法律的强制性规定，属于无效合同。合同关于实际施工人向承包人或者出借资质的企业支付"管理费"的约定，应为无效。实践中，有的转包人、违法分包人、出借资质的企业只收取一定比例的"管理费"，但并不实际参与工程施工，既不投入资金，也不承担风险，实际施工人自行组织施工，自负盈亏，自担风险，该"管理费"实质上并非转包人、违法分包人、出借资质的企业对建设工程施工进行管理的对价，而是一种通过转包、违法分包和出借资质违法套取利益的行为。这类"管理费"属于违法收益，不受司法保护，转包人、违法分包人或者出借资质的建筑企业请求实际施工人按照合同约定支付"管理费"的，应不予支持。

（二）转包人、违法分包人或者出借资质的施工企业实际参与施工管理的情形

通常，转包人、违法分包人或者出借资质的施工企业均不进行实际施工建设，也不进行实际管理。但也有部分转包人、违法分包人或者出借资质的施工企业在转包、违法分包或出借资质的过程中，从事了一定管理行为。其从事管理的行为主要表现为：

第一，参与招投标、合同签订、图纸会审；参与投标保证金、农民工保证金或者履约保证金的缴纳与返还。

第二，参与组建项目部、技术交底；参与专业分包、劳务分包和施工班组组建；参与签订劳动合同、工人招聘和培训、代发工资、处理工人投诉。

第三，参与施工现场质量、安全、技术、人员、材料、设备、合同管理；参与材料采购和设备租赁；参与工程变更或者合同变更、施工签证与索赔；参与工程预付款、进度款申请与收支；参加业主、监理单位或者有关部门召开的会议、发送和接收工程往来函件及信息沟通；办理工程价款过程结算。

第四，参与工程分部分项目和竣工验收；参与竣工结算、工程造价第三方审核、财政评审或者行政审计，开具工程款和人材机费用发票、纳税申报、税金缴纳和抵扣；参与处理工程安全和质量事故；参与各种考核、检查、工程评优和评奖；参与施工资料归档、管理、交接和竣工备案；参与办理工伤保险或者商业保险、处理工伤事故、保险理赔。

第五，参与处理实际施工人与建设单位或者第三人的各种纠纷，协助实际施工人催要工程款，协调或者组织工程保修等管理行为。

（三）对建设工程施工合同约定支付"管理费"的处理

理论界和实务界对该问题存在三种观点。第一种观点："管理费"属于非法所得，对于未支付的，实际施工人可以不予支付；对于已支付的，实际施工人可以要求转包人、违法分包人、出借资质的单位予以返还。第二种观点：收取"管理费"的约定系当事人真实意思表示，实际施工人应当按照约定向被挂靠人、转包人或违法分包人支付"管理费"。第三种观点：应当审查被挂靠人、转包人、违法分包人是否对工程建设进行实际管理，如果实际进行了管理，则可以判决实际施工人支付或部分支付"管理费"。

我们所持的意见是部分第一种观点和第三种观点的结合，即在合同无效情形下，"管理费"属非法所得，人民法院原则上不应予以支持。但若经审查，被挂靠人、转包人、违法分包人对工程建设进行了实际管理，则可判决实际施工人部分支付"管理费"。

根据《建工案件解答》第11条的规定，建设工程施工合同无效，合同约定的"管理费"原则上不予支持。当事人主张的，人民法院可以根据合同系借用资质或转包、违法分包等不同类型，结合出借资质人、转包人、违法分包人是否履行管理职责因素予以适当支持，一般不宜超过总工程款的3%。

实务中，不同的转包、违法分包或挂靠合同中，"管理费"的名称、具体含义和收取方式往往并不相同。合同约定的"管理费"名称可能为按照一定比例上交的"总包管理费""分包管理费""总包服务费""项目管理费""转包管理费""转让费"等，也可能并不采用"管理费"这一名称，而是使用"下浮比例",有可能两种名称同时采用。对于个案中"管理费"的处理,应结合当事人合同约定和相关合同的实际履行情况,对合同"管理费"的性质进行判断。有的合同确定下浮比例达到15%~20%甚至更高,这种情况应该是包括"管理费"在内的其他费用的,一般也不应超过8%,《建工案件解答》第12条对此作出了规定。

在合同无效的情况下,司法实践应当对收取"管理费"的行为采取原则上不予支持的态度,对通过转包形式牟利的违法行为加以限制,从司法层面促进建筑市场不断规范。

需要注意的是,不宜简单"参照合同约定"确定"管理费",应综合考量转包人、违法分包人或者出借资质的施工企业实际参与施工管理的内容、程度、参与管理的人员数量、工作时间和工作量、支出的管理费用、工程预期利润及盈亏等因素,根据诚实信用和公平原则,酌情确定:

1. 履行管理职责的,可以收取。最高人民法院(2021)最高法民终983号民事判决书认为:根据一审法院查明事实,永存建筑公司在案涉工程施工期间履行了一定施工管理职责,应享有管理收益。参照《项目管理目标责任书》的约定,管理费由永存建筑公司从工程款中直接扣除。

2. 实际参与部分工程管理的,可以部分收取。最高人民法院(2021)最高法民申7456号民事裁定书认为:(原审法院认为)环盛公司虽在沈某军施工期间未直接参与施工,但部分参与案涉工程的管理,从权利义务对等的角度,对环盛公司主张的管理费应视具体情况予以支持。最高人民法院认为原审法院根据本案实际情况以及环盛公司参与管理的情况,酌定按案涉工程造价的1%计取管理费并无不当。

3. 未实际参与管理的,不能收取。最高人民法院(2022)最高法民终291号民事判决书认为:至于中隧公司主张的管理费,因其与华邦公司签订的《联合施工合同》违反法律规定无效,中隧公司也未举证证明其在案涉工程施工过程中进行了必要的工程施工管理,并为此付出了相应的人力、物力等成本,故对其基于合同约定主张管理费用的请求不予支持。

【典型案例】 （2022）湘民终 291 号

尹某凤与国信公司、国通公司建设工程施工合同纠纷

>> 裁判摘要

关于工程结算款是否提取管理费及比例如何确定的问题。经查，国通公司与国信公司签订《合作框架协议书》，约定国信公司将合作项目交由国通公司建设，国通公司按工程造价的 5% 向国信公司交纳工程管理费；国通公司与尹某凤签订《合作协议》，约定国通公司按工程总造价的 8% 收取利润及服务费用。前述两份协议虽名为合作协议，实质上是国信公司中标诉争工程后，将工程转包给尹某凤，故前述两份协议均因违反法律法规的强制性规定而无效。协议中关于管理费的约定亦为无效约定，对双方当事人不具有约束力，但考虑到国信公司实际承担部分施工管理责任并具有配合参与工程质量验收等实际情况，从平衡各方利益的角度出发，二审法院酌情从工程结算价款中计提 3% 作为国信公司应得的管理费。

（四）当事人主张支付"管理费"的，如何处理

当事人主张支付"管理费"的，应举证证明实际进行了工程建设管理，人民法院应当进行实质审查。转包人、违法分包人或者出借资质的施工企业要求实际施工人支付"管理费"的，根据"谁主张，谁举证"的原则，应对自己实际参与施工管理的事实承担举证责任。如举证不能，则其要求支付管理费的诉讼请求不应得到支持。在审理涉及"管理费"的建设工程施工合同纠纷中，普遍存在不查明转包人、违法分包人或者出借资质的施工企业从事管理行为之具体事实的情况。

【典型案例】 （2023）湘民申 4347 号

胡某与张某、鸿某公司、电力分公司建设工程施工合同纠纷

>> 基本案情

鸿某公司中标电网改造工程，与张某签订《承包合同》，委托给张某

施工，按照鸿某公司对业主结算价格的89.5%予以结算。之后，张某与胡某签订《项目转让协议》，约定将项目转让给胡某施工，转让价格为工程中标价格的12.5%。

> **裁判摘要**

二审法院认为，电力分公司系案涉工程的发包人，鸿某公司系承包人，张某为转包人，胡某为实际施工人。关于转让费，张某与胡某在《项目转让协议》中约定胡某向张某支付中标价12.5%的转让费，因该协议属于无效合同，转让费亦不属于工程款范畴，该约定不能按照工程款的性质参照适用，故张某无权按照该协议的约定主张支付转让费，一审判决依据该协议的约定确定转让费错误，二审法院予以纠正。考虑到胡某、张某对协议无效均具有过错，张某在案涉工程招投标过程中亦付出了相应的成本，故酌定胡某向张某支付工程款6%的转让费。

再审审查认为，胡某是否应向张某支付工程款6%转让费。案涉《承包合同》《项目转让协议》均为无效协议，该协议中关于项目转让价格为工程中标价格12.5%的约定亦归于无效，张某无权按照该协议的约定主张支付转让费。另外，张某也未向法院提交证据证明其在案涉工程招投标过程中付出了成本及具体金额是多少。故原审法院认定张某在案涉工程招投标过程付出了相应成本，酌定胡某向张某支付工程款6%的转让费，认定错误。

二、建设工程施工总包合同与转包、违法分包合同工程价款差额应如何处理

总包合同是由发包人与总承包人直接签订的建设工程施工合同，约定后者全权负责整个项目工程的建设施工与工程的全过程管理。然而，在建设工程领域，不少总承包人会将部分甚至全部工作交由其他主体完成，即所谓的转包或违法分包。当工程被转包或违法分包时，原总包合同中约定的价格，往往高于实际施工成本与转包方或违法分包方收取的"管理费"的总和，由此产生了工程价款差额。

比如，实际施工人先起诉转包人要求支付工程款，双方之间转包合同约定的工程价款为230万元，法院经审理认为，案涉项目竣工验收合格，经鉴定确定工程造价为200万元，并判决转包的承包人向实际施工人支付尚欠的工程款100万元。转包人与发包人之间签订的总包合同（亦属无效）约定的工程款为固定总价，金额为400万元，转包人支付了100万元后，起诉发包人按照合同约定支付400万元工程款，此时两合同之间的差额为200万元。关于该款项属何种性质、应否支持，有以下两种观点的争议。

第一种观点：合同具有相对性，合同无效，应参照上下游两份合同结算条款的约定分别认定和结算工程款。对于两份合同之间的差价，虽然实际投入工程项目的资金与发包人预设的投入及实际投入的资金存在差距，但建设工程验收合格，质量无问题，价款系当事人真实意思表示，不应予以处理。

第二种观点：在合同均无效的情形下，虽然合同具有相对性，但最终基于无效所返还的物的载体为建设工程，施工投入最终物化于建设工程之中，甚至在有些实际施工人起诉转包、违法分包人的案件中，人民法院对工程量进行了鉴定，实际投入的工程量经鉴定最终核实确定。在该种情况下，转包、违法分包人与实际施工人的结算价可能明显低于违法分包、转包合同约定的工程款，更低于总包合同约定的工程款，该部分款项的性质应为违法所得，如果全部支付给承包人，则承包人明显基于无效合同获得了比有效合同更多的利益。发包人对工程项目预设投入虽然达到了工程验收合格的效果，但投入价值与实际添附价值明显不符，故明显对发包人不公。且转包人既未实际施工，也未实际投入，在此情况下支持转包人赚取工程款差价，既没有事实依据，更没有法律依据。

我们采纳第二种观点。根据《建工案件解答》第12条的规定，建设工程施工合同均无效情形中，承包合同高于转包、违法分包合同的工程款差额的性质属非法利益，转包、违法分包人与实际施工人按转包、违法分包合同结算后又以承包合同向发包人主张支付工程款，发包人对超出部分的工程款提出不予支付抗辩的，人民法院应综合合同履行情况、施工工程内容及行业惯例等情形予以调整，一般不宜超过差额部分工程款的8%（包含税金、管理费等在内）。

有关意见认为，当事人违反《民法典》第791条与《建筑法》第28条、第29条等规定，将承包的工程转包或者违法分包给第三人，该第三人向其合同相对人主张参照转包或者违法分包合同约定支付折价补偿款或者赔偿损失的，人民法院依法予以支持；该第三人向与其没有合同关系的单位或者自然人主张折价补偿款或者赔偿损失的，人民法院不予支持。转包人或者违法分包人请求在其应付的折价补款中相应扣减管理费的，人民法院应当根据转包人或者违法分包人是否参与工程管理或者工程建设等情形予以认定。我们认为，这一意见本身存在矛盾之处，也不利于遏制市场参与主体通过转包、违法分包赚取工程款差价的违法行为。

之所以持否定态度，最根本的原因是，这种行为严重破坏了正常的建筑市场秩序。如果不能在司法层面加以有效遏制、向社会传递正确价值导向，甚至对这种违法行为予以支持，则会使转包、违法分包、挂靠行为更加不受控制，既可能导致农民工工资减少，又可能导致工程质量下降。要从根本上遏制这种违法现象，尚需立法进一步完善。

三、建设工程施工合同无效，可否参照合同索赔条款计算损失

《建工司法解释（一）》第六条 建设工程施工合同无效，一方当事人请求对方赔偿损失的，应当就对方过错、损失大小、过错与损失之间的因果关系承担举证责任。

损失大小无法确定，一方当事人请求参照合同约定的质量标准、建设工期、工程价款支付时间等内容确定损失大小的，人民法院可以结合双方过错程度、过错与损失之间的因果关系等因素作出裁判。

《建工案件解答》第十条 建设工程施工合同无效，但该建设工程经竣工验收合格，当事人无法举证证明实际损失的情况下，可参照合同关于质量、工期、进度款支付等索赔条款的约定计算损失。

根据以上规定，建设工程施工合同无效，但该建设工程经竣工验收合格，在当事人无法举证证明实际损失的情况下，可参照合同关于工程质量、建设工期、工程进度款、工程价款支付等索赔条款的约定计算损失。

根据合同无效的处理原则，建设工程施工合同无效，无过错方有权就其损失主张过错方赔偿。承包人因合同无效造成的损失主要为实际支出损失、停工窝工损失等，而发包人的损失主要为实际支出、工期延误、工程质量、其他人身财产损失等。对于实际损失难以举证的情况，如果严格按照举证不能的规则处理，则对遭受损失一方当事人不公平，导致利益失衡。而双方当事人在签订合同时关于工程计价、计量、工程价款支付比例、支付时间、工程质量、建设工期、结算程序、工程质量保证金返还等内容约定较为详细，且均为当事人的真实意思表示，也是双方签订合同时对施工合同中最核心的内容慎重考虑后所作出的决定，不应因合同无效而全部不适用，但要分清过错责任。该处理并非将无效合同认定为有效，而是寻求一种符合建设工程施工合同特点的损失计算方式。

如果人民法院能够通过当事人双方签订的合同条款计算损失，则不需要进行司法鉴定。

（一）为避免损失扩大的处理

为避免损失扩大，人民法院可以先行判决承包人或实际施工人退场。有的承包人或实际施工人以发包人未及时支付工程价款为由，长期占据工地，不将建设项目交与业主。我们认为，建设工程施工合同解除或终止履行，发包人请求承包人或实际施工人退出施工现场的，人民法院应依法支持。为促进剩余工程项目尽快复工复产，或尽快将项目交付业主使用发挥效益，避免损失进一步扩大，可以先行判决承包人或实际施工人退场。

【典型案例】（2024）湘民再56号

东方红公司与中心医院建设工程施工合同纠纷

>> 裁判摘要

法院再审认为，本案诉讼由中心医院的本诉和东方红公司的反诉两部分组成。中心医院本诉的诉讼请求是解除双方于 2013 年 6 月 19 日签订的《建设工程施工合同》，东方红公司的反诉请求是要求中心医院支付已施工部分的工程款及利息，赔偿停工损失及利息等。原一审对本诉部分审理后，判决解除了双方于 2013 年 6 月 19 日签订的《建设工程施工合同》，对此双方均未上诉。对于反诉部分，原一审判决以涉案工程审计或者审核尚未完成、东方红公司要求中心医院支付工程款及停工损失条件尚未成就为由，不予支持，并判决驳回东方红公司的反诉，对此东方红公司提起上诉。原二审法院审理后，维持了原一审判决。二审判决后，东方红公司申请再审。从东方红公司的再审申请来看，其仅对反诉部分提出了再审请求，对本诉部分的判决结果并未申请再审。且原审判决对本诉部分的审理认定事实清楚，适用法律正确。根据《民事诉讼法解释》第 403 条第 1 款"人民法院审理再审案件应当围绕再审请求进行"和《民事诉讼法》第 156 条"人民法院审理案件，其中一部分事实已经清楚，可以就该部分先行判决"的规定，就双方未申请再审的本诉部分，再审法院先行判决予以维持，对于东方红公司申请再审的反诉部分另行继续审理。

（二）合同解除或终止后，承包人或实际施工人应承担拒不退场造成损失的相应责任

建设工程合同解除或终止后，承包人或实际施工人应及时退场，不能以未结算或未支付工程款为由，拒不退场，长期占据建设工地，导致损失无限扩大。否则，应自行承担拒不退场、放任损失扩大的责任或者根据双方的过错判定各自应承担的责任。

【典型案例】（2022）湘民终 275 号

第一医院与新康公司、龙某辉建设工程施工合同纠纷

》 裁判摘要

关于新康公司的停工损失问题。《合同法》第 58 条规定："合同无效

或者被撤销后，因该合同取得的财产，应当予以返还；不能返还或者没有必要返还的，应当折价补偿。有过错的一方应当赔偿对方因此所受到的损失，双方都有过错的，应当各自承担相应的责任。"《最高人民法院关于审理建设工程施工合同纠纷案件适用法律问题的解释（二）》第3条规定："建设工程施工合同无效，一方当事人请求对方赔偿损失的，应当就对方过错、损失大小、过错与损失之间的因果关系承担举证责任。损失大小无法确定，一方当事人请求参照合同约定的质量标准、建设工期、工程价款支付时间等内容确定损失大小的，人民法院可以结合双方过错程度、过错与损失之间的因果关系等因素作出裁判。"

　　本案中，《施工合同》及《补充协议》因龙某辉借用新康公司资质而无效，由此产生的缔约过失责任，因新康公司与第一医院均未在本案中主张，二审法院依法不予处理。即使双方予以主张，案涉合同无效系龙某辉借用新康公司资质所致，新康公司与龙某辉对合同无效具有过错。同时，从第一医院与新康公司签订《补充协议》时龙某辉在新康公司落款处的签名及龙某辉与第一医院法定代表人的微信往来可知，第一医院对龙某辉挂靠新康公司的行为是明知的，其对该合同的无效亦具有过错。因此，在新康公司与第一医院均存在过错的情况下，应各自承担相应的责任。因案涉合同无效，任何一方都有权终止合同的履行，及时止损。案涉项目实际施工人龙某辉于2020年1月14日已明确向第一医院表示不再继续履行施工合同，请求第一医院年后安排清算，且第一医院亦于2020年3月23日向新康公司发出合同解除的函件，并要求其退场。因此，在新康公司与第一医院均明知合同存在无效情形不得继续履行且双方亦已有不再继续履行的意思表示的情况下，新康公司应及时退场，避免损失进一步扩大。考虑自龙某辉作出不再履行的意思表示至第一医院发函的期间已足够进行场地清理与办理交接手续，新康公司最迟应于2020年3月24日开始退场。故对新康公司主张的2020年3月24日后停工增加的费用，系新康公司拒不退场、放任损失扩大所致，应由新康公司自行承担。

（三）建筑工程领域专业工程是否存在工程质量问题，以及损失的大小、造成损失的原因，应当通过专业机构鉴定确定

【典型案例】（2024）湘民申2489号

新南粤公司与粤环公司建设工程合同纠纷

>> **裁判摘要**

再审审查认为，《民事诉讼证据的若干规定》第30条规定，人民法院在审理案件过程中认为待证事实需要通过鉴定意见证明的，应当向当事人释明，并指定提出鉴定申请的期间。符合《民事诉讼法解释》第96条第1款规定情形的，人民法院应当依职权委托鉴定。《建工司法解释（一）》第18条规定，因保修人未及时履行保修义务，导致建筑物毁损或者造成人身损害、财产损失的，保修人应当承担赔偿责任。保修人与建筑物所有人或者发包人对建筑物毁损均有过错的，各自承担相应的责任。第32条第1款规定，当事人对工程造价、质量、修复费用等专门性问题有争议，人民法院认为需要鉴定的，应当向负有举证责任的当事人释明。当事人经释明未申请鉴定，虽申请鉴定但未支付鉴定费用或者拒不提供相关材料的，应当承担举证不能的法律后果。

本案中，双方当事人发生争议的根本原因是案涉5号、8号喷雾塔粉尘布袋除尘和尾气脱硫除尘工程存在工程质量问题，导致实际使用中产生维修费用和报废损失。因此，案涉5号、8号喷雾塔粉尘布袋除尘和尾气脱硫除尘工程发生质量问题的原因，是本案应当查明的基本事实。从双方当事人提出的诉辩意见来看，案涉5号、8号喷雾塔粉尘布袋除尘和尾气脱硫除尘工程之所以发生质量问题，既可能有新南粤公司主张的粤环公司未履行保修义务、两台除尘塔存在设计缺陷等原因，也可能有粤环公司抗辩主张的新南粤公司擅自改变原设计的除尘脱硫系统工艺流程、拆除原有旋风除尘器等原因。上述问题均属于环保工程领域的专业问题，须通过专业机构进行鉴定才能正确认定。通过专业机构的鉴定，如果证实发生的质量问题是由施工方粤环公司设计、施工或保修等原因引发，

则粤环公司应当承担赔偿损失的责任；如果证实发生的质量问题是由发包方新南粤公司擅自改变原设计的除尘脱硫系统工艺流程、拆除原有旋风除尘器等原因引发，则新南粤公司对其损失应自行承担；如果证实发生的质量问题是由双方的原因或其他客观因素引发，则应当按照双方各自的过错程度分别承担相应的责任。一审法院仅对修复方案、维修造价以及风机基础工程质量进行司法鉴定，在没有对上述专业问题委托专业机构全面进行司法鉴定的情形下，酌情按照20%和80%的比例确定双方各自承担的损失责任，认定的基本事实缺乏依据。

四、建设工程施工合同解除或终止后，是否可以支持可得利益损失

对于建设工程施工合同解除或终止后可否支持可得利益的问题，虽存在争议未形成统一裁判规则，但审判实务中直接判决支持可得利益损失的案例也比较少见。主流观点是，不支持建设工程施工合同解除或终止后判决可得利益损失。主要原因有两点。

第一，建设工程领域合同无效情形较多，而支持可得利益损失的前提条件是合同合法有效。可得利益损失是指当事人违反有效合同约定产生的违约责任。建设工程施工合同无效的，自始无效，无效合同的权利义务不受法律保护，不可能产生违约责任，更加不能支持当事人要求合同相对方承担合同被履行后的可得利益损失。因此，合同无效的，不能主张可得利益损失。合同无效损失赔偿的性质属于缔约过失责任，不包括可得利益损失。合同无效后，依据《民法典》第154条、第157条的规定，缔约过失责任保护的是信赖利益损失。信赖利益损失是指缔约人信赖合同有效成立，因合同不成立、无效或被撤销等而遭受的损失，其目的是使信赖利益遭受损失的一方恢复到合同未订立时的状态；而可得利益系期待利益，保护的是当事人合同履行后可以获得的利益。

第二，可得利益损失并非实际发生，计算可得利益损失受各种因素影响，很难准确计算。即使在建设工程施工合同有效解除或终止的情况下，

由于房地产开发、建设工程施工周期长，受房价市场波动、建筑成本、政府政策调控等因素影响较大，具有较大的风险性和不确定性，尚未实际发生的可得利益损失确定难度大，计算可得利益损失的标准难以把握。①

（一）建设工程施工合同无效，诉讼请求赔偿可得利益损失无法律依据

【典型案例】（2017）最高法民终202号

三星公司、木林森公司建设工程施工合同纠纷

>> 裁判要旨

根据《建设工程施工合同》的约定，案涉工程为商品房项目，属于《招标投标法》第3条规定的关系社会公共利益、公众安全的公用事业项目，该工程建设项目的施工必须进行招标，而案涉建设工程项目的施工没有依法进行招标，根据《最高人民法院关于审理建设工程施工合同纠纷案件适用法律问题的解释》第1条第3项的规定，案涉《建设工程施工合同》及《补充合同》无效。三星公司诉讼请求木林森公司赔偿其可得利益损失，无法律依据，最高人民法院不予支持。

（二）可得利益损失计算具有不确定性，无充分证据证明可得利益确实存在的，诉讼请求赔偿可得利益损失无事实依据

【典型案例】（2017）最高法民终916号

康域公司与容某幸、林某勇股权转让纠纷

>> 裁判要旨

最高人民法院认为，可得利益是指合同履行后将来可以获得的纯利

---

① 参见全奕颖、李坤、谭振亚等：《建设工程施工合同领域的可得利益损失》，载《人民司法》2023年第16期。

润，该利益必须具有一定的现实性和可预见性。案涉项目属于房地产开发项目，而房地产开发具有较大的风险性，受房价市场波动、建筑成本、政府政策等因素影响较大，而康域公司提供的某市财政局文件所附《第三农贸市场及周边片区整体改造合作项目收益情况表》仅是对开发商净利润的估算，特别是在本案中康域公司资金严重不足、进一步加大开发成本的客观事实下，康域公司主张的巨额可得利益损失，最高人民法院不予认定。

（三）被挂靠人因并无履行案涉协议的真实意思，且合同存在无效和未实际履行的情形，其诉讼请求赔偿可得利益损失既无事实依据，也无法律依据

【典型案例】（2023）湘民申 4747 号

投建公司与广为公司建设工程施工合同纠纷

▶ 基本案情

投建公司拟建污水处理厂，广为公司中标，中标金额 69911230.29 元，双方签订《总承包协议书》，约定项目投资固定回报率为财政审核报市政府审定的投资总额的 5%。同日，双方还签订了《建设工程施工合同》，之后广为公司与案外人雷某芽、周某雄签订《目标责任书》，将工程转包收取 1% 的管理费。由于青苗补偿等问题一直未得到妥善解决，投建公司未办理涉案工程规划许可证、施工许可证等工程建设手续，未向广为公司发出书面开工通知。广为公司诉讼请求解除合同，判决投建公司承担违约金 12598003.65 元、可得利益 3495561.5 元。

▶ 裁判摘要

一审法院认为，广为公司未缴纳履约保证金，没有提供证据证实自己为履行涉案合同已投入了相应的资金，也就不能获得相应的可得利益。关于违约金，投建公司书面回复广为公司终止合同逾期 1647 天，应按合同约定向广为公司支付违约金11514379元（69911230.29元×1‰×1647天）。

二审法院认为，案涉《总承包协议书》《建设工程施工合同》均为合法有效。根据《民法典》第584条"当事人一方不履行合同义务或者履行合同义务不符合约定，造成对方损失的，损失赔偿额应当相当于因违约所造成的损失，包括合同履行后可以获得的利益；但是，不得超过违约一方订立合同时预见到或者应当预见到的因违约可能造成的损失"的规定，广为公司应按合同总价69911230.29元赔偿可得利益损失3495561.5元（69911230.29元×5%）。一审法院判决支付违约金11514379元，远超建投公司在订立合同时预见到或者应当预见到的因违约可能造成的损失，二审法院对此不予支持。

再审法院审查认为，二审法院判令投建公司向广为公司赔偿可得利益损失3495561.5元，属适用法律错误。

首先，从本案查明的事实来看，广为公司欠缺履行案涉《总承包协议书》《建设工程施工合同》的真实意思。根据案涉协议的约定，案涉项目应由广为公司投资进行开发建设，再由投建公司支付投资回报。但原审已查明，2017年9月13日双方签订《总承包协议书》《建设工程施工合同》后，广为公司在2017年9月25日就与案外人雷某芽、周某雄签订了《目标责任书》。从《目标责任书》约定的内容来看，该行为符合转包的特征，广为公司转包案涉项目后，从中收取项目总价的1%作为管理费。虽然转包行为违法无效并不必然导致广为公司与投建公司签订的《总承包协议书》《建设工程施工合同》无效，但据此可知，广为公司并无履行案涉协议之真实意思。且广为公司并未向投建公司支付合同价10%的履约保证金，除投标保证金80万元及项目代理费22万元以外，广为公司亦未提交其他证据证明其为案涉项目所做的履约准备。

其次，可得利益是指合同履行后将来可以获得的纯利润，该利益必须具有一定的现实性和可预见性。第一，案涉《总承包协议书》虽然约定了"固定回报为财政审核报市政府审定的投资总额的5%"，但该协议还约定广为公司的"项目投资回报总额为投资总额（建安工程投资额）加项目回报率总额（固定回报）"，因此，如考虑广为公司可得利益，亦应当从协议约定的整个项目投资回报的角度予以考虑，而非仅考虑固定回报。因案涉项目属于建设工程项目，受建筑市场波动、建筑及人工成本、政府政策等因素影响较大，案涉项目能否获利本就具有风险性；《总承包协议书》亦约定建安工程投资回报的总额需"经市财政局审核，报市政府审定"，因此案涉项目投资回报具有较强的不确定性。第二，根据案涉《总承包协议书》的约定，固定回报为财政审核报市政府审定的投资总额的5%，二审法院直接以案涉协议约定合同总价69911230.29元为基础计算固定回报，亦与合同约定及客观实际不符。第三，假设案涉协议得以履行，广为公司转包项目可获得的利益也仅为项目总价的1%作为管理费。因此，在广为公司转包案涉项目、缺乏证据证明其为案涉项目投入必要资金所做准备的情况下，如支持其主张巨额的可得利益损失，将有违公平原则和诚实信用原则，不仅超出了广为公司自身预期，亦将导致明显的利益失衡。

第三节　建设工程价款结算中的人工费、材料费调差问题

建设工程价款结算中，人工费与材料费调差机制的有效运作，是建设工程施工合同的重要内容，不仅直接关系到项目的财务健康和参与各方的利益均衡，亦是对市场资源配置效率与法制完善程度的综合检验。准确认定建设工程人工费、材料费调差的相关规范性文件的效力，依法、有序、公平、公正运用调差机制，既有利于强化对建筑领域公共秩序的有效保护，又能较好地维护劳动者的基本权益，促进整个产业的良性循环与发展。

一、建设工程人工费、材料费调差应遵循的原则

关于建设工程人工费、材料费是否需要调差以及怎样调差的问题，审判实践中经常出现，也存在不少争议。对建设工程中的人工费、材料费收取标准进行调整，是政府相关管理部门根据建筑市场的实际情况和客观需要，对人工单价和建筑材料上涨所作出的政策性调整。根据劳动力市场人工成本和建筑材料价格的变化，各地定额站每隔一段时间就会对人工材料费定额进行调整。人工费、材料费的调整具有较强的政策属性。建设工程施工合同当事人对于劳动力、材料的价格上涨是否需要进行调整以及调整的方法，一般会通过合同予以约定。但在虽有约定或没有约定、约定不明的情形下，关于人工费、材料费上涨导致的差额是否应当调差，当事人基于自身利益考量往往会作出不同的理解，从而产生争议。对此，不同法院、不同法官也存在不同认识，出现类案不同判现象。

人工费、材料费是否调差，应当依据法律、法规的规定和住建部门的相关政策，结合合同约定和合同履行情况综合判断。一般情形下，应当以当事人之间的约定为依据，约定固定价或人工费、材料费不予调整的，不予调整。在政策指导价调整的情形下，由当事人协商，同意调整即可调整；协商不成的，按约定执行。有的法院在办理案件时把政府主管部门相关规范性文件作为效力性强制性规定理解，在当事人明确约定不调整或不符合"强制性"调差的情形下，"强制性"进行人工费、材料费调差，是错误的。

人工费、材料费调差不受合同效力的影响。在合同被认定无效的情形下，只要出现法定的人工费、材料费调差的情形，人民法院仍然可以参照合同约定及案涉工程所在地区标准进行调差。在认定调差是否符合合同约定、是否应当调差时，可以从以下几个方面着手：（1）审查合同条款。分析合同中关于调差的约定内容是否明确，或者法律规定的调差情形是否成就，包括调差的条件、方法、时间窗口、计算公式等。（2）核实事实依据。核查调差请求所依据的事实及背景，如市场价格变动、政

策调整、不可抗力事件等，确认其真实性、必要性及与当前调差请求的关联性。（3）审查触发条件。确认调差请求是否满足合同约定，或者法律规定的特定适用条件。例如，某些合同可能规定只有当原材料价格上涨超过某一比例时，才会启动调差程序。（4）审核通知时效。审查调差请求的提出时间是否符合合同约定。通常，合同会对调差请求的通知期限作出明确规定，超过合同约定时间则可能丧失调差资格。比如，双方当事人已经在诉前签订了工程价款结算协议、结算协议又无其他无效情形的，一方当事人再请求对人工费、材料费进行调差的就可能得不到支持。（5）考量调差约定的合理性、正当性和合法性。即使调差请求在技术层面上满足合同条款，但仍需评估其合理性、正当性与合法性，确保调差不会造成合同目的的根本改变，且不存在违反法律规定及滥用权利的情形。（6）计算调差金额的准确性。运用合同约定的计算方法准确计算调差请求的数额，包括但不限于基准期、基期价格、现期价格、价格变动率、价格变动总金额，确保其精确无误。如当事人或法院无法计算或当事人对此存在争议，则应当通过司法鉴定确定。

二、建设工程定额与建设工程造价的法律属性

建设工程人工费、材料费调差应遵循的基本原则，源于建设工程定额与建设工程造价的法律属性。编制建设工程价格必须以住建部门发布的工程定额和工程造价为基础，但其属于政府指导价格的范畴，在遵守国家法律法规的前提下，建设工程各方主体可以通过签订合同约定工程建设的实际价格。

建设工程定额是指在正常施工条件下完成规定计量单位的合格建筑安装工程所消耗的人工、材料、施工机具台班、工期天数及相关费率等的数量基准。国务院住房和城乡建设行政主管部门、各省级住房和城乡建设行政主管部门和行业主管部门负责发布各类定额。工程定额规范具有以下法律属性：（1）工程定额是合同双方议价的依据。在建设工程招投标和签订合同的过程中，相关定额规范是双方当事人议价的依据。招

标文件一般按照国务院各省级住房和城乡建设行政主管部门和行业主管部门发布的定额文件，结合市场信息价编制。（2）工程定额是政府指导价。工程定额是国务院住房和城乡建设行政主管部门、各省级住房和城乡建设行政主管部门和行业主管部门根据本地区、行业建筑市场成本的平均值确定的，完成单位工程量所消耗的人工、材料、施工机具台班及相关费率等的数量基准。工程定额由有权机关制定，属于政府指导价的范畴。政府指导价并非一成不变，有权机关根据市场形势对政府指导价进行调整后，作为合同计价标准的指导价格应依据相关调整文件进行进一步调整。（3）工程定额是选择性规范，并非强制性规范。工程定额规范属于选择性规范、任意性规范，并非属于不能突破的强制性规范。当事人缔约时可以选择适用非当期的定额标准，也可选择适用当期定额标准；既可以选择完全依据定额标准计价，也可以选择定额标准之外另行约定的方式计价。合同当事人虽有选择权，但会受到行政或司法的干预和规制。选择非当期定额标准，很可能导致该约定无效。

建设工程造价是指工程的建设价格。《建筑法》第18条规定："建筑工程造价应当按照国家有关规定，由发包单位与承包单位在合同中约定。公开招标发包的，其造价的约定，须遵守招标投标法律的规定。发包单位应当按照合同的约定，及时拨付工程款项。"工程造价具有以下特点：（1）建筑工程造价应当依照国家有关规定编制。国家有关规定包括国务院有关主管部门、各省级人民政府有关主管部门颁布的工程造价的部门规章、规范性文件，一般指工程定额文件。依照国家有关规定编制工程造价有助于统一工程计价项目和计价标准，有助于国家对建设工程领域进行宏观调控。（2）工程造价是发包单位与承包单位的合同约定价格，并非工程绝对价值或者鉴定价值。《建筑法》赋予市场主体以约定方式确定工程造价的自主权，在遵守国家有关法律的前提下，由市场主体各自决定。工程竣工后，一方以合同价格过低或者过高，要求以工程造价鉴定确定工程造价的做法，与《建筑法》立法目的不符。（3）工程造价应遵守招投标活动的相关规定，经过招投标的工程，合同约定的工程造价应与招标文件约定的招标价一致。

基于建设工程造价与建设工程定额的非效力性、非强制性的性质和特点，在建设工程施工合同中就赋予了合同当事人是否对人工费、材料费调差的选择权。

三、建设工程人工费、材料费调差的相关规范性文件的效力

为规范建筑市场秩序，各省级人民政府和住建部门制定了很多规范性管理文件。从以下住建部门发布的两份文件的内容可以看出，它们属于建筑市场管理部门出台的规范建筑市场的管理性文件，并非效力性强制性规范。如文件中规定的"已签定的施工合同，其工资单价低于施工期发布的当地最低工资单价时，发包单位与承包单位应另行协商签定补充协议予以调整""当建筑材料价格发生超出约定的重大变化时，应及时汇集相关资料，与发包方积极协商，签订补充协议。已签订的施工合同符合下列情形之一的，发承包双方可予以协商，参照相关规定签订补充协议，合理分担风险"等内容，就体现了非效力性强制性规范特征。

《湖南省住房和城乡建设厅关于发布2014年湖南省建设工程人工工资单价的通知》（湘建价〔2014〕112号）

一、人工工资单价适用的范围

本通知所称人工工资单价主要包括建安工程与装饰工程工资单价，以及最低工资单价和综合工资单价。建安工程工资单价适用于建筑工程、安装工程、仿古建筑及园林景观工程（不含装饰部分）、市政工程（包括城市轨道交通工程）以及建筑工程概算、房屋修缮工程；装饰工程工资单价适用于一般工业与民用建筑的装饰工程及《湖南省仿古建筑及园林景观工程消耗量标准》中的第五章木作、第六章楼地面、第七章抹灰、第九章油漆、第十章彩画工程。

二、合同签定、招标投标或工程结算时，应按以下规定执行

1.招标单位编制招标控制价（包括上限值、标底）时，其工资单价应按综合工资单价计取。

2.投标单位编制工程投标报价时，可根据企业的经营情况确定工资

单价,但其最终体现的工资单价不得低于发布的当地最低工资单价,否则,其投标报价将按照低于成本价的规定处理。

3.发包单位与承包单位签定施工承包合同时,其工资单价不得低于发布的当地最低工资单价。已签定的施工合同,其工资单价低于施工期发布的当地最低工资单价时,发包单位与承包单位应另行协商签定补充协议予以调整。

《湖南省住房和城乡建设厅关于进一步加强建筑材料价格风险防范与控制的指导意见》(湘建价函〔2021〕137号)

2020年以来,受国际环境、宏观政策等多方面影响,钢、铜、铝、水泥、玻璃等建筑工程原材料及制成品价格持续走高,严重影响了我省施工合同的正常履行。为维护建筑市场秩序,保证工程质量安全,引导市场合理分担材料价格异常波动带来的风险,切实保证发承包双方合法权益,根据《中华人民共和国民法典》《建筑工程施工发包与承包计价管理办法》(住房城乡建设部令第16号)和《湖南省建设工程造价管理办法》(省人民政府令第192号),结合我省实际,遵循实事求是、公平合理的原则,现就材料价格风险防范和控制进一步提出以下指导意见:

……

二、工程建设各方应进一步增强建设工程全过程中材料价格风险防范意识,制定风险应对及防控措施,确保工程正常施工和质量安全。

1.工程总承包项目在编制投资估算和设计概算时,应充分考虑建筑材料价格风险因素。

2.招标人在编制招标文件时要明确投标报价的基准期、投标人承担的风险内容及其范围。投标人在投标报价时应充分考虑建筑材料计价风险因素合理报价。

3.发承包双方在施工合同签订时应对可调价材料约定价格风险幅度以及调整办法,合理分担风险。禁止在招标文件或合同中采用无限风险、所有风险或类似的语句规定计价中的风险内容及其范围,不得有明显不合理或显失公平的内容。

4.承包方在工程建设实施过程中应及时做好建筑材料价格波动的资

料收集、准备工作。当建筑材料价格发生超出约定的重大变化时，应及时汇集相关资料，与发包方积极协商，签订补充协议。

三、已签订的施工合同符合下列情形之一的，发承包双方可予以协商，参照相关规定签订补充协议，合理分担风险：

1. 施工合同中对材料价格风险幅度以及调整办法没有约定；

2. 施工合同中对材料价格风险幅度以及调整办法约定不明；

3. 施工合同中对材料价格风险幅度约定为无限风险；

4. 合同的基础条件发生了当事人在订立合同时无法预见的、不属于商业风险的重大变化，继续履行合同对于当事人一方明显不公平。

不能简单地把规范建筑市场的管理性文件作为效力性强制性规范理解、适用。

【典型案例】 （2021）湘民终891号

华盛公司与郭某建设工程施工合同纠纷

>> 裁判要旨

《湖南省住房和城乡建设厅关于发布2014年湖南省建设工程人工工资单价的通知》有关"当工资单价低于施工期发布的当地最低工资单价时，发包单位与承包单位应另行协商签订补充协议处理"的规定，并非对人工费调差的效力性强制性规定，在合同明确约定项目系包干价且人工费不予调整的情形下，应尊重当事人意思自治，人工费一般不予调差。

>> 裁判摘要

一审法院认为，人工调差部分选择性意见4905788.17元应当采信确认。《湖南省住房和城乡建设厅关于发布2014年湖南省建设工程人工工资单价的通知》第2.3点规定："……已签定的施工合同，其工资单价低于施工期发布的当地最低工资单价时，发包单位与承包单位应另行协商签定补充协议予以调整。"该文件在2014年8月1日开始执行，2014年8

月1日后的施工中，合同约定的人工工资低于该文件规定的发包的最低人工工资标准。该文件虽不是行政法规，但其规定的最低人工工资标准属于行业强制性标准，违反该条将可能导致低于成本价承包施工，实质危及建筑行业秩序和社会稳定，进而直接损害社会公共利益，这与《招标投标法实施条例》第51条第5项规定禁止低于成本价承包的立法目的是一致的，属于对该条例禁止性规定的具体落实。即合同约定在2014年8月1日后违反《合同法》第52条的规定而无效，应按该文件规定重新确定人工工资单价。另外，对于人工调差部分，2014年9月20日的工作联系函显示，华盛公司成控部签证同意按《湖南省住房和城乡建设厅关于发布2014年湖南省建设工程人工工资单价的通知》文件的规定计算，在庭审和鉴定过程中华盛公司也表示对施工前期现场签证单成控部签署的意见和施工后期计价审核意见或工程部签署的意见均予以认可。且《停工损失补偿会议记录》载明系华盛公司原因引发工期延误，故对工期延误期间发生的人工工资的上涨造成的损失，根据《合同法》第113条第1款"当事人一方不履行合同义务或者履行合同义务不符合约定，给对方造成损失的，损失赔偿额应当相当于因违约所造成的损失，包括合同履行后可以获得的利益，但不得超过违反合同一方订立合同时预见到或者应当预见到的因违反合同可能造成的损失"的规定，应由造成工期延误的华盛公司承担。在2014年8月1日后，由行业经验可知，按《湖南省住房和城乡建设厅关于发布2014年湖南省建设工程人工工资单价的通知》中最低人工工资单价无法在建筑市场上雇用工人，无法弥补因工期延误给郭某造成的人工费上涨损失，故对于人工调差应采综合工资单价标准。

　　二审法院认为，人工调差部分，不管是按综合工资单价标准调整还是按最低工资单价标准调整，均不应予以计算。《施工实施协议书》第5.3.6条明确约定合同为包干价，除六大主材外，人工费、机械费等不调差。《湖南省住房和城乡建设厅关于发布2014年湖南省建设工程人工工资单价的通知》仅规定当工资单价低于施工期发布的当地最低工资单价时，发包方与承包方应另行协商签订补充协议。本案中，华盛公司与郭某后续并未就人工费的调整达成一致意见。2014年9月20日的工作联系函显示，华盛公司成控部签署的意见为"同意按文件规定计算，请公司领导审批"，郭某并未提交后续华盛公司领导同意成控部该意见的相关证据。郭某于 2020 年 3 月 26 日一审第一次庭审时将该工作联系函作为其证据七提交，华盛公司已发表质证意见。其在《鉴定事项询问笔录》中的质证意见系针对郭某补充提交且未经质证的证据，而非该工作联系函。同时，《现场勘验记录》中华盛公司的意见均系针对的现场签证单，而非该工作联系函。因此，华盛公司并未同意人工按《湖南省住房和城乡建设厅关于发布 2014 年湖南省建设工程人工工资单价的通知》的规定计算，一审法院认定华盛公司同意按《湖南省住房和城乡建设厅关于发布 2014 年湖南省建设工程人工工资单价的通知》的规定进行人工调差无事实依据。然而，根据双方履行合同的情况，2016 年 1 月 21 日，华盛公司确认郭某完成《施工实施协议书》第 6.2.9 条规定的施工进度。至此，案涉项目已基本完工，工程进度款已累计支付到工程总价款的 80%。协议书后续约定的进度款支付前提不再涉及项目施工，而是项目综合验收、竣工验收及交付决算等事项。因此，在项目于 2016 年 4 月 6 日停工前，郭某已基本完成案涉项目的施工，不存在由停工原因导致的人工工资大幅度上涨的情形。

四、建设工程施工合同签订时，约定的人工工资单价低于建设行政主管部门发布的当地最低工资单价，是否应当强制调差

虽然不能简单地把规范建筑市场的管理性文件作为效力性强制性规范理解、适用，但在符合特定条件的情况下，管理性文件可以认为具有效力性强制性规范的效力，或者说可以按照效力性强制性规范对待、适用。比如，在建设工程施工合同签订时，约定的人工工资单价低于建设行政主管部门发布的当地最低工资单价的是否应当强制调差，就属于这种情况。对此，有三种不同观点。

观点一为应强制予以调差。低于建设行政主管部门发布的当地最低工资标准，属于违反强制性规范，应认定为无效。

观点二为不应强制调差。低于建设行政主管部门发布的当地最低工资标准并不违反法律的效力性强制性规定，只要该费用计算在整体工程款中，整个工程价款合理，可以从约定。如果没有违反法律、行政法规的效力性强制性规定，即使约定的人工工资单价低于建设行政主管部门发布的最低工资标准，该约定也有效。

观点三为区分为以下两种情况，确定是否强制调差：（1）建设工程施工合同签订时，约定的人工工资标准低于当地当期规定的定额最低人工工资标准，该约定无效，应当按照合同签订时的定额标准予以强制调差。（2）建设工程施工合同签订时约定的人工工资标准不低于当地当期规定的定额最低人工工资标准，但低于之后施工期发布的新的定额标准，该约定并不当然无效。如果合同对调差有约定，按约定执行。如果没有约定或约定不明，也应按照之后的施工期发布的新的定额标准予以强制调差。

审判实践中通常认可和采用第三种观点。比如，《湖南省住房和城乡建设厅关于发布2014年湖南省建设工程人工工资单价的通知》规定，发包单位与承包单位签订施工承包合同时，其工资单价不得低于合同签订时发布的当地最低工资单价。已签订的施工合同，其工资单价低于之后施工期发布的当地最低工资单价时，由发包单位与承包单位协商签订补充协议予以调整。虽然该文件属于管理性规范，并非效力性强制性规定，但司法实践中通常认为，投标单位编制工程投标报价时，其最终体现的工资单价低于发布的当地最低工资单价，其投标报价将按照低于成本价的规定处理。因此，当合同签订时约定的人工工资标准低于当地当期规定的定额最低人工工资标准时，该约定应当认定为无效，应按合同签订时的定额最低人工工资标准予以调差。

也就是说，只有在签订合同时约定的人工工资单价低于当地规定的定额最低人工工资标准的，约定才无效。如果签订合同时约定的人工工资单价未低于当地规定的定额最低人工工资标准，由于政策调整后低于当地规定的定额最低人工工资标准，则该风险应属于签订合同双方应考虑到的风险，一般不予调整。如果合同约定不调差，按约定执行。

如果没有约定或约定不明，则应按照施工期发布的新的定额标准予以强制调差。

认定人工工资单价低于签订合同时的定额最低人工工资标准的合同约定无效，是审判实践的通常做法。

根据《民法典》第8条的规定，民事主体从事民事活动，不得违反法律，不得违背公序良俗。根据《民法典合同编通则解释》第17条第1款的规定，合同虽然不违反法律、行政法规的强制性规定，但是有下列情形之一，人民法院应当依据民法典第153条第2款的规定认定合同无效：（1）合同影响政治安全、经济安全、军事安全等国家安全的；（2）合同影响社会稳定、公平竞争秩序或者损害社会公共利益等违背社会公共秩序的；（3）合同背离社会公德、家庭伦理或者有损人格尊严等违背善良风俗的。因此，分析认为，当事人签订合同时约定的人工工资标准低于当地当期规定的定额最低人工工资标准，虽不属违反法律、行政法规的强制性规定，但属于《民法典》第8条规定的违背公序良俗的行为，属于《民法典合同编通则解释》第17条第1款第2项规定的影响公平竞争秩序或者损害社会公共利益等违背社会公共秩序的行为，应认定无效。这是将管理性规范作为效力性强制性规范适用的法律依据。如果司法审判将"签订合同时低于当地规定的定额最低人工工资标准"情形，视为当事人的"真实意思表示"而不予强制调差，则必然损害招投标公平竞争秩序和社会公共利益，必然损害建筑工人基本的生存权益。

【典型案例】 （2024）湘民再151号

陈某新与华安公司、东方公司等建设工程施工合同纠纷

>> 基本案情

佳境天城小区（1~9号楼及地下室）项目由华安公司开发建设。2018年1月18日，陈某新向华安公司佳境天城小区一期工程部出具手写文件一份，载明："投标价：按招标条件确定的计价原则下调7%（不含发包方计提的4%），同意再下调0.6%。"2018年1月20日，华安公司（发包人）

与陈某新（承包人）签订《建筑工程施工承包协议》，约定工程决算计价原则：（1）人工单价按《湖南省住房和城乡建设厅关于发布2014年湖南省建设工程人工工资单价的通知》规定的建筑工程76元/工日，装修工程90元/工日计算；（2）社会保险费3.15%不计入工程价款；（3）承包人自行购买安全生产责任险和工伤保险；（4）发包人提取决算总额的4%用于承包人应上缴施工企业的管理费、施工企业的报建费和发包人已代建的施工场地临时设施费（不包括活动板房、洗车设备等承包人以20万元购买的部分）；（5）工程价款总额按工程结算计价原则总价下调7.6%计算。该协议还约定施工期内人工工资不调价。

>> 裁判摘要

本案审理过程中，依陈某新申请，一审法院依法委托鉴定机构对案涉工程造价进行司法鉴定，主要内容为根据陈某新与华安公司之间的争议问题，单独列出争议造价金额如下：（1）人工工资价差调整问题。若按照合同约定的《湖南省住房和城乡建设厅关于发布2014年湖南省建设工程人工工资单价的通知》规定的建筑工程76元/工日，装修工程90元/工日，一期调整为施工当期人工工资按《湖南省住房和城乡建设厅关于发布2017年湖南省建设工程人工工资单价的通知》规定的建筑工程80元/工日，装修工程100元/工日，与鉴定结论相比须增加造价1672940.3元；二期调整为施工当期人工工资按《湖南省住房和城乡建设厅关于发布2019年湖南省建设工程人工工资单价的通知》规定的建筑工程100元/工日，装修工程130元/工日，与鉴定结论相比需增加造价5171594.16元。（2）社会保险费是否计取问题。因一期工程开工日期为2018年5月10日，若计取此项社会保险费，参照《湖南省住房和城乡建设厅关于调整园林苗木等综合税率和社会保险费计费标准的通知》费率应为3.15%，与鉴定结论相比需增加造价3178657.98元；二期工程开工日期为2019年9月，若计取此项社会保险费，参照《湖南省住房和城乡建设厅关于调整建设工程社会保险费计费标准的通知》费率应为2.84%，与鉴定结论相比需增加造价1613096.15元。（3）发包人提取4%用于管理费、施工企业报建费和发包人已代建的施工场地临时设施费问题。鉴定结论中一期已扣除4%

的管理费及施工企业报建费，合计造价金额为4208994.88元；二期已扣除的4%管理费及施工企业报建费，合计造价金额为2439912.22元；发包人代建的施工场地临时设施费200000元也已扣除。（4）7.6%的优惠率问题。若7.6%的优惠率不在总造价中扣除，与鉴定结论相比一期须增加造价8711395.76元，二期须增加造价5030388.63元。（5）关于二期按实结算问题。二期若按实结算，工程总造价为72812884.32元，比鉴定结论增加造价14254991.16元。

一审法院认为：华安公司与陈某新签订的《建筑工程施工承包协议》是双方的真实意思表示，双方均应遵守，合同第5条对工程价款的计价依据、取费及计税依据作出了明确约定，应当参照该约定计算工程造价。双方在协议中明确约定社会保险费3.15%不计入工程价款，由承包人自行购买安全生产责任险和工伤保险，发包人提取决算总额的4%用于承包人应上交施工企业的管理费、施工企业的报建费和发包人已代建的施工场地临时设施费（不包括活动板房、洗车设备等承包人以20万元购买的部分），工程总额按工程结算计价原则总价下调7.6%计算。陈某新主张工程造价中人工工资应当按照《湖南省住房和城乡建设厅关于发布2017年湖南省建设工程人工工资单价的通知》规定的"建筑工程80元／工日、装修工程100元／工日"计算。根据查明事实，《湖南省住房和城乡建设厅关于发布2017年湖南省建设工程人工工资单价的通知》（湘建价〔2017〕165号）于2017年8月15日发布，而陈某新与华安公司在2018年1月20日签订的《建筑工程施工承包协议》中仍明确约定按照《湖南省住房和城乡建设厅关于发布2014年湖南省建设工程人工工资单价的通知》规定的"建筑工程76元、装修工程90元"计算人工单价，属于当事人协商一致后的真实意思表示，在协议对人工单价计价标准已经作出明确约定的情况下，陈某新主张按照湘建价〔2017〕165号文件计算人工单价没有事实依据，不能成立。陈某新又主张工程造价应计取社会保险费、不予扣除4%管理费等、不予下调7.6%，该三项主张与双方在协议中的约定相违背，不予支持。

二审法院认为：（1）关于人工单价是否调差。《建筑工程施工承包协议》签订于 2018 年 1 月 20 日，合同约定人工单价按《湖南省住房和城乡建设厅关于发布 2014 年湖南省建设工程人工工资单价的通知》规定的建筑工程 76 元 / 工日、装修工程 90 元 / 工日计算，施工期内人工工资不调价。一期工程开工日期为 2018 年 5 月 10 日，施工当期适用的是湘建价 2017（165）号文件，该文件规定建筑工程 80 元 / 工日、装修工程 100 元 / 工日。本院认为，一期工程合同签订时约定适用的《湖南省住房和城乡建设厅关于发布 2014 年湖南省建设工程人工工资单价的通知》，低于施工当期适用的 2017（165）号文件规定的人工工资标准，合同结算条款约定无效，应按合同签订时的定额标准予以强制调差，也即一期工程人工工资应调整适用《湖南省住房和城乡建设厅关于发布 2017 年湖南省建设工程人工工资单价的通知》规定的标准计算，根据鉴定意见，一期工程须增加造价 1672940.3 元；关于二期工程的人工工资，签订合同时《湖南省住房和城乡建设厅关于发布 2019 年湖南省建设工程人工工资单价的通知》尚未发布，其后《湖南省住房和城乡建设厅关于发布 2019 年湖南省建设工程人工工资单价的通知》发布属于政策调整，该风险应属于签订合同时双方应考虑到的风险，不应予以强制调差，陈某新主张二期工程人工工资据实结算按照《湖南省住房和城乡建设厅关于发布 2019 年湖南省建设工程人工工资单价的通知》的标准调整，不予支持。（2）关于管理费是否应当扣除。陈某新实际借用东方公司的资质施工，东方公司实际参与了工程的全部流程，各方当事人亦认可东方公司实际进行了工程的管理。《建筑工程施工承包协议》约定华安公司收取 4% 的管理费，该条款属于结算条款，合同无效并不导致结算条款无效。华安公司实际履行了报建义务，交纳了相应的报建费，且向东方公司支付了部分管理费，从双方真实意思表示及权利义务对等原则的角度考量，陈某新无须另行向东方公司支付管理费，东方公司与华安公司就管理费另行结算，故应支持扣除 4% 的管理费。（3）关于社会保险费用的负担及工程价款是否下调。合同明确约定由承包人自行购买安全生产责任险和工伤保险，社会保险费 3.15% 不计入工程款，工程价款按工程结算计价原则总价下调 7.6%，系双方协商一致后的真实意思表示，属于结算条款，陈某新与华安公司作为平等的民事主体,按照《建筑工程施工承包协议》约定的结算方式进行计算,符合双方当事人订立合同时的真实意思表示,应按照合同约定执行,故陈某新关于社会保险费用由华安公司负担及工程价款不下调的上诉主张,缺乏事实和法律依据,不予支持。

再审法院审理认为,关于案涉工程人工单价调整的问题。案涉《建筑工程施工承包协议》签订于2018年1月20日,约定人工单价按《湖南省住房和城乡建设厅关于发布2014年湖南省建设工程人工工资单价的通知》规定的建筑工程76元/工日、装修工程90元/工日计算,施工期内人工工资不调价。但一期工程开工日期为2018年5月10日,施工当期适用的是湘建价2017(165)号文件,该文件规定建筑工程80元/工日、装修工程100元/工日,该约定低于当期最低人工工资标准。湘建价2017(165)号文件规定的最低人工工资标准属于行业强制性标准,低于该标准可能导致低于成本价承包施工,实质上危及建筑行业秩序和社会稳定,进而损害社会公共利益,原审法院以湘建价2017(165)号文件规定的最低人工工资标准强制调差符合法律规定。虽签订合同时《湖南省住房和城乡建设厅关于发布2019年湖南省建设工程人工工资单价的通知》尚未发布,但一期、二期工程计价应适用同一标准,故二期工程亦应适用湘建价2017(165)号文件规定的最低人工工资标准,原审法院仍以《湖南省住房和城乡建设厅关于发布2014年湖南省建设工程人工工资单价的通知》规定的建筑工程76元/工日、装修工程90元/工日计算二期工程系错误,经核算,按湘建价2017(165)号文件规定的最低人工工资标准计算,与鉴定结论相比,须增加造价990932.06元,该部分款项应计入陈某新施工的总造价中。

关于管理费、下调条款、社会保险费问题。

1.关于管理费问题,陈某新与华安公司签订的《建筑工程施工承包协议》约定了4%的管理费。合同无效,合同约定的管理费的性质为非法利益,原则上不予支持。但陈某新与华安公司约定的4%管理费,除陈某新向东方公司支付的管理费外还包含施工企业报建费、发包人已代建的施工场地临时设施费。经查,华安公司实际向东方公司支付了103万元管理费，履行了报建义务，代付材料款、购房款抵账等，亦对工程进行了管理，结合以上事实，二审法院扣除4%的管理费并无明显不妥。

2. 关于下调条款问题，案涉《建筑工程施工承包协议》约定工程款按工程结算总价下调7.6%，并不属于明显不合理的情形，虽然合同无效，但该约定内容性质是结算条款，可在折价补偿中参照适用。据此，原审法院对陈某新关于工程款不应下调的主张不予支持符合法律规定。

3. 关于社会保险费问题，案涉《建筑工程施工承包协议》约定3.15%的社会保险费不计入工程款。再审法院认为，社会保险费属不可竞争费用，不可竞争费用是指在建设工程造价中须列项且必须按照计价程序、计价费率计取的费用，该费用不做竞价、不参与竞争，且自2016年后应由发包人直接支付给承包人，计入工程款。故《建筑工程施工承包协议》关于3.15%的社会保险费不计入工程款的约定，属变相降低成本。案涉工程系经过招投标程序，双方约定对该不可竞争费用的让渡变相排除了其他投标人，符合《民法典》第145条"行为人与相对人恶意串通，损害他人合法权益的民事法律行为无效"的规定所规制的情形。而案涉工程系由陈某新组织施工，所涉社会保险费由陈某新承担，案涉工程质量合格，在合同约定工程款按工程结算总价下调7.6%的基础上，再扣除3.15%的社会保险费，亦有失公平。根据一审鉴定结论"一期工程开工日期为2018年5月10日，若计取此项社会保险费，应参照《湖南省住房和城乡建设厅关于调整园林苗木等综合税率和社会保险费计费标准的通知》费率为3.15%，与鉴定结论相比增加造价3178657.98元；二期工程开工日期为2019年9月，若计取此项社会保险费，应参照《湖南省住房和城乡建设厅关于调整建设工程社会保险费计费标准的通知》费率为2.84%，与鉴定结论相比增加造价1613096.15元"的内容可知，案涉工程社会保险费金额为4791754.13元（3178657.98元＋1613096.15元），该金额应计入应付工程款。

综上所述，我们以表格的形式，将不同情形下人工费调差的原则总结如下（见表2-1）。

表2-1 不同情形下人工费调差的原则

不同具体情形			具体处理原则
正常工期	约定可调差		合同有效，按照合同约定进行调差
			合同无效，参照合同约定进行调差
	约定不调差		合同有效，不调差
		合同无效	参照合同约定不调差
			因合同无效，相应条款无效，按照调差文件进行调差（不同观点）
	未约定或约定不明		无论合同是否有效，均可按照调差文件进行调差
因发包人原因工期延误			合同如有约定，按照约定调差；合同如无约定、约定不明或约定不可调差，则均可按照调差文件进行调差

此外，我们以表格的形式，将不同情形下材料费调差的原则总结如下（见表2-2）。

表2-2 不同情形下材料费调差的原则

不同具体情形		具体处理原则
正常工期	约定可调差	合同有效，按照合同约定进行调差
		合同无效，参照合同约定进行调差
	约定不调差	合同有效无效，均不调差
	未约定或约定不明	无论合同是否有效，均可按照调差文件进行调差
因发包人原因工期延误		合同如有约定，按照约定调差；合同如无约定、约定不明或约定不可调差，则均可按照调差文件进行调差
情势变更		
材料价格大幅上涨超出市场价格正常波动范围		合同有效无效均可按照调差文件调差

对于人工费、材料费是否调差的具体情形，我们解读如下：

1. 合同有效，合同约定人工费调差的，从其约定。建设工程施工合同有效，当事人在合同中约定人工费调差的，建设行政主管部门发布人工费调整文件后，依据《民法典》第509条第1款"当事人应当按照约定全面履行自己的义务"的规定，按照当事人在合同中的约定进行人工费调差。

2. 合同无效，合同约定人工费调差的，可以参照约定执行。根据《民法典》第793条第1款的规定，建设工程施工合同无效，但是建设工程经验收合格的，可以参照合同关于工程价款的约定折价补偿。工程价款包括人工费。故虽然建设工程施工合同无效，但建设工程经验收合格，合同明确约定的政策性调整、造价管理部门调整价格时予以调整的内容，属于关于工程价款的清理与结算条款，该约定系双方当事人的真实意思表示，人工费可以参照约定执行人工费调差。

3. 合同有效，合同约定人工费不予调差的，从其约定。建设工程施工合同有效，约定人工费不予调差的，在建设行政主管部门发布人工费调整文件后，依据《民法典》第509条的规定，当事人应当遵循诚实信用原则，全面履行合同约定的义务。在合同有效的情况下，当事人的约定是真实意思表示，应当按照约定不予调差。

4. 合同无效，合同约定人工费不予调差的，是否调差，存在两种裁判规则：一是参照合同约定，不予调差。根据《民法典》第793条第1款的规定，建设工程施工合同无效，但是建设工程经验收合格的，可以参照合同关于工程价款的约定折价补偿。"约定人工费不调差"的内容属于合同关于工程价款结算的约定，可以进行参照。根据《建筑安装工程费用项目组成》（建标〔2013〕44号）第1条第1项的规定，工程价款包括人工费。故虽然建设工程施工合同无效，但建设工程经验收合格的，可以参照约定不予执行人工费调差。二是建设工程施工合同无效，合同约定人工费调差条款亦无效，可按照调差文件进行调差。如最高人民法院（2018）最高法民终416号民事判决书的观点：从上述内容看，该条确实未将人工费列为可调整范围，但因该合同无效，该条款亦无效，对双方当事人无约束力。另外，人工费一般属于政策性调整的范围，行政主管部门发布的人工费调整文件具有普遍约束力，鉴定机构据此对人工费差价进行调整，不违背法律及政策的规定，对双方当事人亦公平。故一审将人工费差价纳入工程款范围，并无不当，予以维持。

主流观点认为，建设工程施工合同无效，合同约定人工费不予调差条款属于工程价款清理与结算条款，可参照合同约定不调差。

5. 合同约定工程价款计价采用固定价方式是否应予调差。当事人双方明确约定劳动力价格上涨风险已包含在工程价款内，属于合同约定的工程价款清理与结算条款，承包人要求发包人支付人工费调差价的，一般不予支持。但对于合同约定价之外增加的工程量部分，如果合同对此没有约定，则应予以调差。

6. 签订建设工程施工合同时，虽然当事人约定人工费应执行国家调价政策，但承包、发包双方在国家调价政策发布后又通过签订补充协议或会议纪要等形式，明确对人工费不予调差的，应按补充协议、会议纪要的约定不进行调差。

7. 招标文件中确定工程建设过程中不对人工工资进行调整的内容，不属于合同格式条款，投标人以该条款属于格式条款应为无效，要求对人工费进行调差的理由不成立。招标文件中关于人工工资不另行调整的规定，是对特定工程实行的统一标准，是针对一个特定工程项目中的计价标准，对参与投标单位都是予以平等规制，不属于重复使用同一合同条款的情形。投标时，承包人负有特别的注意义务，如果不同意该条款，投标人可以要求发包人修改，或者在发包人不同意修改的情况下放弃投标。

8. 合同有效，合同未约定人工费是否调差或者对人工费调差约定不明的，建设行政主管部门发布调差文件后，应按照调差文件对人工费进行调差。根据《民法典》第511条第2项的规定，价款或者报酬不明确的，按照订立合同时履行地的市场价格履行；依法应当执行政府定价或者政府指导价的，依照规定履行。因此，建设行政主管部门发布的调差文件属于政府定价或者政府指导价，故合同未约定人工费调差或者对于人工费调差约定不明的，根据《民法典》的规定可以按照调差文件对人工费进行调差。

9. 合同无效，合同未约定人工费调差或约定不明的，建设行政主管部门发布调差文件后，参照调差文件对人工费进行调差。最高人民法院（2019）最高法民申 4968 号民事裁定书认为，虽然双方实际履行的《建设工程施工合同》并未将人工费价差纳入工程款调整范围，但因该合同无效，该条款亦无效，对双方当事人无约束力。另外，人工费价差属于政策性调整，行政主管部门发布的人工费政策性调整文件，在工程建设行业具有一定的普遍约束力。在合同未明确约定人工费不得调整的情况下，鉴定机构依照地方政策性文件规定调整人工费价差，并不违背法律的禁止性规定，原审据此采纳鉴定机构意见并无不当。

【典型案例】（2023）湘民终 347 号

中建二局一公司与广泰公司建设工程施工合同纠纷

▶ 裁判摘要

关于人工费应否调增的问题。广泰公司认为案涉合同并未约定人工费属于可调项目，且调整比例为 30% 缺乏依据。二审法院认为，《总承包合同》专用条款第 12.3.1 条及第 12.3.6 条约定，案涉项目计价计量应遵守《建设工程工程量清单计价规范》（GB 50500—2013）的规定。该规范第 3.4.2 条规定，省级或行业建设主管部门发布的人工费调整应由发包人承担。第 9.2.1 条规定，招标工程以投标截止日前 28 天、非招标工程以合同签订前 28 天为基准日，其后因国家的法律、法规、规章和政策发生变化引起工程造价增减变化的，发包、承包双方应按照省级或行业建设主管部门或其授权的工程造价管理机构据此发布的规定调整合同价款。案涉工程施工过程中，《湖南省住房和城乡建设厅关于发布 2019 年湖南省建设工程人工工资单价的通知》，调整人工工资单价，且明确执行《湖南省住房和城乡建设厅关于发布 2019 年湖南省建设工程人工工资单价的通知》的工程，在该通知执行之日完成的工程量，其人工工资单价按投标人投标工资单价与投标当期适用的综合人工工资单价的比例进行调整。故根据合同内容可知，双方并未对"人工费用不予调整"作出明确约定，而且人工费的政策性调整系政府相关职能部门为保障建筑工人工资收入水平而作出，一审按《湖南省住房和城乡建设厅关于发布2019年湖南省建设工程人工工资单价的通知》规定的最新人工工资单价进行调增，符合公平原则，并无不当。

10. 国家定额对公路工程人工费调差未作规定的，可参照地方房屋建筑、市场工程定额规定计算调差。最高人民法院（2020）最高法民终912号民事判决书认为，工期延误是客观事实，在国家定额对公路工程人工费调差未作规定的情形下，鉴定机构参照相关规定计算调差符合相关规定及客观实际，一审采信鉴定意见，并无不当。

11. 由发包人原因导致工期延误且在工期延误期间人工费调整的，承包人可以向发包人主张该期间的人工费差价，但另有约定的从其约定。《民法典》第513条规定，执行政府定价或者政府指导价的，在合同约定的交付期限内政府价格调整的，按照交付时的价格计价。逾期交付标的物的，遇价格上涨时，按照原价格执行；价格下降时，按照新价格执行。逾期提取标的物或者逾期付款的，遇价格上涨时，按照新价格执行；价格下降时，按照原价格执行。参照该条法律规定，由发包人原因导致工期延误且在工期延误期间人工费调整的，承包人可以向发包人主张该期间的人工费差价。

固定价合同中，一般情况下不予调差。但由发包人原因导致工程迟延开工或逾期竣工，由此增加的人工费用属于损失，承包人有权要求发包人承担。该类合同正常工期内，因合同价款采用固定价，人工费属合同的风险包干范围，不因政府指导价的调整而发生变化。但由于发包方的原因导致的工期延长，延长期间的工程量难免遇到人工费调整的风险，由此造成的人工费损失，应由发包方承担。但承包人应对人工费差价损失所对应的工程量承担举证责任，若仅有整体工程量数据而无相应证据予以证明，或者无法区分工期延长期间的工程量，则不应予以支持。在无法区分的情形下，有的鉴定机构就按整体工程量计算人工差价，法院予以采纳，这显然是错误的。如果符合调差条件的，可以采用分段按比例计算的方法确定。

12. 合同约定不予调差，但法院基于情势变更可以进行调差。如案涉工程实际工期远超约定工期，施工合同关于合同有效期内不调整合同价格的约定不再具有适用前提，应按照政府文件调整合同价格。最高人民法院在其再审审理的李某明与新华晒北滩水电开发有限公司建设工程施工合同纠纷裁定书中认为，施工合同关于合同有效期内不调整合同价格的约定有其适用的前提条件。施工合同专用合同条款第37条的内容为："本合同工程在合同有效期，所有因人工、材料和设备等价格波动影响合同价格时，均不调整合同价格。"第38条的内容为："本合同工程工效期较短，合同实施期间，只有国家发布对企业税率进行调整时，才允许调整合同相关费用。除此之外，国家的法律、行政法规或国务院有关部门的规章和工程所在地的省、自治区、直辖市的地方法规和规章发生变更，导致承包人在实施合同期间所需的工程费用发生增减时，在合同有效期内均不调整合同价格。"由此可知，涉案工程费用不因价格波动而调整是以工程工期较短为基础的。本案合同约定工期为570天，但自2005年5月18日施工开始至2009年7月15日竣工，实际施工时间长达四年多，比约定的工期延长了近两倍，合同关于不调整价格的约定已失去了适用的前提。

【典型案例】（2015）湘高法民一终字第68号

白马桥公司与裕兴公司建设工程施工合同纠纷

» 基本案情

白马桥公司（乙方）与裕兴公司（甲方）先后签订了四份《建筑安装工程施工承包合同》，约定由白马桥公司承建裕兴公司的兴旺花园4栋、6栋、8栋、9栋。合同约定，工程按总造价包干后，除基础超深及设计变更项目外，无论是市场因素还是其他原因引起的材料和人工费的涨价，甲方不再增加造价，不计点工。

▶ 裁判摘要

根据《最高人民法院关于适用〈中华人民共和国合同法〉若干问题的解释（二）》第26条的规定，在合同依法有效成立后，全面履行前，因不可归责于当事人的原因，合同赖以成立的基础或环境发生当事人预料不到的重大变化，若继续维持合同的原有效力显失公平，受不利影响的一方当事人有权请求法院或仲裁机构变更或解除合同。根据本案的实际情况，白马桥公司可依据该条规定请求法院适用情势变更原则对双方约定的工程价款结算条款予以适当调整。理由如下：一是本案引起情势变更的事由发生在合同成立以后，全面履行之前。双方签订各栋号合同的日期在2005年年底和2006年年初，各栋号的合同工期均为6个月，但是本案工期延期长达五年半。双方签订合同是基于对当时建筑材料价格、人工工资水平和施工进度的判断，工期延长5年多，在此期间建筑市场的原材料价格、人工工资水平均有较大幅度的上涨。二是产生情势变更的原因不能归责于白马桥公司。本案工期不合理延长的主要原因是当地村民持续阻工及2006年夏天持续降雨引起的施工场地挡土墙未能及时修复，上述原因不能归责于白马桥公司。三是合同赖以成立的环境发生重大变化，按照原合同履行对白马桥公司显失公平。合同工期由约定的6个月延长5年多，原材料价格、人工费和机械费与签约时相比有较大幅度的上涨，因此，双方签订的施工承包合同赖以成立的环境发生了当事人预料不到的重大变化，若继续按照原合同约定的固定价款结算对施工方白马桥公司明显不利，一审根据本案事实适用情势变更原则进行审理并无不当。

根据上述案例，即使在合同已经明确约定人工费、材料费不予调差的情况下，下列情形可以进行调差：（1）由发包人原因导致工程未能按期开工或者出现工期延误等情况导致人工费、材料费大幅上涨。如果在此期间内出现人工费、材料费大幅上涨，发包人对此期间内人工费、材料费大幅上涨造成承包人施工成本增加负有责任，因为这超出了承包人在签订合同时能够合理预见的风险范围。(2) 情势变更可以突破合同约定，进行人工费、材料费调差。根据《民法典》第 533 条关于情势变更的规定，如果在承包人施工过程中，工程面临的客观环境出现了发包人与承包人在签订合同时均无法预见的重大变化，如发生地震等不可抗力事件，以致出现材料供应紧张或者材料价格上涨幅度过大等情况，已经对承包人继续履行合同产生较为不公平的后果，法院应当综合考虑案件的实际情况，如果认定构成情势变更，出于平衡各方利益的考虑，法院可以依据公平原则酌情对材料费进行调差。(3) 人工费、材料费上涨幅度已经超出市场价格正常波动的范围和当事人的合理预期。在此情况下如果对材料费调差完全不予考虑，既不符合客观事实，也可能造成双方权利义务明显失衡。

第四节　建设工程价款结算中的规费、税金问题

一、关于不可竞争性费用

（一）不可竞争性费用的概念和性质

不可竞争性费用，是指在建设工程造价中需列项且必须按照计价程序、计价费率计取的费用，该费用不做竞价、不参与竞争。根据《清单计价规范》的规定，建筑安装工程费用包含七项：人工费、材料费、工程设备和施工机具使用费（机械费）、企业管理费、利润、规费和税金。根据该规范第 3.1.5 条"措施项目清单中的安全文明施工费应按照国家或省级、行业建设主管部门的规定计价，不得作为竞争性费用"及第 3.1.6 条"规费和税金应按国家或省级、行业建设主管部门的规定计算，不得作为竞争性费用"的规定，不可竞争费用包括安全文明施工费、规费和税金三个部分。安全文明施工费所包括的环境保护费、文明施工费、安全施

工费、临时设施费四个部分必须计入工程造价，由发包人承担。规费是指根据国家、省级政府和省级有关主管部门规定必须缴纳的、应计入建筑安装工程造价的费用。规费包括社会保险费（包含基本养老保险基金、基本医疗保险基金、工伤保险基金、失业保险基金、生育保险基金，即劳保基金）、住房公积金及危险作业意外伤害保险、工程排污费等。劳保基金作为工程造价的组成部分，应由建设单位在领取建筑工程施工许可证前向建设主管部门预缴，由施工企业按规定向建设主管部门申请拨付。2016年后劳保基金直接由发包方支付给承包人，直接计入工程款。这些费用是工程成本的重要组成部分，具有强制性和不可协商性，必须严格按照行业标准和地方规定执行。税金是指国家税法规定的应计入建筑安装工程造价内的营业税、城市维护建设税、教育费附加和地方教育附加。随着税制改革的深化，增值税取代了营业税，成为建筑行业的主要税种，其税率的调整对工程造价有着直接的影响。在处理这些问题时，有以下几点需要注意：

1. 双方约定建设单位交纳的安全文明费返还款中的一定比例归建设方（发包方）所有，是否有效。安全文明费属于不可竞争性费用，对该约定是否有效的问题有不同的认识。根据不可竞争性费用的性质和特点，主流观点认为，不可竞争性费用不可约定，该约定违反了法律的强制性规定。因不可竞争性费用变相地降低了工程价款，即变相地降低了工程建设成本，排除了其他投标人的竞争，故应当无效。最高人民法院（2020）最高法民申2649号民事裁定书认为，规费和安全文明施工费系不可竞争费用，虽约定不予计取，但法院综合考虑后仍可计入工程价款。本案中，虽然双方当事人在预算几点说明中约定养老保险统筹费、四项保险费、安全文明施工费不予计取，但二审法院综合考虑养老保险统筹费、四项保险费、安全文明施工费系不可竞争性费用，且案涉工程质量合格，双方当事人约定工程造价既不计取人工费调差、贷款利息、四项保险、安全文明施工费、养老保险统筹费，还要在总造价基础上下调8%作为最终结算价等多种因素，在工程造价中计入养老保险统筹费、四项保险费、安全文明施工费，并无不当。

【典型案例】（2023）湘民终 347 号

中建二局一公司与广泰公司建设工程施工合同纠纷

>> **裁判摘要**

不可竞争性费用应否下调 8%。广泰公司主张《总承包合同》专用条款 12.3.6 条约定按总价税前下调 8% 进行工程结算，该约定是双方当事人的真实意思表示，因此双方对工程造价的结算可参照该约定进行。二审法院认为，不可竞争性费用是指在建设工程造价中须列项且必须按照计价程序、计价费率计取的费用，该费用不做竞价、不参与竞争。广泰公司提交了最高人民法院（2015）民申字第 2560 号民事裁定书作为类案，认为本案的不可竞争性费用应予下调。经查，该案有关不可竞争性费用下调部分的案情与本案存在不同。案涉合同约定按总价税前下调 8% 进行工程结算，同时在合同的 12.3.6 条约定，关于总价下调根据《清单计价规范》的规定来计算，故案涉项目计价计量应遵守《清单计价规范》的规定。该规范第 3.1.6 条规定：规费和税金必须按国家或省级、行业建设主管部门的规定计算，不得作为竞争性费用。而在最高人民法院（2015）民申字第 2560 号民事裁定书中，双方当事人在合同中仅约定"税前造价优惠 9%"，并未以《清单计价规范》作为结算依据，故本案不能参照适用该案例。二审法院认为，鉴于案涉合同的约定，以及不可竞争性费用系法律法规所规定的不可协商让渡的费用，故一审判决本案中不可竞争性费用不予下调并无不当。

2. 当事人对社会保险费用等的负担能否进行约定。规费、安全文明施工措施费、税金属于不可竞争性费用，社会保险费属于规费，必须在招投标报价中予以计取。如果不将社会保险费计入工程价款或者中标后以补充协议、承诺等方式减少或取消该费用，虽不违反法律、行政法规的强制性规定，但属于《民法典》第 153 条第 2 款规定的违背公序良俗、《民法典合同编通则解释》第 17 条第 1 款第 2 项规定的合同影响公平竞争秩序或者损害社会公共利益等违背社会公共秩序的行为，应认定无效。

【典型案例】 （2024）湘民终89号

大坤公司与意峰公司建设工程施工合同纠纷

》 裁判摘要

关于社会保险费。意峰公司主张本案社会保险费应当按照《湖南省住房和城乡建设厅关于取消建筑行业劳保基金与增加社会保险费有关事项的通知》所规定标准的30%计取，或按照大坤公司实际缴纳金额计取。二审法院认为，社会保险费在建设工程定额中是工程造价的重要组成部分，属于不可竞争性费用，当事人必须按规定计取，以保障施工人员的合法权益。并且，虽施工总承包协议第5条第5项约定："社会保险费（劳保基金）按湖南省住房和城乡建设厅《湖南省住房和城乡建设厅关于取消建筑行业劳保基金与增加社会保险费有关事项的通知》双方另行商议"，但双方并没有就此协商达成一致。因此，意峰公司主张按定额标准的30%计取，或按照大坤公司实际缴纳金额计取的主张不能成立，应不予支持。

【典型案例】 （2023）湘民终194号

浩宇公司与友阿公司建设工程施工合同纠纷

》 裁判摘要

关于工程排污费。《财政部、国家发展改革委、环境保护部、国家海洋局关于停征排污费等行政事业性收费有关事项的通知》（财税〔2018〕4号）规定，自2018年1月1日起，在全国范围内统一停征排污费，但对于2018年1月1日前的排污费，要抓紧开展相关清算、追缴，确保应收尽收。因案涉工程于该时间之前开工，仍需缴纳相应的工程排污费，故该费用应予计取。

关于临时设施费。住房和城乡建设部、财政部《建筑安装工程费用项目组成》规定：安全文明施工费包括环境保护费、文明施工费、安全施工费及临时设施费四项。《清单计价规范》第3.1.5条规定，措施项目中的安全文明施工费必须按国家或省级、行业建设主管部门的规定计算，不得作为竞争性费用。住房和城乡建设部关于发布国家标准《清单计价规范》第1567号公告规定："现批准《建设工程工程量清单计价规范》为国家标准……其中，第3.1.5、第3.1.6……条（款）为强制性条文，必须严格执行。"因此，临时设施费系建设工程施工项目计价中的不可竞争性费用，属于强制性规定，是建设单位必须向施工单位支付的费用，不得以任何形式予以降低或扣减。案涉合同通用合同条款第6.1.6条亦约定，安全文明施工费由发包人承担，发包人不得以任何形式扣减该部分费用。专用合同条款第8.2.1条虽另行约定修建临时设施的费用由承包人承担，但该约定将临时设施费排除在工程造价范围外，与合同通用条款内容存在冲突，亦变相扣减了安全文明施工费。因此，友阿公司关于在工程总造价中扣减临时设施费的上诉请求不能成立，依法不予支持。

（二）自然人作为实际施工人能否取得利润和规费

自然人作为实际施工人能否取得规费，法律法规及司法解释没有明确规定。最高人民法院（2021）最高法民终412号民事判决书认为，实际施工人应得工程价款的间接费中不应扣除企业管理费、规费和利润。因企业管理费与实际施工人的资质无关，且潘某进在建设工程施工过程中实施了具体的工程管理，故管理费不应从潘某进应得工程价款中扣除。而规费作为政府和有关权力部门规定必须缴纳的费用，包括为职工缴纳的"五险一金"以及按规定缴纳的施工现场工程排污费等费用，因案涉工程由潘某进组织工人施工，所涉及的"五险一金"等应由潘某进承担，故规费不应从潘某进应得工程价款中扣除。至于利润，作为施工方的潘某进，其劳力费、材料费等已物化在建设工程的整体价值中，在潘某进完成的工程不存在质量问题的情况下，中铁十二局二公司的合同目的已实现，利润是潘某进理应获得的相应对价，如将该部分利润留给中铁十二局二公司，则基于同样一份无效合同，中铁十二局二公司将获得更多的非法利益，有违合同公平合理的基本原则，故利润亦不应从潘某进应得工程价款中扣除。

但最高人民法院也有案例认为，自然人作为实际施工人主张取得规费和企业管理费的，不予支持。理由是，根据《住房和城乡建设部、财政部关于印发〈建筑安装工程费用项目组成〉的通知》（建标〔2013〕44号）的规定，认定规费、企业管理费的缴纳义务人是企业而非自然人，而自然人没有施工资质和取费资格。因此，自然人作为实际施工人主张支付规费和企业管理费的，不予支持。

审判实践中通常认为，实际施工人能否取得建设工程利润、规费虽尚无明确规定，但实际施工人实际投入的材料费、劳务费已物化为案涉工程价值，在完成的建设工程不存在质量问题的情况下，其应当享有与工程价值相匹配的利润、规费。

【典型案例】 （2023）湘民终348号

武陵山公司、新茂公司与王某铨、林某
建设工程施工合同纠纷

》 **裁判摘要**

关于利润及税费的问题。武陵山公司上诉主张林某、王某铨实际施工人的身份不符合我国《建筑法》的强制性规定，工程结算中的利润部分不应支持。同时，林某、王某铨作为自然人没有开具专用发票的资格，相应税费应从工程造价中予以扣除。对此二审法院认为：首先，关于利润部分，目前我国现行法律法规及司法解释对于自然人作为实际施工人能否取得建设工程利润尚无明确规定，但如前所述，虽案涉新《总承包合同》因林某、王某铨借用新茂公司资质签订而应认定无效，但林某、王某铨作为案涉工程实际施工人，其实际投入的材料费、劳务费已物化为案涉工程价值，在武陵山公司未举证证明林某、王某铨完成的工程存在质量问题的情况下，武陵山公司作为案涉工程价值的实际享有人，其应当支付林某、王某铨实际完工的案涉工程价值的相应对价。现案涉工程价

值已经通过鉴定确定,包含了相应利润,如将该部分利润留给武陵山公司,则基于同样一份无效合同,武陵山公司将获得更多的非法利益,有违合同公平合理的基本原则。故武陵山公司主张应当将利润部分予以扣除,缺乏依据,二审法院不予支持。其次,关于税费部分。根据住房和城乡建设部、财政部《建筑安装工程费用项目组成》(建标〔2013〕44号)的规定,建筑安装工程费用项目按费用构成要素组成划分为"人工费、材料费、施工机具使用费、企业管理费、利润和税金",按工程造价形成顺序划分为"分部分项工程费、措施项目费、其他费用、其他项目费、规费和税金",即税金应属于工程价款的组成部分,案涉新《总承包合同》未约定税金由武陵山公司代扣代缴,仅《内部承包合同》约定了由林某、王某铨开具税费发票,由新茂公司代扣代缴,现武陵山公司主张从其应付的工程造价中扣减税金,无事实与法律依据,二审法院对其该上诉主张不予支持。

二、关于工程价款结算中的税费缴纳与承担

建设工程造价包括直接费用、间接费用、利润和税金,即税金属于工程价款的组成部分,应当由发包人承担。审判实践中,当事人对税金的缴纳与承担有不同理解,特别是在工程转包、违法分包及挂靠的情形下,关于税金承担与缴纳主体产生的争议则更为突出。

(一)缴纳税费是法定义务

根据《清单计价规范》第2.0.35条的规定,税金是指国家税法规定的应计入建筑安装工程造价内的营业税、城市维护建设税、教育费附加和地方教育附加。缴纳税费兼具公法义务与私法义务双重性质。开具增值税发票是由行政法规、规章规定的。国务院《增值税暂行条例》第21条规定:"纳税人销售货物或者应税劳务,应当向索取增值税专用发票的购买方开具增值税专用发票,并在增值税专用发票上分别注明销售额和销项税额。"财政部《发票管理办法》第35条规定,未按照规定开具发票

是违反发票管理法规的行为，对有这一行为的单位和个人，由税务机关责令限期改正，没收非法所得，可以并处1万元以下的罚款。据此，开具工程款发票是承揽人的税法义务，该项义务的履行关系到国家的税收征管秩序，因而属于公法义务。

公法义务的履行涉及合同当事人的私法利益，表现为如果承包人不开具增值税发票，发包人将因不能抵扣进项税款而遭受纯粹经济利益损失。故发包人向施工人提出履行要求，给付工程款发票义务也可作为合同义务，纳入私法义务的范畴。

（二）税费缴纳、承担不受合同效力的影响

建设工程施工合同履行中开具工程款发票义务，是承包人或其他合同主体的法定义务，不受合同效力影响，不因合同无效而可以免除。

（三）发包人不能以承包人未开具发票为由拒付工程款

在工程款给付纠纷案中，承包人请求发包人支付工程款及利息，但发包人常以承包人未开具工程款发票作为先履行抗辩理由，认为付款条件尚未具备，不应当支付工程款，更不应支付相应利息。对于这一问题，司法实践中意见较为统一，认为建设工程竣工验收合格，支付工程价款是合同主要义务，而开具发票是合同附随义务，所以在一方不开具发票的情况下，另一方不能以此为由拒绝履行合同主要义务即支付工程价款。

即使当事人明确约定一方支付工程款时，另一方应先提供相应发票，一方不开具发票另一方亦不能拒绝支付工程款。根据前述分析，工程竣工验收合格，发包人应当支付工程款，不能以未开具工程款发票为由拒绝履行合同主要义务即支付工程款。但作为支付工程款的一方可以在应付工程款中扣除开具发票的费用，而非拒绝全部应付工程款的支付。这样可以避免发包人给付工程款后尚须另行追究承包人的缴税义务，而扣除相应税金后发包人即可进行代扣代缴。

（四）发包人与承包人约定工程款"不含税"时，承包人的进项税额核减利益应由发包人享有

在发包人与承包人约定工程款采用"不含税"的计价方式时，往

往会产生进项税额抵扣及抵扣利益由谁享有的问题。处理的原则是，有约定从约定，无约定的应由发包人享有。承包人在合同履行过程中采购原材料、设备等形成的进项税额核减机制直接影响发包人最终承担的税费数额。进项税额系承包人在申报增值税纳税时予以抵扣的税费，双方约定不含税，则进项税额的抵扣，减少的是发包人的税费负担。承包人的有效进项税额越多，意味着发包人应承担的增值税越少。因此，双方约定工程款"不含税"时，发包人可以通过进项税额抵扣手段来抵扣增值税费。司法实践中，工程计价方式约定为不含税，当发包方提出要求从应付工程款中或已付增值税费中扣除承包人已支付材料的进项税额时，人民法院在审理过程中需考量以下因素：一是抵扣的材料进项税额须有证据支持且抵扣数额能确定。双方约定工程款计价方式不含税，即发包人缴纳增值税后，承包人向税务机关申请材料费进项税额抵扣，该抵扣利益应当归属于发包人，发包人请求人民法院予以扣减进项税额的，应予以支持。二是承包人应当将进项税额税票及时交与发包人进行进项税额抵扣。进项税额税票一般由承包人持有，发包人主张抵扣材料进项税额，承包人应当提交该税票，人民法院应当支持发包人请求扣减的主张并据实予以扣减。各种材料的进项税率不同，抵扣的税率也不同，即在发包人承担了相应税率的税费后，承包人可以持材料税票向税务机关申请抵扣，该抵扣的税额利益应当归属于发包人。三是发包人应及时督促承包人提供进项税额税票。双方约定工程款计价方式不含税，承包人未提供可以抵扣的进项税费税票，发包人也不能明确该进项税的具体数额，发包人主张进项税额抵扣的，人民法院难予支持。如果发包人申请向税务机关调取承包人相关进项税额证据的，人民法院应予支持。

三、涉及实际施工人情形下的税费缴纳与承担

要充分保障税收缴纳，不能因审判环节导致税收流失。

（一）坚持合同相对性原则

实际施工人向发包人主张权利，其主张的范围是其与承包人之间的合同约定。这种情形下，一般发包人与承包人之间已经就税费承担问题进行了明确约定，或明确约定由发包人代扣代缴，或明确约定由承包人、转包人缴纳并向发包人提供税票。如果承包人将该义务转移至实际施工人，则发包人对承包人的抗辩应及于实际施工人。根据合同相对性原则，实际施工人向发包人主张的工程款不应超出发包人向承包人支付工程款的范围，故实际施工人向发包人主张的工程款应扣除相应税费。因为实际施工人不是纳税主体，在发包人与承包人已约定由承包人缴纳或由发包人履行代扣代缴义务的情形下，直接从发包人欠付的工程款中扣除相应税费由发包人代扣代缴，可以免去不必要的麻烦。这种情况下，承包人或实际施工人对该代扣代缴部分不需要再向发包人提供发票。

（二）当事人有约定情形的处理

如果承包人与发包人约定由发包人代扣代缴，则由发包人承担缴纳义务。如果工程转包或挂靠的，承包人与实际施工人约定由被挂靠人或转包人代扣代缴，则缴费义务主体应当是被挂靠人或转包人，此时支付给实际施工人的工程款应扣除相应税费。代扣代缴后实际施工人不再具有提供发票义务。

（三）当事人无约定情形的处理

发包人与承包人之间签订的合同对于税费缴纳和承担没有约定，则发包人支付的工程款中原则上应包含实际应由承包人缴纳的税费，此时实际施工人主张的工程款中不应扣除税费（应支付合同全部价款）。借用资质即挂靠情形下，原理相同。但鉴于实际施工人不是纳税主体，一般应判决在欠付实际施工人的工程款中扣除相应税费，由发包人或承包人缴纳，实际施工人对该部分工程款不再需要向承包人提供发票。

【典型案例】（2022）湘民终 25 号

国信公司与尹某凤等建设工程施工合同纠纷

≫ 裁判摘要

关于税费问题，税金属于工程价款的组成部分，国信公司主张从工程造价中扣减税金无事实与法律依据；无论是国信公司提供的《内部承包施工合同》，还是尹某凤提供的《内部承包施工合同》均未约定税金代扣代缴，而是约定由尹某凤提供发票，国信公司再支付工程款，双方亦是据此实际履行的。故就已付工程款部分，国信公司主张扣减税金无事实与法律依据。针对欠付工程款部分，二审诉讼过程中，双方均同意此部分的税金由国信公司代扣代缴，该主张系双方对自身权利的处分，不违反法律、行政法规的强制性规定，二审法院予以确认。对于税率比例，尹某凤主张按照 9% 计取，国信公司主张按照 11% 计取。根据《湖南省住房和城乡建设厅关于调整建设工程销项税额税率和材料价格综合税率计费标准的通知》，建设工程销项税额税率计费标准由 10% 调整为 9%，故二审法院确认欠付工程款部分按 9% 扣减税金，扣减税金后，尹某凤不再向国信公司交付工程款税务发票。

四、建筑业增值税税率调整对工程款结算的影响

建设工程施工合同双方当事人因税率变化，在工程款结算中经常发生争议。处理的原则是：有约定按约定执行；无约定或约定不明，可以进行调整，并且由税率调增或调减产生的权利和义务，均应由发包人享有或承担。

1. 税率调整前承包人已开具发票，并且发包人也已支付了相应数额工程款的，则结算时工程造价中的税金不予调整。

2. 税率调整是否属于政策性风险，调增或调减的差额由谁享有和承担。我们认为，税率调整属于政策性风险，对于施工单位尚未开票的工程款部分工程的造价，应按实际开具增值税发票当期的增值税税率调整

计价结算。如果是分批支付工程款而未开具发票的，如遇税率调整，计算税金时应分段按比例计算。关于因税率调增或调减产生的权利和义务由谁享有或承担的问题，审判实践中有不同认识。最高人民法院（2020）最高法民申 4542 号民事裁定书认为，增值税税率的调整属于国家政策变更，不可归责于承包方，由此产生的税率下调利益应归属于承包方所有。倾向认为，由税率调增或调减产生的权利和义务，当事人有约定的按约定处理；没有约定的，均应由发包人享有或承担。因为税金属于工程款的组成部分，由于签订合同时税率是固定的，如遇税率上调，如果由承包人承担上调增加的费用，则变相减少了承包人的工程款；遇税率下调时，如果由承包人享有下调减少的费用，则间接增加了承包人应得的工程款。因此，税率调增或调减产生的差额，由发包人享有或承担，符合权利义务一致原则和公平原则。

【典型案例】（2023）湘民终 194 号

友阿公司与浩宇公司建设工程施工合同纠纷

≫ 裁判摘要

关于税金差额，友阿公司主张鉴定机构未按合同约定及时调整施工期间企业增值税率，应扣减多计算的税金 3303256 元。二审法院认为，案涉项目施工期间，国家对税率进行了调整，且从已开具的发票来看，实际缴税的税率亦存在变化，并非固定的 11% 的税率。而原鉴定意见系按《湖南省住房和城乡建设厅关于调整园林苗木等综合税率和社会保险费计费标准的通知》中规定的 11% 的税率计取税金，故应依据实际税率扣减税金相应差额。根据原审鉴定明细，"鉴定范围内工程造价"中涉及税金 40429982.41 元；对于"单列未包含在工程造价内的项目"，二审法院依法认定的总承包服务费项目未单独计算税金；对于"单列包含在工程造价内的项目"，二审法院依法认定应扣减的管井抹灰项目、施工同期材料价差涉及税金分别为 19224.20 元与 368849.55 元。故原鉴定意见计取的税金为 40041908.66 元（40429982.41 元 -19224.20 元 -368849.55 元）。而本案实际已开票金额为 337000000 元，已缴税金为 31120250.36 元。经计算，税金差额为 4490534.93 元（计算过程详见表 2-3）。

表 2-3 税金差额的计算明细 　　　　　　　　　单位：元

计算项目	具体计算明细	
鉴定范围内工程造价①（401819650.42）	管井抹灰造价②	191399.8
	施工同期材料价差③	3631832.72
	南北区模板费用④	1250000
	垂直运输费差额⑤	19594.06
	砂浆差额⑥	636876.74
	社会保险费差额⑦	217979.65
	税费差额⑧	X
总承包服务费⑨	2284395	
隐蔽工程缺陷核减造价⑩	3000000	
已开票金额⑪	337000000	
未开票金额①-②-③-④-⑤-⑥-⑦-⑧+⑨-⑩-⑪	58156362.45-X	
原鉴定意见计取的税金	40041908.66	
已缴纳税金	31120250.36	
未开票税金	(58156362.45-X)/(1+9%)×9%	

注：未开票金额的税率为 9%。故 X= 原鉴定意见计取的税金 -（已缴纳税金 + 未开票税金）= 税金差额 40041908.66 -［31120250.36+（58156362.45-X）/（1+9%）×9%］。经计算：X=4490534.93。

友阿公司虽上诉主张扣减的税金差额为 3303256 元，但其计算的税金差额系以一审认定的工程造价金额作为估算基数，且上诉请求中明确载明最终金额以对涉案工程造价进行重新鉴定后的数据为准。因此，二审法院在调整工程造价认定的基础上，依据实际税率扣减税金差额，并未超出友阿公司的诉讼请求范围。对该 4490534.93 元税金差额，二审法院依法予以认定。

计算税金差额说明：首先，需要确定原鉴定意见计取的税金。"鉴定范围内工程造价"中涉及税金40429982.41元；对于"单列未包含在工程造价内的项目"，二审法院依法认定的总承包服务费项目未单独计算税金；对于"单列包含在工程造价内的项目"，二审法院依法认定应扣减的管井抹灰项目、施工同期材料价差涉及税金分别为19224.20元与368849.55元。故原鉴定意见计取的税金为40041908.66元（40429982.41元-19224.20元-368849.55元）。其次，再计算税率调整对应的税金，两者的差额就是税金差额。税率调整缴纳的税金包含两部分：已开票实缴部分的税金31120250.36元（已开票金额337000000元）+未开票部分的税金（未开票金额×相应税率），其中，未开票金额=法院认定的工程造价-已开票金额。已开票金额已确定为3.37亿元，法院认定的工程造价=鉴定金额加上或减去法院对于争议项的认定金额。因此，法院认定的工程造价=①鉴定造价-②管井抹灰-③施工同期材料价差-④南北模区费用-⑤垂直运输费差额-⑥砂浆差额-⑦社会保险费差额-⑧税费差额（X）+⑨总承包服务费-⑩隐蔽工程缺陷核减造价。即法院认定金额为395156362.45-X，未开票金额=法院认定的工程造价（395156362.45元-X）-已开票金额337000000元=58156362.45元-X。未开票税金=未开票金额×相应税率，即（58156362.45元-X）/（1+9%）×9%。故税率调整缴纳的税金=已开票实缴部分的税金31120250.36元+未开票部分的税金（58156362.45元-X）/（1+9%）×9%，税金差额X=原鉴定意见计取的税金40041908.66元-税率调整缴纳的税金[31120250.36元+（58156362.45元-X）/（1+9%）×9%]，即：40041908.66元-[31120250.36元+（58156362.45元-X）/（1+9%）×9%]=X，经计算：X=4490534.93元。

关于社会保险费差额。友阿公司主张应按施工期间的实际费率计取社会保险费，鉴定机构未考虑费率调整，应扣减其多计算的480507元社会保险费。二审法院认为，案涉项目施工期间，湖南省住房和城乡建设厅对社会保险费费率进行了三次调整，应以实际的费率计取社会保险费。社会保险费系根据分项工程量金额按比例计取，但实际分项已完工程量无法具体量化到某一个时间点。双方当事人既无法举证证明费率调整时段对应的分项已完工程量及金额，亦无法提交实际缴纳社会保险费的相关票据。在此情况下，按照费率调整时间段占整个施工阶段的比例计取社会保险费，符合公平原则。案涉项目开工日期为2017年4月19日，竣工日期为2019年8月9日，总工期为843天；《湖南省住房城乡建设厅关于取消建筑行业劳保基金与增加社会保险费有关事项的通知》（费率3.18%）的效力截止日为2017年8月2日，从项目开工至该文件效力截止共106天，占总工期比例为106/843=12.6%；《湖南省住房和城乡建设厅关于调整园林苗木等综合税率和社会保险费计费标准的通知》（费率3.15%）的执行时间为2017年8月3日至2019年4月30日，共636天，占总工期比例为636/843=75.4%；《湖南省住房和城乡建设厅关于调整建设工程社会保险费计费标准的通知》（费率2.84%）的执行时间为2019年5月1日，截至竣工日期共101天，占总工期比例为101/843=12%。

根据原鉴定明细，"鉴定范围内工程造价"全按3.18%的费率计取的社会保险费为11037926.82元；对于"单列未包含在工程造价内的项目"，二审法院依法认定的总承包服务费项目系以分包合同为基数计算的费用，无法计算社会保险费；对于"单列包含在工程造价内的项目"，二审法院依法认定应扣减的管井抹灰项目与施工同期材料价差，全按3.18%的费率计取的社会保险费分别为5159.50元、102850.98元。故案涉项目全部按3.18%的费率计取的社会保险费为10929916.34元（11037926.82元－5159.50元－102850.98元）。根据费率调整时间段占整个施工阶段的比例，"鉴定范围内工程造价"中按3.18%的费率计取的社会保险费为1390778.78元（11037926.82元/3.18%×12.6%×3.18%），按3.15%的费率计取的社会保险费为8244081.76元（11037926.82元/3.18%×75.4%×3.15%），按2.84%的费率计取的社会保险费为1182932.53元（11037926.82元/3.18%×12%×2.84%），共计10817793.07元；对于"单列未包含在工程造价内的项目"，二审法院依法认定的总承包服务费项目系以分包合同为基数计算的费用，无法计算社会保险费；对于"单列包含在工程造价内的项目"，二审法院依法认定应扣减的管井抹灰项目，按3.18%的费率计取的社会保险费为650.10元（5159.50元/3.18%×12.6%×3.18%），按3.15%的费率计取的社会保险费为3853.56元

（5159.50元/3.18%×75.4%×3.15%），按2.84%的费率计取的社会保险费为552.94元（5159.50元/3.18%×12%×2.84%），共计5056.60元；对于应扣减的施工同期材料价差，按3.18%的费率计取的社会保险费为12959.22元（102850.98元/3.18%×12.6%×3.18%），按3.15%的费率计取的社会保险费为76818.04元（102850.98元/3.18%×75.4%×3.15%），按2.84%的费率计取的社会保险费为11022.52元（102850.98元/3.18%×12%×2.84%），共计100799.78元。故案涉项目按调整后的费率计取的社会保险费为10711936.69元（10817793.07元－5056.60元－100799.78元）。社会保险费差额为217979.65元（10929916.34元－10711936.69元），二审法院依法在工程总造价中予以扣减。

3. 合同约定采用含税的固定单价或固定总价方式计价，税率、规费调整时是否应当调整。合同约定采用固定单价或固定总价方式计价，且未对税率、规费调整作出具体约定，对发承包人主张当税率、规费发生政策性调整时，应在工程款中增加或减少因税率、规费调整的差额是否应予支持的问题，存在争议。根据建设工程固定价格合同的性质和特点，一般不应进行调整，特别是如果合同明确约定价款已包含合同履行期间税率、规费调整的风险因素，则更不应支持发包方、承包方要求对税率、规费进行调整的主张。但如果固定价格合同明确约定税率、规费发生政策性调整时须进行调整，则应按当事人的一致意思表示进行调整。

第五节　约定以财政评审、行政审计作为工程价款结算依据问题

财政评审即财政投资评审，是指财政部门对财政性投资项目的工程概算、预算和竣工决（结）算进行评估与审查，以及对使用科技三项费、

技改贴息、国土资源调查费等财政性资金项目的情况进行专项检查的行为。行政审计是审计机关对政府投资和以政府投资为主的建设项目的预算执行情况和决算进行审计监督的活动。政府投资项目由国家财政预算投资,涉及社会公共利益,因此需要对项目投资情况进行财政评审、审计,实施有效监督,故政府投资的工程建设施工合同一般情形下,均约定以财政评审、行政审计结论作为最终工程结算的依据。但实践中由于财政评审、审计行为还不够规范,有的财政审计结论不合理,有的迟迟不予审计,或久审不结,从而引发纠纷。

《第八次全国法院民事商事审判工作会议(民事部分)纪要(征求意见稿)》第49条规定:依法有效的建设工程施工合同,双方当事人均应依约履行。除合同另有约定,当事人请求以审计机关作出的审计报告、财政评审机构作出的评审结论作为工程价款结算依据的,一般不予支持。合同约定以审计机关出具的审计意见作为工程价款结算依据的,应当遵循当事人缔约本意,将合同约定的工程价款结算依据确定为真实有效的审计结论。但承包人提供证据证明审计机关的审计意见具有不真实、不客观情形,人民法院可以准许当事人补充鉴定、重新质证或者补充质证等方法纠正审计意见存在的缺陷。上述方法不能解决的,应当准许当事人申请对工程造价进行鉴定。虽然该纪要正式稿最终未予采用,但司法实践中对于是否以审计报告、财政评审结论作为工程价款结算依据,一般均以该条款作为指引。

2017年6月5日,《全国人民代表大会常务委员会法制工作委员会法规备案审查室关于对地方性法规中以审计结果作为政府投资建设项目竣工结算依据有关规定提出的审查建议的复函》(法工备函〔2017〕22号)明确:"地方性法规中直接以审计结果作为竣工结算依据和应当在招标文件中载明或者在合同中约定以审计结果作为竣工结算依据的规定,限制了民事权利,超越了地方立法权限,应当予以纠正。"

国务院2020年7月5日发布、自2020年9月1日起施行的《保障中小企业款项支付条例》第11条规定:"机关、事业单位和国有大型企业不得强制要求以审计机关的审计结果作为结算依据,但合同另有约定或者法律、行政法规另有规定的除外。"

可以看出，根据目前的相关规定，不得强制要求以审计机关的审计结果作为结算依据，也不得以未完成审计为由拒绝或拖延办理工程结算和支付工程款。

因此，有关意见认为，建设工程施工合同中未约定工程造价按照政府审计单位的审计意见或者财政评审机构的评审结论确定，一方当事人请求以政府审计单位的审计意见或者财政评审机构的评审结论确定工程造价的，人民法院不予支持。建设工程施工合同中约定工程造价根据政府审计单位的审计意见或者财政评审机构的评审结论确定，非因承包人的原因导致政府审计单位或者财政评审机构未在合理时间内出具审计意见或者评审结论，承包人申请司法鉴定确定工程造价的，人民法院应予准许。

一、审理涉及财政评审、行政审计案件的原则

根据上述规定精神，当事人约定以财政评审、行政审计结果作为工程价款结算依据的，应当按照约定处理。但财政评审审计部门无正当理由长期未出具审计结论，或审计结果存在漏项、采用了与合同约定不符的计价依据等不真实、不客观的情形的，经当事人申请，且符合具备进行司法鉴定的条件的，人民法院可以通过司法鉴定的方式确定工程价款。

建设工程施工合同中未约定工程造价按照政府审计单位的审计意见或者财政评审机构的评审结论确定，一方当事人不能要求按照政府审计单位的审计意见或者财政评审机构的评审结论确定工程造价。

即使建设工程施工合同中约定工程造价根据政府审计单位的审计意见或者财政评审机构的评审结论确定，但如果政府审计单位未在合理时间内出具审计意见，承包人又无过错的，其申请司法鉴定确定工程造价，人民法院应予准许。

《建工案件解答》第十三条 当事人约定以行政审计、财政评审作

为工程款结算依据的,按约定处理。当事人有证据证明审计结论不真实、客观,法院可以准许当事人补充鉴定、重新鉴定或者补充质证等方法对争议事实做出认定。

行政审计或财政评审部门明确表示无法进行审计,或在约定期限及合理期限内无正当理由未出具审计结论,当事人就工程价款结算无法达成一致申请司法审计鉴定的,应予准许。

因此,行政审计、财政评审部门未能按照发包方与承包方双方约定的期限出具审计意见或者在合理期限内未出具意见,或者审计、财政评审机构明确表示无法进行审计,可能导致发包方、承包方双方长时间无法形成结算文件,为避免双方当事人之间的纠纷长期处于不确定状态,人民法院可以准许当事人的司法鉴定申请。但需要注意的是,人民法院启动司法鉴定前,应当与审计、财政评审机构沟通确认未出具审计意见的具体原因。如果财政评审机构能及时出具审计意见,则原则上以财政评审意见作为结算依据。① 否则应根据当事人的申请启动司法鉴定,以司法鉴定意见作为结算依据。在司法鉴定过程中,行政审计、财政评审出具审计政评结论,是否要以该结论作为结算依据?如果当事人双方愿意接受该审计意见,为节约诉讼资源、提高诉讼效率,则应以该结论作为结算依据。

例如,在最高人民法院(2023)最高法民再2号再审申请人高某友与被申请人江苏山水公司、江北水城度假区住房和城乡建设局建设工程施工合同纠纷一案中,再审申请人高某友申请再审称,案涉工程竣工验收至今已近5年,审计久拖不决,发包人拖欠巨额工程款不支付。原审裁定关于其可待工程审计完毕后再行主张可以较好维护本案各方当事人合法权益的意见,纵容对方逾期付款违约行为,损害其合法利益。对此,最高人民法院再审认为,高某友以其系案涉工程实际施工人为由提起诉讼,请求判令江苏山水公司支付工程款,江北水城度假区住房和城乡建设局

---

① 参见肖峰、韩浩:《建设工程价款结算及其优先受偿权的若干实务问题》,载《人民司法》2021年第22期。

在欠付江苏山水公司工程款范围内承担责任，符合前述法律规定，原审法院依法应当进行审理。至于高某友所主张的施工事实及相应价款是否成立，可在实体审理时通过委托鉴定查明或依照证据规则依法认定并作出相应判决。原审法院虽对高某友提交的证据组织质证，但最终以工程审计没有完成、施工工程量及价款无法确定等为由驳回其起诉，显然不符合法律规定。至于原审法院认为高某友待工程审计完毕后再行主张可以较好维护各方当事人合法权益的意见，亦无事实和法律依据。

二、合同明确约定以财评审计审定结论作为结算依据的处理

建设工程施工合同明确约定，以财政评审最终审定结论作为结算依据，且未超过合理期限的，应当以当事人签订的合同约定为准。当事人拒绝以财政评审结论作为结算依据，申请司法鉴定确定工程造价的，人民法院不应支持。

【典型案例】 （2024）湘民申 54 号

中建五局三公司与望新公司建设工程施工合同纠纷

》 裁判摘要

再审审查认为，本案双方在补充协议中明确约定，望新公司退场后仅进行退场结算，合同内和合同外工程价款以市财政评审最终审定为准。且望新公司移交 23 份签证单时，中建五局三公司代表签收资料并签署"签证中金额以财政评审最终审定为准"的意见。因此，一审、二审法院以中建五局三公司签收资料为由，按照望新公司报送的 23 份签证单汇总表计算合同外工程价款，显然不当。另外，《民事诉讼法》第 176 条第 1 款规定，第二审人民法院对上诉案件应当开庭审理。经过阅卷、调查和询问当事人，对于没有提出新的事实、证据或者理由，人民法院认为不需要开庭审理的，可以不开庭审理。根据上述规定，二审以开庭审理

为原则，不开庭审理为例外，当事人二审提交新证据的，应当开庭审理。本案二审时，中建五局三公司提交了两份证据，二审法院未开庭审理，属于《民事诉讼法解释》第389条第2项规定的剥夺当事人辩论权利应当再审的情形。本案指令原审法院再审。

三、应当允许通过司法鉴定方式确定工程价款的情形

虽然当事人签订的合同明确约定以财政评审最终审定结论作为结算依据，但如果有财政评审部门无正当理由长期不出具审计结论，或者审计结果存在漏项、采用了与合同约定不符的计价依据等不真实、不客观情形的，当事人申请通过司法鉴定方式确定工程价款的，人民法院应当允许补充鉴定或者重新鉴定，不能仅以未经财政评审为由驳回当事人的诉讼请求。

【典型案例】（2020）最高法民终630号

黄某忠与郴投公司等建设工程施工合同纠纷

>> 裁判要旨

关于采用政府审核价格还是鉴定价格的问题。一般而言，当事人约定以审计部门的审计结果作为工程款结算依据的，应当按照约定处理。但审计部门无正当理由长期未出具审计结论，经当事人申请，且符合进行司法鉴定的条件的，人民法院可以通过司法鉴定的方式确定工程价款。本案中，郴投公司于2014年1月7日向市审计局出具《苏仙湖、王仙湖项目竣工结算报送审计的函》后，至黄某忠2017年提起本案诉讼，市审计局始终未作出审计结论，原审法院根据黄某忠的申请，委托进行造价鉴定，并无不当。

根据合同约定，结算造价采用审计结论的前提如下：一是审计部门按合同约定进行审计，二是根据《湖南省建设工程造价管理办法》规定的期限内完成审核。综合上述分析，无论是审计依据还是审计期限，郴

审报〔2018〕26号审计报告均非按照合同约定及相关规定作出，原审未将审计报告作为本案结算依据，并无不当。

四、财政评审部门出具财政评审意见的"合理期限"如何把握

根据《建工案件解答》第13条的规定，行政审计或财政评审部门明确表示无法进行审计，或在约定期限及合理期限内无正当理由未出具审计结论，当事人就工程价款结算无法达成一致申请司法审计鉴定的，应予准许。

最高人民法院入库案例，王某某诉宁夏某建筑公司、某市住房和城乡建设局建设工程施工合同纠纷案的裁判认为，施工合同中约定以政府审计结论作为工程价款结算依据的，人民法院不应当以政府未出具审计结论为由驳回承包人的起诉。案件实体审理过程中，如果审计部门未在合理期限内启动审计程序或者出具审计结论的，人民法院应当依法准许当事人的鉴定申请。

财政评审部门未在"合理期限"内出具审计意见，"合理期限"如何把握和认定，法律和司法解释并没有明确规定，审判实践中的认识也不一致，认定的标准不太明确。

【典型案例】（2023）湘民申6612号

赵某胜与鹤鸣公司建设工程分包合同纠纷

» 裁判摘要

2010年6月8日，鹤鸣公司签订工程投资代建承揽合同，2010年11月10日，原告赵某胜（乙方）与被告鹤鸣公司（甲方）签订《绿化施工协议》，约定甲方将其投资代建项目中的绿化工程项目发包给原告施工，双方约定在整个项目预算审核后，再根据财政评审价格按实际完成的工程量进行估算及支付，中间不再另行或者单独支付。2013年2月7

日，原告向被告出具承诺书，承诺在市财政局决算出来前不再向被告申请任何款项，保证不上访、不阻工等。审计局于 2015 年 10 月 9 日出具审计报告，最终审定结算为 3386147.73 元，原告赵某胜签字确认同意按 3386147.73 元结算，项目部加盖印章，但该工程项目至今都没有进行财政投资评审。

本案于 2021 年 1 月 22 日立案受理，于 2021 年 9 月 22 日作出一审判决，后又发回重审，于 2023 年 8 月 29 日作出终审判决。

一审、二审法院认为，赵某胜与鹤鸣公司签订的《绿化施工协议》为有效合同，双方应严格按照合同约定履行义务。协议第 2 条明确约定，最终计量以市财政局的审核核算为准；2013 年 2 月 7 日，赵某胜向鹤鸣公司出具承诺书，承诺在市财政局决算出来前不再向鹤鸣公司申请任何款项，保证不上访、不阻工等。根据合同约定及赵某胜出具承诺的事实来看，绿化项目的工程量应以财政决算为准，现项目未经财政评审，也无证据证实鹤鸣公司对此存在过错，故赵某胜向鹤鸣公司主张工程款缺乏依据，不予支持。

上述案件将近十年仍未出具财政评审结论，"十年"是否是在"合理期限"内。从常理上看，"十年"显然不属于"合理期限"，这超出了一般人的正常认知。财政部《财政投资评审管理规定》对于评审时间没有明确规定，但有的地区制订了本级财政评审管理办法，如根据《株洲市市本级财政投资评审管理办法》的规定，工程结算，应在项目完工验收 3 个月内送审；工程结算，原则上在 2 个月内完成评审，大型项目不超过 3 个月。因此，我们认为"合理期限"可以确定为：承包人向发包人提交相关结算资料后，发包人应当在 3 个月内报送财政评审；报送财政评审后超过 1 年仍未出具财政评审结论的，当事人有权通过申请司法鉴定的方式确定工程价款，人民法院不能仅以不具备结算条件为由驳回当事人的起诉或者诉讼请求。

第三章

关于建设工程施工合同纠纷案件涉及实际施工人问题的处理

第一节　建设工程实际施工人的审查、认定

一、建设工程实际施工人的概念和范畴

实际施工人是我国建筑市场和民事司法审判中存在的特有现象。我国建筑市场管理不规范，同业竞争严重，工程层层转包、违法分包、挂靠的情形较多，导致不符合《建筑法》规定的主体——包括不具有建筑业资质的法人、其他组织和自然人违法承建了大量的建设工程，他们是实际完成建设工程的"人"，被称为"实际施工人"。我国《民法典》《建筑法》《建设工程质量管理条例》等法律法规均没有"实际施工人"的表述。实际施工人这一概念，是伴随工程项目的非法转包、违法分包或挂靠经营等违法行为的出现而产生的。"实际施工人"最早于2004年提出，是最高人民法院制定建工司法解释时为了适应审判实践的需要而创制的概念，《建工司法解释（一）》第43条沿用了"实际施工人"的表述，有时则用"借用人"或"接受转包或违法分包的单位或者自然人"代替。

"实际施工人"是司法实践中拟制的法律概念，理论界和司法实务界对其内涵具有较为统一的认识。通常认为，"实际施工人"是指建设工程施工合同无效情形下，实际完成建设工程施工或者实际投入资金、材料和劳动力违法承包的单位和个人，具体包括违法的专业工程分包和劳务作业分包合同的承包人、转承包人、借用资质的承包人（挂靠承包人）；建设工程经数次转包的，实际施工人应当是最终实际投入资金、材料和劳力进行工程施工的法人、非法人企业、个人合伙、包工头等主体。也就是说，只有在转包（包括层层转包）、违法分包、挂靠的情形下，才会出现和存在实际施工人，即借用资质订立施工合同、转包以及违法分包合同中实际完成工程建设的三类主体才能认定为实际施工人。

由于不符合法律规定的实际施工人大量参与工程建设，致使建设工

程纠纷案件审理过程中审查认定案件事实、厘清各方主体法律关系难度更大，也大大增加了依法有效平等保护当事人各方合法权益的难度。

二、建设工程实际施工人审查、认定应考量的情形

建设工程领域实际施工人转包、违法分包、挂靠承揽建设工程的现象常见多发。因此，在审理建设工程施工合同纠纷案件的过程中，经常需要对是否存在实际施工人进行审查和认定，以便准确认定合同的效力，正确判定各方合同主体应享有的权利和承担的义务。对实际施工人的审查与认定，已成为人民法院审理建设工程纠纷案件的重点和难点。实际施工人的审查与认定是一项系统性的工作，涉及合同法、劳动法、建筑法等多个法律领域。通过严格的审查流程和专业的认定标准，不仅可以有效区分实际施工人与其他参与方的主体地位，还能为厘清后续出现的法律争议奠定坚实的基础，保障所有参与者的合法权益。通常可以根据以下几个方面的因素进行分析、判断：（1）审查施工人是否在合同签订前即与发包人进行联系、沟通、协商承建工程事宜。（2）审查施工人是否直接以被挂靠人名义参与投标、参与合同签订、办理有关施工手续、从事施工活动。（3）审查施工人是否存在组织工程施工管理、购买建筑材料、租赁施工机具、支付水电费等实际施工行为。（4）审查施工人对工程建设是否享有管理支配权，如对工程项目部人财物的独立管理支配权，对工程款是否直接支付给第三人（材料供应商、机具出租人、农民工等）的决定权，是否自主聘请财务人员、控制决定财务收支、发放工资等。（5）审查施工人是否在项目中存在投资或收款行为，如直接出资购买建筑主材、发放工资，直接收取发包人或转包人、违法分包人、被挂靠人支付的工程款。（6）审查施工人是否与转包人、违法分包人或出借资质的建筑施工企业之间存在劳动关系，包括发放工资、购买社会保险等。（7）审查转包人、违法分包人或出借资质的建筑施工企业是否只收取一定的管理费、代扣代缴税费规费等。（8）审查施工人是否与发包人形成了事实上的建设工程施工合同法律关系。（9）审查施工人是否全程参与施

工管理、签订补充协议、结算工程价款、参与工程纠纷的协调和诉讼案件的处理等。

【典型案例】（2022）湘民终 275 号

新康公司与第一医院建设工程施工合同纠纷

》裁判摘要

关于案涉《施工合同》及《补充协议》的效力问题。根据《建工司法解释（一）》第1条第1款的规定，建设工程施工合同具有下列情形之一的，应当根据《民法典》第153条第1款的规定，认定无效：（1）承包人未取得建筑施工企业资质或者超越资质等级的；（2）没有资质的实际施工人借用有资质的建筑施工企业名义的；（3）建设工程必须进行招标而未招标或者中标无效的。《建筑工程施工发包与承包违法行为认定查处管理办法》第9条规定："本办法所称挂靠，是指单位或个人以其他有资质的施工单位的名义承揽工程的行为。前款所称承揽工程，包括参与投标、订立合同、办理有关施工手续、从事施工等活动。"本案中，案涉项目前期的活动板房采购、施工期间的材料购销、器械租赁、水电劳务分包、工程造价咨询及后期的法律纠纷处理等所涉合同均有龙某辉的签名，新康公司虽辩称龙某辉系其公司项目商务经理，负责公司对外一切商事合同的订立，但《施工合同》中载明的项目经理系杨某，由杨某代表新康公司负责案涉项目。并且，《施工合同》已明确约定变更项目经理的程序要求，新康公司既未按约履行变更项目经理的手续，也未提交授权龙某辉代表公司对外签约的相关证据。同时，新康公司提交的公司工作人员工资发放表中并没有龙某辉的工资发放记录，且其在庭审中亦承认新康公司并未给龙某辉缴纳社会保险。故仅凭一份《聘用合同书》不足以证明龙某辉与新康公司之间存在劳动合同关系。此外，案涉项目部工作人员工资也由龙某辉个人账户发放，工资发放时间与项目施工时间重合。而龙某辉在案涉《施工合同》签订前就已经开始以新康公司名义采购项目部所需彩钢活动板房，为案涉项目开工作准备。因此，案涉项目部实际由龙某辉组建，项目所涉人、财、物亦由龙某辉安排、采购与分配，龙某辉明显系借用新康公司的资质从事案涉项目的施工等活动，是案涉项目的实际施工人，故案涉《施工合同》及《补充协议》均为无效合同。

该案认定龙某辉系案涉项目的实际施工人，判断的事实依据是：（1）案涉项目前期活动板房采购、施工期间的材料购销、器械租赁、水电劳务分包、工程造价咨询及后期法律纠纷处理等所涉合同均有龙某辉的签名；（2）新康公司提交的公司工作人员工资发放表中并没有龙某辉的工资发放记录，且其在庭审中亦承认新康公司并未给龙某辉缴纳社会保险；（3）案涉项目部工作人员工资由龙某辉个人账户发放，工资发放时间与项目施工时间重合；（4）龙某辉在案涉《施工合同》签订前就已经开始以新康公司名义采购项目部所需彩钢活动板房，为案涉项目开工作准备。

第二节　审判实践中不认定为实际施工人的情形

实际施工人是根据审判实践的需要拟制的法律概念，主要是指实施工程建设的自然人，但并没有相关规范予以明确规定。虽然最高人民法院通过裁判案例和会议纪要的形式，对哪些施工人是实际施工人以及实际施工人的范畴形成了一些共识，但案件审理中由于建设工程案件法律关系复杂，往往出现认定上的错误。如将从事劳务的农民工、未参与工程管理的合伙人、投资人等认定为实际施工人，导致案件处理结果不当。因此，并非所有参与到工程实施过程中的个体或组织都能被认定为实际施工人。

一、农民工能否认定为实际施工人

在建设工程项目中依附于承包人、违法分包人、劳务分包人仅从事劳务的农民工，不能认定为实际施工人。建筑行业俗称的"包工头"是否是实际施工人，要根据不同情况予以认定：如"包工头"既向转包人、违法分包人承担施工义务，又负责招工，对招来的农民工承担支付工资义务，应认定为实际施工人；如"包工头"只负责招工和管理，与农民工都直接从转承包人、违法分承包人处领取工资或由"包工头"代领、代发工资，则不应认定为实际施工人。

二、施工队、施工班组是否属于实际施工人

认定建设工程承包人与其雇用的施工队、施工班组之间的法律关系，以及施工队、施工班组的法律主体地位，要根据他们在建设工程中的地位和作用进行判断。如果施工队、施工班组不提供资金、机械设备、建筑材料，仅承担简单劳务，双方形成劳务合同法律关系，施工队、施工班组就不是建设工程施工合同法律意义上的实际施工人。如果施工队、施工班组承揽部分项目工程单独进行工程建设，则属于转包、违法分包或者挂靠的实际施工人。有的施工队、施工班组为了尽快获得劳动报酬，以实际施工人的身份提起诉讼，目的是突破合同相对性原则向发包人主张权利。

三、中间环节的工程转包人、违法分包人能否认定为实际施工人

对于这个问题，最高人民法院审判案例、法官会议纪要以及部分高级人民法院关于办理建工案件的解答，均有统一认识。通常认为，实际施工人是指无效建设工程施工合同的承包人，即违法的专业工程分包和劳务作业分包合同的承包人、转承包人、借用资质的施工人（挂靠施工人）；建设工程经数次转包的，实际施工人应当是最终实际投入资金、材料和劳力进行工程施工的法人、非法人企业、个人合伙、"包工头"等民事主体。中间环节的转包人、违法分包人没有进行具体的工程建设的，不是实际施工人。人民法院应当严格实际施工人的认定标准，不得随意

扩大适用范围，但也有不少案件把中间环节的转包人、违法分包人作为实际施工人对待，导致法律关系发生混乱，实体判决出现错误。

【典型案例】（2019）最高法民申 3522 号

陶某根与王某珍、九建公司等施工合同纠纷

▶ 裁判摘要

本案存在三次转包：第一次，王某珍将涉案工程转包于陶某根；第二次，陶某根转包于何某贵；第三次，何某贵转包于刘某勇、钟某春，后由刘某勇、钟某春实际施工。陶某根作为第二转包人，并未投入资金、材料、人力，其主张工程款缺乏事实根据。实际施工人制度旨在为实际完成施工的下游当事人提供一条主张权利的路径，基于公平正义理念，法律保护实际投入资金、材料、人力的下游当事人，但是并不保护倒卖合同、从中牟利的当事人。综上所述，陶某根的再审申请不符合法律规定，裁定驳回陶某根的再审申请。

四、劳务分包人是否为实际施工人

劳务分包人与承包人签订合法的劳务分包合同，组织施工队伍、购买施工辅材、小型机具进行劳务分包的活动，从事的仅是简单的劳务。劳务分包中的劳务费是指"人、材、机"中的人工及辅材、小型机具的费用，包工不包料，所以劳务分包人不是实际施工人。但如果是以劳务分包之名行转包、违法分包之实，则从事实际施工的"劳务分包人"应认定为实际施工人。

五、实际施工人的合伙人、实际出资人是否属于实际施工人

一般而言，未在承包合同上显名的实际组织施工的单位或个人、未

具体参与管理施工的实际施工人的合伙人、实际出资人不属于实际施工人，其单独起诉请求结算工程价款的，人民法院不予受理；已经受理的，裁定驳回起诉。实际施工人与其合伙人、实际出资人之间的关系属于合伙人、实际出资人之间的内部关系，与建设工程施工合同不是同一法律关系，他们之间各自的权利义务，应按照合伙协议等约定确定并另行处理。但是，如果显名合伙人在合理的时间范围内或者以实际行为表明不主张工程价款时，未在承包合同上显名或未具体参与组织施工的单位或个人等隐名合伙人，有基本证据证明与显名合伙人存在合伙关系时，为避免显名合伙人与发包人损害隐名合伙人的合法权益，应当赋予其诉权，属于隐名合伙人可以提起诉讼主张权利的例外情形。

【典型案例】（2024）湘民申 4097 号

华创公司与绿林公司、凯慕斯公司建设工程施工合同纠纷

> 裁判摘要

再审审查认为，绿林公司与凯慕斯公司签订《灯具购销合同》，该合同签字人为乐某嘉，且盖有绿林公司公章，绿林公司认可乐某嘉系案涉工程的负责人。乐某嘉与凯慕斯公司法定代表人丁某霖就案涉工程签订《工程项目施工合作协议书》，约定凯慕斯公司对案涉工程进行施工，凯慕斯公司与绿林公司之间形成建设工程施工合同关系。华创公司与凯慕斯公司签订《投资合作协议》，约定共同出资，按股份比例分配盈利、承担亏损，华创公司负责施工，凯慕斯公司负责与相关行政机关衔接工作，双方之间已形成对案涉工程合作施工的合伙关系。在绿林公司欠付案涉工程款的情形下，凯慕斯公司出具声明否认华创公司实际组织参与施工，在 2019 年 11 月 14 日完成竣工验收后其一直不向绿林公司主张工程款，至 2023 年长达 4 年的时间里，也没有其他主体主张工程款，根据《投资合作协议》由华创公司负责施工的约定，凯慕斯公司声明华创公司没有实际参与施工明显与事实不符。由此可知，凯慕斯公司以自己的行为表

明不向绿林公司主张工程款。因此，在一定的合理时间内，显名合伙人不主张工程款或以自己的行为表明不主张工程款的，为避免显名合伙人损害未在承包合同上显名或未具体参与管理施工的实际施工人的合伙人的合法权益，该未显名的合伙人有权主张工程款。未显名的合伙人与显名的合伙人系内部关系，该内部关系是未显名的合伙人主张权利的前提，人民法院应当对未显名合伙人与显名的合伙人之间是否存在真实的合伙关系进行适度审查。根据《民事诉讼法解释》第74条"人民法院追加共同诉讼的当事人时，应当通知其他当事人。应当追加的原告，已明确表示放弃实体权利的，可不予追加；既不愿意参加诉讼，又不放弃实体权利的，仍应追加为共同原告，其不参加诉讼，不影响人民法院对案件的审理和依法作出判决"的规定，当合伙双方之间存在真实的内部合伙关系，未显名的合伙人主张工程价款时，显名的合伙人应当作为必要共同原告参加诉讼。本案中，现有证据可以证明华创公司实际完成案涉工程的施工，基于华创公司与凯慕斯公司的合伙关系，在凯慕斯公司不向绿林公司主张权利的情形下，华创公司作为凯慕斯公司的合伙人可以直接向绿林公司主张权利，其具有原告主体资格。同时，应当追加显名合伙人凯慕斯公司为共同原告。原审法院驳回华创公司的起诉不当。

第三节 如何区分"农民工"与"实际施工人"不同法律主体及权益保护

为有效解决工程建设等领域拖欠农民工工资的问题，规范农民工工资支付行为，充分保障农民工按时足额获得工资，国务院制定发布了《保障农民工工资支付条例》（以下简称《工资支付条例》）。《工资支付条例》第四章对工程建设领域农民工工资支付问题，专门作出了特别规定。

《工资支付条例》第二十九条第一款、第二款　建设单位应当按照合同约定及时拨付工程款，并将人工费用及时足额拨付至农民工工资专用账户，加强对施工总承包单位按时足额支付农民工工资的监督。

因建设单位未按照合同约定及时拨付工程款导致农民工工资拖欠的，建设单位应当以未结清的工程款为限先行垫付被拖欠的农民工工资。

《工资支付条例》第三十条 分包单位对所招用农民工的实名制管理和工资支付负直接责任。

施工总承包单位对分包单位劳动用工和工资发放等情况进行监督。

分包单位拖欠农民工工资的，由施工总承包单位先行清偿，再依法进行追偿。

工程建设项目转包，拖欠农民工工资的，由施工总承包单位先行清偿，再依法进行追偿。

《工资支付条例》第三十六条 建设单位或者施工总承包单位将建设工程发包或者分包给个人或者不具备合法经营资格的单位，导致拖欠农民工工资的，由建设单位或者施工总承包单位清偿。

施工单位允许其他单位和个人以施工单位的名义对外承揽建设工程，导致拖欠农民工工资的，由施工单位清偿。

对于《工资支付条例》的适用范围，该条例第2条作了明确规定。根据该条的规定，保障农民工工资支付，适用本条例。本条例所称的农民工是指为用人单位提供劳动的农村居民。本条例所称的工资是指农民工为用人单位提供劳动所应当获得的劳动报酬。

从上述规定可以看出，依据《工资支付条例》向建设单位、总承包单位主张权利的主体是农民工，而非实际施工人；主张权利的范围仅限于工资，而非工程价款。

但在审判实践中，存在混淆"农民工"与"实际施工人"的概念、混淆"工资"与"工程款"的概念的情况，往往对于实际施工人请求支付工程欠款的案件，直接依据《工资支付条例》第29条、第30条的规定，判决建设单位、施工总承包单位承担先行清偿责任，从而导致随意扩大《工资支付条例》适用范围等适用法律错误的情形。

如果实际施工人的诉讼请求是要求支付工程价款，审理、判决案件时就应当适用《民法典》《建工司法解释（一）》等建设工程方面的法律、法规和司法解释，而不能直接适用《工资支付条例》。但还有不少案件在认定请求人是实际施工人且其请求为支付工程价款的场景下，仍然直接依据《工资支付条例》作出判决，适用法律明显错误。

下面所列案件存在两个方面的错误：一是直接适用《工资支付条例》不当；二是直接越过合同相对方及其前前手判决总承包人承担责任，而对实际施工人与合同相对方及其前前手、总承包人之间关于工程价款的支付等问题不予审理，认定系另一层法律关系可另行解决的判决明显不当。

【典型案例】（2023）×××民终1322号

达陆基公司与丁某科、胡某胜、米某奎、公路养护中心建设工程施工合同纠纷

▶ 裁判摘要

丁某科向一审法院提出如下诉讼请求：（1）依法判令四被告向原告支付修建砂坝镇红星桥农民工施工工资、代购材料款共计284700元；（2）本案诉讼费由被告承担。

一审法院认为，本案为追索劳动报酬纠纷，争议焦点为：一是原告工程款金额大小如何认定；二是原告工程款是否支持及支持后四被告责任如何承担。关于焦点一，原告在本案中，作为实际施工人，其对于工程款金额与被告胡某胜进行了清算，被告胡某胜在庭审中对原告主张的工程款金额284700元予以认可，且有被告米某奎、被告胡某胜向原告出具的委托达陆基公司代为付款的委托书予以佐证，故原告主张的工程款284700元为真实结算后的金额，应予以确认。关于焦点二，被告达陆基公司与公路养护中心签订了2018普通公路危桥改造工程（A1合同段）施工合同并取得15座危桥的改造施工资格后，在明知被告米某奎没有资质的情况下将涉案工程通过内部承包的方式分包给被告米某奎施工，被告米某奎在接到案涉工程后又让被告胡某胜参与15座危桥中6座危桥改造的施工和管理，后被告胡某胜便找到原告负责红星桥的扫尾工程，现原

告完成扫尾工程后因案涉红星桥的尾款尚未支付发生纠纷，原告丁某科未取得相关资质，上述分包及转包行为违反法律、行政法规的强制性规定，均为无效行为，但原告丁某科带队施工的涉案工程已经施工完毕并验收合格，根据《民法典》第793条的规定，建设工程施工合同无效，但是建设工程经验收合格的，可以参照合同关于工程价款的约定折价补偿承包人。依照《建工司法解释（一）》第24条第1款的规定，当事人就同一建设工程订立的数份建设工程施工合同均无效，但建设工程质量合格，一方当事人请求参照实际履行的合同关于工程价款的约定折价补偿承包人的，人民法院应予支持。案涉工程经验收合格，案涉工程款经原告丁某科与被告米某奎、被告胡某胜共同清算确认，有被告米某奎、被告胡某胜在委托书上签字捺印，该委托书应视为被告米某奎、被告胡某胜向原告出具的债权凭证，依照《工资支付条例》第36条第1款的规定，建设单位或者施工总承包单位将建设工程发包或者分包给个人或者不具备合法经营资格的单位，导致拖欠农民工工资的，由建设单位或者施工总承包单位清偿。故原告要求被告达陆基公司支付工程款284700元的诉讼请求，该院予以支持。而被告胡某胜、被告米某奎、被告达陆基公司关于工程款的支付数额问题系另一法律关系，三被告可另行协商或诉讼处理。据上述理由，依据《民法典》第153条、第791条、第793条，《工资支付条例》第36条，《建工司法解释（一）》第1条、第24条、第43条，《民事诉讼法》第67条，《民事诉讼法司法解释》第90条的规定，判决如下：（1）限被告达陆基公司于本判决生效后十五日内给原告丁某科支付工程欠款284700元；（2）驳回原告丁某科的其他诉讼请求。

二审法院认为，上诉人达陆基公司中标被上诉人公路养护中心发包的普通公路15座危桥改造工程后，遂将该工程以内部承包的方式交由米某奎施工，米某奎又将其中6座桥分包给胡某胜施工，双方对报酬等进行了约定。案涉红星桥系胡某胜负责施工。米某奎、胡某胜及丁某科均不是上诉人达陆基公司的员工，与上诉人达陆基公司均不存在劳动关系，因此，一审法院确定本案为追索劳动报酬纠纷不当。考虑到丁某科起诉达陆基公司、公路养护中心支付"工资"及代购材料款，及达陆基公司申请追加米某奎、胡某胜为本案诉讼主体等情况，将本案的案由定为建设工程施工合同纠纷更为恰当。达陆基公司依法取得公路养护中心发包的 2018 普通公路 15 座危桥改造工程（A1 合同段）后，在明知米某奎没有资质的情况下将涉案工程通过内部承包的方式分包给米某奎施工，米某奎又将其中 6 座危桥改造工程转包给胡某胜，胡某胜雇请丁某科等人完成了案涉工程的扫尾工程并代购了部分施工材料，上述转包及分包行为违反我国法律、行政法规的强制性规定，均为无效的民事法律行为，上诉人达陆基公司应对自己的违法行为承担责任。同时，《工资支付条例》第 36 条也规定："建设单位或者施工总承包单位将建设工程发包或者分包给个人或者不具备合法经营资格的单位，导致拖欠农民工工资的，由建设单位或者施工总承包单位清偿。施工单位允许其他单位和个人以施工单位的名义对外承揽建设工程，导致拖欠农民工工资的，由施工单位清偿。"故一审判决达陆基公司支付丁某科 284700 元，并无不当。而胡某胜、米某奎、达陆基公司之间关于工程款的支付等问题系另一层法律关系，可另行解决。判决驳回上诉，维持原判。

【问题解答】关于《工资支付条例》第 30 条第 3 款、第 4 款等的适用情形如何理解

1. 劳务分包人可否根据《工资支付条例》第 30 条第 3 款、第 4 款的规定向总包单位主张支付劳务工程款。根据《工资支付条例》第 30 条第 3 款、第 4 款的规定，分包单位拖欠农民工工资的，由施工总承包单位先行清偿，再依法进行追偿。工程建设项目转包，拖欠农民工工资的，由施工总承包单位先行清偿，再依法进行追偿。劳务分包人是否可以按照该条的规定向总包单位主张支付劳务工程款？

一种观点认为，为保护农民工权益，劳务分包款中大部分款项均为农民工工资，可以适用该条情形直接支持其主张。

另一种观点认为，《工资支付条例》第 1 条规定："为了规范农民工工资支付行为，保障农民工按时足额获得工资，根据《中华人民共和国劳动法》及有关法律规定，制定本条例。"可见，该条规定的农民工仅

指与分包、转包单位存在劳动关系的农民工本人，该条规定只能在劳动争议、追索劳动报酬等案件中予以适用，而不适用于劳务分包合同中的劳务费或劳务工程款。且在建设工程领域存在大量名为劳务分包合同，实为工程转、分包合同的情形，在这种情况下，更不宜对该条作扩大性解释。

第三种观点认为，若原告仅作为建筑工人代表，组织建筑工人进行施工作业，正常领取工资获取报酬的施工班组长，不属于实际施工人，相应的诉讼不属于建设工程施工合同纠纷，而应属于劳务合同纠纷，可以依据《工资支付条例》的规定要求发包人、总承包人先行清偿。如果原告在工程中的投入和收益不限于劳动及劳动报酬，在工程项目中实际投入资金、设备材料和劳力，获取一定的利润，实际上属于劳务分包。该情形下的施工班组长依据劳务合同主张权利，属于建设工程施工合同纠纷，不能依据《工资支付条例》的规定要求发包人、总承包人先行清偿。

我们认为，第二种与第三种观点并不冲突，解决该问题的前提是要正确审查和判断案件的性质，判断案件是属于建设工程劳务分包合同纠纷还是劳务合同纠纷，当事人主张的是劳务工程款还是仅就劳务报酬主张权利，如果为前者则不适用，后者可以适用。

2.劳务分包合同中款项支付比例超过85%后，剩余款项性质认定的问题。有些劳务分包合同纠纷案件中，一方当事人会抗辩主张当农民工工资支付比例超过85%时，即已完成全部农民工工资义务，剩余款项为班组实际施工人的利润，不应认定为农民工工资，总承包方无须承担先行清偿责任。另有意见认为，一般情况下，劳务分包合同中的款项应全部为农民工工资，不应区分比例，总承包方须对全部款项承担先行清偿责任。

这一问题与前一问题实质相同。建设工程劳务分包合同属建设工程合同范围，应适用建设工程施工合同相关法律规定，不宜适用《工资支付条例》的规定。否则导致的后果就是，所有建设工程中的劳务分包人都可以径行依据《工资支付条例》第30条、第31条起诉总承包人，总承包人均应承担先行清偿责任。但《工资支付条例》适用的前提是针对农民工工资支付问题，并非建设工程劳务分包合同中的工程款支付问题，且系在农民工实名制及农民工保证金等一系列措施落实较好情形下方有所为。实践中，在很多违法劳务分包中，分包人并未对劳动者进行实名制登记，既未入窗，亦未编制工资支付表等，此时这些劳动者若要依法由该《工资支付条例》保护，可能仍需另诉确定自己劳动者的身份。

【法答网解答】 关于适用《工资支付条例》的问题

　　关于劳务人员诉讼请求劳务承包方个人、工程发包人或分包人支付劳务费时是否需要审查劳务人员农民工身份问题。《工资支付条例》第2条规定："保障农民工工资支付，适用本条例。本条例所称农民工，是指为用人单位提供劳动的农村居民。本条例所称工资，是指农民工为用人单位提供劳动后应当获得的劳动报酬。"如需要以《工资支付条例》作为裁判依据，则法院需要审查当事人是否具备农民工身份。

　　关于《工资支付条例》第36条的适用范围问题。该条规定："建设单位或者施工总承包单位将建设工程发包或者分包给个人或者不具备合法经营资格的单位，导致拖欠农民工工资的，由建设单位或者施工总承包单位清偿。施工单位允许其他单位和个人以施工单位的名义对外承揽建设工程，导致拖欠农民工工资的，由施工单位清偿。"建设工程领域建设单位或者总承包单位违法发包、分包及挂靠情况下拖欠农民工工资的可以适用该条规定。

　　关于依据《工资支付条例》第36条认定相关主体责任的问题。首先，个人或者不具备合法经营资格的单位招用农民工，其与农民工之间具有劳动关系或者劳务关系，应当承担支付农民工劳动报酬的法律责任。其次，鉴于《工资支付条例》第36条规定了建设单位或者施工总承包单位依法承担违法发包、分包及挂靠情况下清偿责任的条件，因此在符合条例规定的情况下，应由个人或者不具备合法经营资质的单位与建设单位、施工总承包单位依法承担共同责任。最后，鉴于连带责任是两个或者两个以上的债务人共同向债权人承担的民事责任，其意义在于增加责任主体的数量，加强对受损害人的保护，确保受损害人获得赔偿。《民法典》第178条第3款规定："连带责任，由法律规定或者当事人约定。"因此，连带责任作为较为严厉的责任方式，除当事人有约定外，只能由法律作出规定。《工资支付条例》并非法律，法院不能据此判令相关责任主体承担连带责任。

关于劳务班组长诉讼请求支付整个劳务班组农民工工资能否适用《工资支付条例》第36条的问题。在劳务班组长有权作为合同相对人提起诉讼的情况下，鉴于其诉讼请求支付的是农民工工资，《工资支付条例》第36条可以作为裁判依据。

【法答网解答】**工程总承包人将工程劳务分包给劳务公司，后劳务公司将劳务转包给不具备资质的个人，个人又将劳务分包给相关班组，对于个人欠付班组的劳务费，劳务公司是否承担连带付款责任**

《工资支付条例》第30条第1款规定，分包单位对所招用农民工的实名制管理和工资支付负直接责任。《工资支付条例》第18条规定，用工单位使用个人、不具备合法经营资格的单位或者未依法取得劳务派遣许可证的单位派遣的农民工，拖欠农民工工资的，由用工单位清偿，并可以依法进行追偿。根据上述规定，对个人欠付施工班组的劳务费，应当由劳务公司清偿，劳务公司清偿后可向个人追偿。

第四节　实际施工人借用资质进行工程建设相关问题的处理

实际施工人借用资质进行工程建设，是指不具备建筑业施工资质的法人、自然人及其他民事主体，借用有资质的建筑业企业名义进行工程建设活动的行为，包括没有资质借用有资质的、资质等级低的借用资质等级高的情形。一般来说，自然人借用资质的情形居多。借用资质进行工程建设产生的纠纷案件，法律关系复杂，事实查明难度大，实践中对各方主体责任承担的认定也常常发生错误，该类案件是发改提指比较多的案件类型。

为此，有关意见认为，建筑施工企业允许其他单位或者自然人使用本企业的资质证书、营业执照等，以本企业名义承揽建设工程的，人民法院应当按照《民法典》第153条第1款的规定认定借用资质行为属于无效民事法律行为，出借人与借用人之间的纠纷按照无效民事法律行为纠纷处理。缺乏相应资质的单位或者自然人借用有资质的建筑施工企业名义签订建设工程施工合同，借用人以自己名义向发包人主张工程价款的，人民法院不予支持。出借人以承包人身份向发包人主张工程价款的，借用人可以依法申请作为第三人参加诉讼。借用人有充分证据证明发包人知道或者应当知道借用资质情形的，借用人可以向发包人主张折价补偿款，同时可以申请人民法院追加出借人为第三人。发包人在欠付承包人建设工程价款范围内对借用人承担责任。借用人以出借人的名义对外购买建筑材料、建筑构配件和设备，租赁设备或者借款用于工程建设，相对人依据《民法典》第172条的规定请求出借人承担责任的，人民法院依法予以支持。这将为我们审理好实际施工人借用资质进行工程建设产生的相关纠纷案件，提供具体的适用指引和明确的遵循。

一、借用资质（挂靠）进行工程建设的认定

住房和城乡建设部发布的《建筑工程施工发包与承包违法行为认定查处管理办法》，确定了工程建设中属于挂靠、转包的情形。

《建筑工程施工发包与承包违法行为认定查处管理办法》第八条 存在下列情形之一的，应当认定为转包，但有证据证明属于挂靠或者其他违法行为的除外：

（一）承包单位将其承包的全部工程转给其他单位（包括母公司承接建筑工程后将所承接工程交由具有独立法人资格的子公司施工的情形）或

第三章 关于建设工程施工合同纠纷案件涉及实际施工人问题的处理

个人施工的；

（二）承包单位将其承包的全部工程肢解以后，以分包的名义分别转给其他单位或个人施工的；

（三）施工总承包单位或专业承包单位未派驻项目负责人、技术负责人、质量管理负责人、安全管理负责人等主要管理人员，或派驻的项目负责人、技术负责人、质量管理负责人、安全管理负责人中一人及以上与施工单位没有订立劳动合同且没有建立劳动工资和社会养老保险关系，或派驻的项目负责人未对该工程的施工活动进行组织管理，又不能进行合理解释并提供相应证明的；

（四）合同约定由承包单位负责采购的主要建筑材料、构配件及工程设备或租赁的施工机械设备，由其他单位或个人采购、租赁，或施工单位不能提供有关采购、租赁合同及发票等证明，又不能进行合理解释并提供相应证明的；

（五）专业作业承包人承包的范围是承包单位承包的全部工程，专业作业承包人计取的是除上缴给承包单位"管理费"之外的全部工程价款的；

（六）承包单位通过采取合作、联营、个人承包等形式或名义，直接或变相将其承包的全部工程转给其他单位或个人施工的；

（七）专业工程的发包单位不是该工程的施工总承包或专业承包单位的，但建设单位依约作为发包单位的除外；

（八）专业作业的发包单位不是该工程承包单位的；

（九）施工合同主体之间没有工程款收付关系，或者承包单位收到款项后又将款项转拨给其他单位和个人，又不能进行合理解释并提供材料证明的。

两个以上的单位组成联合体承包工程，在联合体分工协议中约定或者在项目实际实施过程中，联合体一方不进行施工也未对施工活动进行组织管理的，并且向联合体其他方收取管理费或者其他类似费用的，视为联合体一方将承包的工程转包给联合体其他方。

《建筑工程施工发包与承包违法行为认定查处管理办法》第九条 本办法所称挂靠，是指单位或个人以其他有资质的施工单位的名义承揽工程的行为。

前款所称承揽工程，包括参与投标、订立合同、办理有关施工手续、从事施工等活动。

《建筑工程施工发包与承包违法行为认定查处管理办法》第十条 存在下列情形之一的，属于挂靠：

（一）没有资质的单位或个人借用其他施工单位的资质承揽工程的；

（二）有资质的施工单位相互借用资质承揽工程的，包括资质等级低的借用资质等级高的，资质等级高的借用资质等级低的，相同资质等级相互借用的；

（三）本办法第八条第一款第（三）至（九）项规定的情形，有证据证明属于挂靠的。

上述办法第8条第1款第3~9项以及第10条规定的情形，通常情况下均可以认定为挂靠。实务中，挂靠法律关系的认定与前述实际施工人的认定是一体两面的关系，应重点审查是否存在以下事实：（1）被挂靠人是否允许实际施工人在合同签订前即以被挂靠人的名义与发包人联系、沟通、协商承建建设工程事宜，而被挂靠人不直接参与。（2）被挂靠人是否允许实际施工人直接以被挂靠人名义或者以被挂靠人的委托代理人身份参与投标、参与合同签订、办理有关施工手续、从事施工活动。（3）被挂靠人是否允许实际施工人直接以被挂靠人名义缴纳投标保证金。（4）被挂靠人是否参与组建项目部、组织工程建设管理、购买建筑材料、租赁机具、支付水电费等实际施工行为，如果均不参与，则属于典型出借资质行为。（5）被挂靠人是否享有施工支配权，如对项目部人财物的独立支配权，对工程结算、工程款是否直接支付给第三人（材料供应商、机具出租人、农民工等）的决定权等，如果这些权利均由挂靠人行使，则应当认定为挂靠。（6）被挂靠人是否存在投资或收款行为，如直接聘请财务人员、控制决定财务收支、发放工资、对外借款还款等。（7）被挂靠人与实际施工人是否存在劳动合同关系，包括发放工资、购买社会保险等。(8)被挂靠人是否存在将收取发包人支付的工程款直接转付给实际施工人或实际施工人指定的其他人的情形。(9)被挂靠人是否只收取一定的管理费、代扣代缴税费规费等。(10)被挂靠人是否全程参与施工管理、组织施工、签订补充协议、进行工程结算、参与工程纠纷的协调、诉讼案件的处理。(11)被挂靠人与实际施工人是否以劳务分包、内部承包等形式来掩盖挂靠行为等,以此来确定法律关系的性质是否为挂靠。

二、借用资质(挂靠)进行工程建设的通常情形

借用资质(挂靠)进行工程建设的通常情形有以下几种。

1. 从合同签订的形式看。挂靠人假借内部承包名义签订内部承包合同,但挂靠人与被挂靠人没有签订聘用合同或虽签订聘用合同但未为挂靠人缴纳社保、没有工资发放记录,办公场所各自独立。

2. 从合同签订的程序看。挂靠人直接以被挂靠人的名义与发包人签订建设工程施工合同;或者先签订挂靠协议后,挂靠人再以被挂靠人的名义与发包人签订建设工程施工合同;在没有挂靠协议的情况下,挂靠人以被挂靠人代理人的身份签订建设工程施工合同。

3. 从工程款的支付情况看。工程款直接由发包人支付给挂靠人,或者由发包人先支付给被挂靠人,被挂靠人在扣除管理费后再支付给挂靠人,被挂靠人未实质参与工程管理和工程建设,挂靠人与被挂靠人财务独立。

4. 从合同履行情况看。由挂靠人组建项目部,现场管理人员由挂靠人聘请、发放工资、挂靠人实际出资,以自己的名义或以被挂靠人的名义对外聘用人员、购买施工机具、材料或租赁设备。

5. 从结算纠纷处理的过程看。由挂靠人单独与发包人签订补充协议、进行工程结算、参与工程纠纷的协调、诉讼案件的处理,被挂靠人不参与等。

【典型案例】 （2021）湘民初3号

北新公司与长盛公司、第三人张某建设工程施工合同纠纷

▶ 裁判摘要

北新公司与长盛公司并无签订、履行案涉《建设工程施工合同》的真实意思表示，双方签订的《建设工程施工合同》无效；张某为借用北新公司资质的案涉工程实际施工人。从合同签订及招投标过程来看，北新公司、张某与长盛公司均认可前期系张某负责与长盛公司接洽承揽案涉工程，参与案涉工程的招投标。北新公司当庭承认其未缴纳投标保证金，张某、长盛公司均认可案涉工程投标押金2000万元系张某通过其实际控制的泰康公司支付给长盛公司，且提供支付明细表为证。从施工过程中形成的证据来看，通过长盛公司提交的工程会议记录、会议纪要、《借款单》《付款申请书》《收据》《委托代付函》等证据可知项目的开工、施工以及竣工结算，均由张某与吴某宏负责管理、协调、调度。从案涉工程的投入来看，北新公司自认其对案涉项目没有投资，无法提供组建案涉项目部的相关文件，施工人员没有按照招投标文件约定派遣到位。因此，张某在北新公司中标案涉工程之前与长盛公司接洽工程具体事宜，参与案涉工程的招投标，案涉工程的主要工作人员均为张某聘请，张某实际组织了案涉工程的施工。故北新公司虽然与长盛公司签订《建设工程施工合同》，但实际是将其施工资质出借给张某用于案涉工程的施工，北新公司并无签订、履行合同的真实意思表示，就案涉合同标的而言双方并无实质性的法律关系；张某借用北新公司资质承揽案涉工程，是案涉工程的实际施工人，长盛公司对此明知，张某与长盛公司形成了事实上的建设工程施工合同法律关系。遂驳回北新公司要求支付工程款的诉讼请求。

三、出借资质情形下，承包人与发包人签订的建设工程施工合同效力如何认定

审判实践中，将挂靠人与被挂靠人签订的挂靠协议认定为无效并无

争议，但是对于挂靠情形下承包人与发包人签订的建设工程施工合同的效力，应根据两种不同情况予以认定。一是发包人明知实际施工人系挂靠，并以被挂靠人名义与发包人签订的建设工程施工合同，该合同应当认定为无效。二是如果发包人对借用资质的事实不知情，则应认定发包人与承包人签订的建设工程施工合同有效。但发包人在施工过程中，已经发现实际施工人挂靠承包人进行工程建设，而继续履行之前签订的合同，一般也应当认定发包人与被挂靠人签订的建设工程施工合同无效。

最高人民法院（2022）最高法民终 1287 号民事判决书认为，借用资质所签合同无效系针对"没有资质的实际施工人"借用资质行为的一种法律评价，并未涉及合同相对人的签约行为是否有效的问题。"没有资质的实际施工人"作为行为人借用他人资质与相对人的签约行为，只有双方具有共同的虚假意思表示，所签协议才属无效，即相对人须明知或者应当知道实际施工人没有资质而借用他人资质与自己签约。就此而言，实际施工人与被借用资质的建筑施工企业之间就借用资质施工事宜签订的挂靠或类似性质的协议，依法应属无效；而实际施工人借用被挂靠人资质与发包人就建设工程施工事宜签订的协议，即对外法律关系是否无效，则需要根据发包人对于实际施工人借用资质承包工程事宜是否知道或者应当知道进行审查判断；若发包人知道或者应当知道，则所签协议无效；反之，则协议有效。

对"发包人明知"的事实可以从以下方面认定：（1）由发包人内定实际施工人或向被挂靠人推荐实际施工人；（2）挂靠人直接向发包人支付投标保证金，或者二者存在出借款项、保证金支付、由发包人直接向挂靠人支付工程款，或按挂靠人的指示支付材料款等其他直接款项往来；（3）发包人直接向实际施工人收取"管理费"等费用，并将"管理费"支付给被挂靠人；（4）发包人在工程项目招标、合同签订、履行等过程中对挂靠人是实际履行主体的情况知情，如挂靠人直接与发包人法定代表人、负责人联系工程建设施工事宜等；（5）挂靠人与发包人就合同事宜直接进行磋商、签订合同、补充协议、结算协议等。

通常情况下，发包人明知实际施工人借用资质主要有两种情形：一是订立合同时明知；二是订立合同后得知。

对于第二种情形，即发包人在订立合同后才知道挂靠的，发包人应当知道挂靠行为的违法后果会导致合同无效，基于诚实信用原则，发包人应当在"得知"后，采取适当措施避免因履行无效合同造成的损失扩大，合同尚未履行或者尚未履行完毕的，应当采取措施终止履行；合同已经履行的，应当采取合理的清算措施。①

发包人订立合同后得知实际施工人借用资质，仍然签订补充协议、继续履行合同的，合同效力应当如何认定。《民法典》第146条规定，行为人与相对人以虚假的意思表示实施的民事法律行为无效。以虚假的意思表示隐藏的民事法律行为的效力，依照有关法律规定处理。因此，发包人订立合同后得知实际施工人借用资质后，仍然履行合同，则发包人与实际施工人形成事实合同关系，与被挂靠人形成虚假的意思表示和发承包关系，此后所签订的合同、补充协议等应认定为无效（工程款结算协议除外）。

但对于"得知"挂靠之前签订的合同是否无效，则有不同看法。我们认为，发包人与实际施工人双方继续履行的合同，是发包人与被挂靠人此前签订的合同，此时发包人已与实际施工人形成事实上的合同关系，发包人实际上改变了此前签订合同的真实意思。因此，在发包人与被挂靠人订立合同之后，在发包人已明知实际施工人借用资质的情形下，如果仍然与实际施工人履行此前签订的建设施工合同，则该建设施工合同亦应认定为无效。

四、借用资质的实际施工人诉讼请求发包人支付工程价款情形及其处理

《建工司法解释（一）》第43条规定："实际施工人以转包人、违法

---

① 参见最高人民法院民一庭编著：《最高人民法院新建设工程施工合同司法解释（一）理解与适用》，人民法院出版社2021年版，第86页。

分包人为被告起诉的，人民法院应当依法受理。实际施工人以发包人为被告主张权利的，人民法院应当追加转包人或者违法分包人为本案第三人，在查明发包人欠付转包人或者违法分包人建设工程价款的数额后，判决发包人在欠付建设工程价款范围内对实际施工人承担责任。"该规定延续了原《最高人民法院关于审理建设工程施工合同纠纷案件适用法律问题的解释》（2004）第26条以及原《最高人民法院关于审理建设工程施工合同纠纷案件适用法律问题的解释（二）》（2018）第24条的规定。从《建工司法解释（一）》第43条的文义来看，只规定了转包、违法分包情形下实际施工人可以向发包人提起诉讼，并未规定借用有资质的建筑施工企业名义与他人签订建设工程施工合同（挂靠）的实际施工人可以起诉发包人。在2018年原《最高人民法院关于审理建设工程施工合同纠纷案件适用法律问题的解释》征求意见稿中，曾对转包、违法分包和挂靠情形的实际施工人分别作出规定，征求意见稿第24条是关于转包和违法分包情形下实际施工人起诉发包人的规定，第25条则规定了挂靠情形下实际施工人的权利救济。征求意见稿第25条规定："发包人订立合同时明知实际施工人借用资质，实际施工人向发包人主张工程价款的，应予支持；实际施工人向出借资质的建筑施工企业主张工程价款的，出借资质的建筑施工企业在其收取的工程价款范围内承担责任。没有证据证明发包人订立合同时明知实际施工人借用建筑施工企业名义签订合同，实际施工人向发包人主张工程价款的，不予支持。"因审判实践中争议大，该条款未通过，但仍具有借鉴意义。事实上，司法实践中常常参照该条规定的思路对案件进行审理。

最高人民法院民一庭专业法官会议纪要认为，可以突破合同相对性原则请求发包人在欠付工程款范围内承担责任的实际施工人，不包括借用资质及多层转包和违法分包关系中的实际施工人。即挂靠人不能依据上述规定突破合同相对性，直接起诉发包人获得救济。但也有案件裁判观点认为，挂靠人可以依据《建工司法解释（一）》第43条规定直接起诉发包人。例如，最高人民法院（2019）最高法民再652号民事判决书认为，作为案涉工程的实际施工人，沈某洪有权以自己的名义对发包人安达公司提起诉讼，安达公司应在欠付工程价款范围内对沈某洪承担责任。安达公司主张上述法律条文中的实际施工人仅指非法转包及违法分包的施工人，不包括挂靠情形下的实际施工人，此种狭义理解不符合该条文意旨，最高人民法院不予支持。

故在发包人对挂靠关系不知情的情形下，挂靠人原则上不能依据《建工司法解释（一）》第43条的规定突破合同相对性起诉发包人。但在挂靠人已经起诉发包人、案件已开始实体审理的情况下，为减少当事人诉累，节约司法资源，实质性化解纠纷，可以对发包人与承包人（被挂靠人）之间的建设工程施工合同关系、挂靠人与被挂靠人之间的挂靠关系一并进行处理。不能仅以主体不适格驳回当事人起诉。

【典型案例】（2021）湘民终882号

华厦公司与锦天公司、徐某彬建设工程施工合同纠纷

≫ 基本案情

2016年2月22日，华厦公司中标案涉工程。2016年5月18日，徐某彬以华厦公司委托代理人身份与锦天公司签订案涉《建设工程施工合同》。2016年5月28日，华厦公司与徐某彬签订案涉《承包合同》，将华厦公司从锦天公司处承包的项目全部承包给徐某彬，并约定徐某彬按2%的标准向华厦公司交纳项目管理费。徐某彬实际投入资金、组织人员对案涉工程进行施工。因锦天公司欠付工程款，华厦公司起诉，请求锦天公司支付欠付工程款、违约金、劳保基金等，并确认其对案涉工程享有优先受偿权。徐某彬向一审法院申请作为有独立请求权的第三人参加本案诉讼，并请求华厦公司向其支付欠付工程款及相应违约金，锦天公司在欠付工程款范围内对其承担责任。一审法院对徐某彬的诉讼请求与华厦公司的诉讼请求合并审理，认定华厦公司与徐某彬之间系转包关系，案涉《建设工程施工合同》有效，判决锦天公司向华厦公司支付工程款、违约金；华厦公司向徐某彬支付工程款，锦天公司在欠付华厦公司工程款范围内向徐某彬承担连带支付责任。二审法院认定徐某彬系借用华厦

公司施工资质承建工程，属挂靠关系，其与锦天公司未形成事实上的建设工程施工合同关系。徐某彬作为案涉工程的实际施工人，在华厦公司作为承包人已向发包人锦天公司主张权利的情况下，其无权突破合同相对性，直接向非合同相对方锦天公司主张建设工程合同权利。但鉴于徐某彬认可华厦公司的起诉，华厦公司亦同意将工程款转付给徐某彬，故二审法院在支持华厦公司支付工程款请求的情况下，改判驳回徐某彬要求发包人锦天公司对欠付工程款承担连带清偿责任的诉讼请求。

> **裁判摘要**

（1）《建筑工程施工发包与承包违法行为认定查处管理办法》（建市规〔2019〕1号）对转包和挂靠行为进行了界定。转包是指承包单位承包工程后，不履行合同约定的责任和义务，将其承包的全部工程或者将其承包的全部工程肢解后以分包的名义分别转给其他单位或个人施工的行为。挂靠是指单位或个人以其他有资质的施工单位的名义承揽工程的行为，包括参与招标、订立合同、办理有关施工手续、从事施工等活动。转包与挂靠存在一定的相似性，一般而言，认定实际施工人系借用资质承建还是转包，应重点从实际施工人前期是否直接联系发包方、是否直接参与招投标和建设工程施工合同的订立、是否向有资质的单位缴纳管理费等方面进行审核。转包中的实际施工人一般并未参与招投标和订立总承包合同，其承接工程的意愿一般产生在总承包合同签订之后，而挂靠是承包人出借资质给实际施工人，挂靠关系中的挂靠人在投标和合同订立阶段一般就已经参与，甚至就是其以被挂靠人的代理人或代表的名义与发包人签订建设工程施工合同。（2）在发包人对挂靠关系不知情且在承包人（被挂靠人）已起诉发包人给付工程款的情况下，作为挂靠人的实际施工人就工程价款不享有对发包人直接主张给付之请求权，其作为有独立请求权的第三人起诉无相应的诉权基础。如果一审法院已经准许挂靠人作为有独立请求权的第三人参加诉讼，承包人（被挂靠人）亦认可挂靠人的身份，同意将发包人给付的工程款全部支付给挂靠人时，为减少当事人诉累，节省司法资源，可对发包人与承包人（被挂靠人）之间的建设工程施工合同关系、挂靠人与被挂靠人之间的挂靠关系一并进行处理。

对此,《建工案件解答》第 23 条也予以明确规定,借用资质的实际施工人起诉发包人要求支付工程款的,人民法院可在查明事实的基础上按以下两种情形处理:(1)发包人明知实际施工人借用资质而未提出异议的,根据《民法典》第 146 条、第 490 条的规定处理,实际施工人可直接向发包人主张权利。人民法院应追加被挂靠人为第三人。(2)发包人对借用资质不知情的,出借资质方怠于向发包人主张权利,实际施工人可参照《最高人民法院关于审理建设工程施工合同的司法解释(一)》第 44 条的规定行使代位权。人民法院应追加被挂靠人为第三人。

1. 发包人明知挂靠,实际施工人(挂靠人)可以直接向发包人主张权利。缺乏相应资质的单位或者自然人借用有资质的建筑施工企业名义签订建设工程施工合同,借用人即挂靠人原则上不能依据《建工司法解释(一)》第 43 条的规定突破合同相对性,以自己名义向发包人主张工程价款。但挂靠人有充分证据证明发包人知道或者应当知道借用资质情形的,挂靠人可以直接向发包人主张折价补偿款。人民法院应当追加被挂靠人为第三人。

虽然《建工司法解释(一)》仍未就挂靠关系的实际施工人可否直接向发包方主张支付工程款予以明确规定,但理论界和实务界认识基本统一,认为对于挂靠关系基于发包方认可及默认的事实,即在发包方认可、同意挂靠的情形下,发包方与被挂靠人签订建设工程施工合同的行为,属于《民法典》第 146 条"行为人与相对人以虚假的意思表示实施的民事法律行为无效。以虚假的意思表示隐藏的民事法律行为的效力,依照有关法律规定处理"规定的虚假意思表示行为,应当认定为无效。虽然发包方与实际施工人之间未签订书面合同,但挂靠人与发包方已形成事实上的合同关系,故合同权利义务双方为发包方与借用资质的实际施工人,借用资质的实际施工人可以直接向发包方主张权利。因此,在发包方知晓挂靠事实的情况下,名义上签订的施工合同是各方的虚假意思表示,因发包方明知而与实际建设施工的挂靠人形成了事实上的建设工程施工合同关系,挂靠人可以依据该事实上的法律关系直接向发包人主张权利。但多层转包和违法分包关系中的实际施工人,即使发包方明知,也不能突破多层转包和违法分包的中间环节直接起诉发包方。

在 BT 项目的投资建设方既承担融资、项目管理及施工建设等多重角色，又承担了类似于发包方的角色的情形下，实际施工人可诉讼请求 BT 项目的投资人在欠付工程价款范围内承担责任，不属于突破合同相对性的情形。

【问题解答】 BT 合同的承包人、实际施工人能否突破合同相对性直接起诉业主方支付工程款

BT 合同项目通常由投资建设方通过自有资金或对外融资完成建设，并由业主方回购。业主方为推进项目建设提前进入 BT 项目参与管理、向投资建设方借资或帮助其融资，双方形成债权债务关系，业主方并不因此成为联合建设方或联合发包人。承包人、实际施工人不能突破合同相对性起诉业主方支付工程价款。

【典型案例】（2021）最高法民申 1513 号

某工程公司诉某冶金公司、某建设公司、某国资管理公司建设工程施工合同纠纷

》 裁判摘要

基于保障实际施工人合法权益的考虑，在建设工程施工合同纠纷案件中有限地突破合同相对性原则，符合客观实际。鉴于 BT 建设模式下法律主体众多，相较于一般建设工程施工合同有其特殊性，在实践中是否认定 BT 项目的投资建设方的发包人身份存在争议，从而对实际施工人付款责任主体的认定产生影响。本案 BT 项目的投资建设方在整个项目中承担融资、项目管理及施工建设等多重任务，实际上具有类似于发包人的职能，故实际施工人可诉讼请求 BT 项目的投资人在欠付工程款范围内承担责任。

2. 发包方对挂靠不知情，实际施工人（挂靠人）可以行使代位权起诉

发包人。根据《建工司法解释（一）》第43条的规定，挂靠情形下的实际施工人原则上不能突破合同相对性，向发包人主张工程款。因为发包人对借用资质不知情，借用资质的实际施工人与发包人之间并无合同关系，发包人与被挂靠人之间成立建设工程施工合同关系，此时挂靠人不能直接起诉发包人，仅能就建设工程价款对被挂靠人享有债权。多数情况下，挂靠人一般以被挂靠人名义向发包人主张工程款。但在发包人对借用资质不知情的情况下，如果出借资质方的被挂靠人既不允许也不配合挂靠人以其名义起诉，同时怠于向发包人主张权利，导致挂靠人权利保护出现真空的，实际施工人可以依照《建工司法解释（一）》第44条的规定行使代位权。《建工司法解释（一）》第44条规定："实际施工人依据民法典第五百三十五条规定，以转包人或者违法分包人怠于向发包人行使到期债权或者与该债权有关的从权利，影响其到期债权实现，提起代位权诉讼的，人民法院应予支持。"虽然该条未规定挂靠人可以提起代位权诉讼，但根据《民法典》第535条第1款"因债务人怠于行使其债权或者与该债权有关的从权利，影响债权人的到期债权实现的，债权人可以向人民法院请求以自己的名义代位行使债务人对相对人的权利，但是该权利专属于债务人自身的除外"的规定，挂靠人对被挂靠人享有到期债权，故在被挂靠人怠于向发包人行使到期债权的情况下，挂靠人作为建设工程的实际施工人可以依据《民法典》第535条的规定，行使代位权诉讼向发包人主张工程款，亦符合《建工司法解释（一）》第44条规定的立法目的和精神。即在发包人对借用资质不知情的情况下，挂靠人不能直接向发包人主张工程款，但可以通过代位权诉讼主张权利。

【典型案例】（2020）湘民终1196号

华信公司与章某涛、五建公司（第三人）债权人代位权纠纷

≫ 裁判摘要

一审法院认为，关于案涉合同效力的认定问题。根据《建工司法解释（一）》第1条"建设工程施工合同具有下列情形之一的，应当依据民

法典第一百五十二条第二款的规定，认定无效：……（二）没有资质的实际施工人借用有资质的建筑施工企业名义的……"的规定，由于已有生效裁定查明章某涛系借用五建公司资质承建华信公司案涉工程，各方当事人亦认可这一事实，故案涉《建筑施工合同》及《承包经营合同》均为无效合同。

二审法院认为，关于章某涛向华信公司行使债权人代位权的条件是否成就的问题。案涉《建筑施工合同》《承包经营合同》虽无效，但章某涛已根据协议约定对案涉项目进行了全面施工，故章某涛与五建公司、五建公司与华信公司之间存在工程款支付的债权债务关系。《合同法》第73条第1款规定："因债务人怠于行使其到期债权，对债权人造成损害的，债权人可以向人民法院请求以自己的名义代位行使债务人的债权，但该债权专属于债务人自身的除外。"《最高人民法院关于适用〈中华人民共和国合同法〉若干问题的解释（一）》第11条规定："债权人依照合同法第七十三条的规定提起代位权诉讼，应当符合下列条件：（一）债权人对债务人的债权合法；（二）债务人怠于行使其到期债权，对债权人造成损害；（三）债务人的债权已到期；（四）债务人的债权不是专属于债务人自身的债权。"首先，债务人五建公司与次债务人华信公司之间的合同虽然无效，但建设工程经竣工验收合格，承包人有权请求参照合同约定支付工程价款。而债权人章某涛作为案涉工程的实际施工人，其劳动及投入已物化到建筑工程当中，根据《合同法》第58条"合同无效或者被撤销后，因该合同取得的财产，应当予以返还；不能返还或者没有必要返还的，应当折价补偿"的规定，章某涛有权向五建公司行使债权。因此，无论是五建公司对华信公司享有的债权，还是章某涛对五建公司享有的债权，均为合法债权。其次，五建公司怠于行使其到期债权，对章某涛已造成损害。《最高人民法院关于适用〈中华人民共和国合同法〉若干问题的解释（一）》第13条第1款规定："合同法第七十三条规定的'债务人怠于行使其到期债权，对债权人造成损害的'，是指债务人不履行其对债权人的到期债务，又不以诉讼方式或者仲裁方式向其债务人主张其享有的具有金钱给付内容的到期债权，致使债权人的到期债权未能实现。"五建公司虽曾对华信公司提起诉讼，但其后又撤回起诉，致使章某涛未能实现到期债权。再次，章某涛对五建公司享有到期债权，五建公司对华信公司享有到期债权。最后，五建公司对华信公司享有的债权系金钱债权，并非专属于债务人的债权。综上，本案符合债权人行使代位权的条件，章某涛有权向华信公司行使债权人代位求偿权。

债权人提起代位权诉讼，并不以债务人与次债务人之间的债权债务关系明确无争议为条件，人民法院应当对债务人与次债务人之间的债权债务关系进行审理。

【典型案例】（2023）湘民终36号

民星基金与经开区管委会、镇政府、第三人昭祥公司债权人代位权纠纷

▶ 基本案情

民星基金以对昭祥公司享有到期债权、经开区管委会和镇政府未依约向昭祥公司按时足额支付安置房购房款，昭祥公司没有以诉讼或者仲裁等方式向两被告主张到期债权，致使其到期债权无法实现为由，提起本案债权人代位权诉讼，请求判令两被告代第三人昭祥公司向民星基金清偿借款本金7400万元及利息。

▶ 裁判摘要

一审法院认为，民星基金虽然对第三人昭祥公司享有到期债权，但对两被告是否享有请求支付安置房购房款的权利，因其提交的证据无法予以证明，所以认为民星基金不符合《民法典》第535条规定的债权人行使代位权的条件，遂驳回诉讼请求。

二审法院认为，民星基金对昭祥公司享有主债权明确。债权人对债务人的债权合法，是行使债权人代位权的首要条件。本案中，民星基金对昭祥公司的债权已经生效法律文书确认并已进入执行阶段。同时，债

权人应当提供证据证明债务人对次债务人享有非专属于其自身的到期债权且怠于行使的初步证据,至于次债务人提出的抗辩是否成立,则应是在代位权诉讼中予以解决的问题。如果行使代位权需要以次债权确定为前提,在债务人怠于确定次债权的情况下,债权人就无法行使代位权,则设置代位权制度的目的将完全落空。因此,债权人提起代位权诉讼,并不以债务人与次债务人之间的债权债务关系明确无争议为条件,人民法院应当对债务人与次债务人之间的债权债务关系进行审理。昭祥公司与经开区管委会、镇政府之间的债权债务关系即本案的次债务的确定,正是本案债权人代位权诉讼应当审查的内容,一审法院仅以昭祥公司与经开区管委会、镇政府之间的安置房购房款数额尚未确定为由,驳回民星基金的诉讼请求,系认定事实不清,适用法律错误。

在发包人不知情的情形下,实际施工人原则上不能突破合同相对性起诉发包人。但在承包人(转包人、违法分包人)破产的情况下,实际施工人可以突破合同相对性,依据《建工司法解释(一)》第43条第2款的规定,请求发包人在欠付承包人(转包人、违法分包人)工程款的范围内承担责任。

关于在承包人(转包人、违法分包人)破产的情况下,实际施工人能否依据《建工司法解释(一)》第43条第2款的规定,请求发包人在欠付工程款范围内承担责任的问题,最高人民法院在"法答网"上进行了答复。答复认为,实践中存在不同认识。第一种观点认为,在承包人破产的情况下,实际施工人不能请求发包人在欠付工程款的范围内承担责任。理由是,在转包和违法分包的情况下,实际施工人与承包人之间形成债权债务关系,承包人与发包人之间形成债权债务关系,债权具有相对性,破产是一种债权集中平等清偿制度,承包人对发包人的债权应当纳入其破产财产,实际施工人应当向承包人的破产管理人申报破产债权,通过破产程序获得清偿。如果在承包人破产的情况下允许实际施工人请求发包人在欠付工程款的范围内承担责任,实际是允许在破产程序中对实际施工人的债权进行个别优先清偿,这与破产法的规定不符。第二种观点认为,在承包人破产的情况下,实际施工人能够请求发包人在欠付工程款范围内承担责任,理由有所不同。第一种理由认为《建工司法解释(一)》第43条第2款在实际施工人与发包人之间设立了直接的债权债务关系,在承包人破产的情况下,允许实际施工人请求发包人在欠付工程款范围内承担责任与破产制度并不相悖。第二种理由认为虽然《建工司法解释(一)》第43条第2款未在实际施工人与发包人之间设立直接的债权债务关系,债具有相对性,破产是一种债权集中平等清偿制度,但是,考虑到建设工程实际是由实际施工人提供的劳动修建而成,承包人对于实际施工人建设部分未支付相应对价,如果将承包人对发包人的债权纳入破产财产,由实际施工人向承包人的破产管理人申报破产债权来获得救济,对实际施工人明显不公平,也不利于化解因工程施工所形成的劳务工资、建材购买、机械租赁等众多债权债务关系。

最高人民法院"法答网"答复倾向于第二种观点,主要理由是实际施工人的施工行为最终产生了实际施工人对承包人的债权,以及承包人对发包人的债权。上述两个债权实际均由实际施工人付出劳动等对价而形成,承包人未支付相应对价,因此承包人未施工部分所对应的其在名义上对发包人享有的债权不纳入破产财产,对承包人的其他债权人不会产生不公平的后果,同时能够实现对实际施工人权利的公平保护。

五、发包人对借用资质知情的情况下,被挂靠人直接起诉发包人主张工程价款问题的处理

前文已述及,在发包人对借用资质知情的情况下,发包人与实际施工人形成直接事实合同关系,一般应由实际施工人直接起诉发包人。但近年被挂靠人起诉发包人主张工程款的情形亦有所增多。最高人民法院有案例认为,承包人出借建筑资质给无施工资质的自然人承建案涉工程,破坏建筑市场秩序,应予以否定性评价。因承包人(被挂靠人)未实际履行合同,其依据建设工程施工合同向发包人主张工程价款及优先受偿权,缺乏事实和法律依据,对其诉讼请求不予准许。最高人民法院另有案例

认为，司法解释规定实际施工人以发包人为被告主张权利，突破合同相对性，系基于保护实际施工人权益的目的，该规定作为例外并不排除承包人依据建设工程施工合同主张工程款的权利，同时结合本案实际情况，发包人的诉讼行为亦表明其认可被挂靠人为案涉工程的承包人。故被挂靠人作为工程承包人，有权向发包人主张工程价款。

【典型案例】（2022）最高法民再 96 号

莘城公司与天乐公司建设工程施工合同纠纷

▶ 裁判摘要

从法律规定上，并没有就出借资质承包人的诉权问题作出禁止性规定。故虽然在另案判决中认定仇某军是案涉工程的实际施工人及莘城公司出借资质的事实，但不能就此否定莘城公司作为承包人提起诉讼的权利。至于案涉合同效力，承包人主张工程款的诉讼请求能否得到支持，则属于实体审理范畴。原审法院以莘城公司不是案涉工程实际施工人为由认定其与本案无利害关系，否定该公司的诉权没有法律依据。

【典型案例】（2023）湘民终 32 号

工业设备公司与新能科公司、皓泽公司、中专学校及
第三人左某、刘某建设工程施工合同纠纷

▶ 裁判摘要

一审法院经审查认为，左某与刘某分别挂靠新能科公司、工业设备公司签订《施工合同》，作为被挂靠人，新能科公司、工业设备公司双方均无订立、履行施工合同的真实意思表示，仅是在提供资质上予以配合。根据《民法典》第 146 条"行为人与相对人以虚假的意思表示实施的民事法律行为无效。以虚假的意思表示隐藏的民事法律行为的效力，依照有关法律规定处理"的规定，案涉《施工合同》应当认定为无效。上述虚假意思表示背后隐藏的行为，是左某、刘某二合伙人，为完备工程发包、

施工的手续及资质要求，分别挂靠不同公司而采取的规避法律监管的行为，因隐藏签约双方就是同一合伙主体，不具备合同主体两方以上的要求。工业设备公司在本案中仅系资质出借方，并未对工程进行实际施工，其对外支付材料款、设备租赁款等，实际上是承担出借资质后的相应法律责任，而非对案涉工程进行施工管理，故工业设备公司不具有与本案有直接利害关系的原告地位，其无权依据以虚假意思表示订立的《施工合同》向新能科公司及其权利义务承继者皓泽公司主张案涉工程折价补偿款。中专学校系项目业主方，虽受新能科公司委托向工业设备公司支付过工程款，但其在《工程款支付补充合同》强调，中专学校的上述行为不构成对工业设备公司的任何承诺和担保，中专学校与工业设备公司无任何合同关系，表明其与工业设备公司并无缔结合同的意思表示，双方之间不成立事实上的合同关系，工业设备公司亦无权向中专学校主张权利。据此，裁定驳回工业设备公司的起诉。

二审法院认为，本案争议焦点在于工业设备公司是否具有提起本案诉讼的原告主体资格。首先，本案中，工业设备公司是基于其与新能科公司签订的案涉施工合同提起本案诉讼，工业设备公司是案涉施工合同的签约主体，与新能科公司具有法律上的利害关系。其次，法律并未对出借资质的承包人的诉权作出禁止性规定，签订建设工程施工合同的承包人作为合同相对人，无论是出借资质还是其他原因，仅涉及合同无效的认定，并没有因出借资质而不能起诉发包人，就工程款等进行结算。再次，从原审查明的事实看，工程款是先支付给承包人工业设备公司后再支付给实际施工人的。且本案诉讼前后，工业设备公司与相关供应商因结算问题已产生多个生效判决或审理中的诉讼，相关供应商以工业设备公司为合同相对人向其主张结算价款，部分生效判决确定了工业设备公司应支付相关供应商合同价款。工业设备公司并非仅收取管理费，其作为名义上签订合同的承包人对外承担了一定的民事责任风险，与本案具有利害关系。最后，本案中工业设备公司向新能科公司与皓泽公司主张工程款、利息等，与另案中刘某向工业设备公司主张工程款利息并不冲突。故工业设备公司可以基于施工合同关系，向新能科公司及其权利义务承继者皓泽公司主张权利。

故我们认为，在发包人对借用资质知情的情况下，对被挂靠人向发包人主张工程价款原则上不予支持，应当理解为实体法意义上的评价。案涉合同的效力、被挂靠人主张工程款的诉讼请求能否得到支持属于实体审理的范畴，被挂靠人并不因此丧失诉权。如在发包人先将部分工程款支付给被挂靠人、被挂靠人再支付给实际施工人的工程款纠纷案中，虽然实际施工人与发包人已形成事实合同关系，发包人与实际施工人也表示双方已完成结算，被挂靠人无权请求支付工程款，但人民法院仍应当查明三方当事人之间已支付未支付工程款的客观事实，不能简单以实际施工人与发包人已形成事实合同关系并且已经结算为由，在不查明案件基本事实的情况下直接驳回被挂靠人的起诉或诉讼请求。

在发包人对借用资质不知情的情况下，根据合同相对性原则，被挂靠人直接起诉发包人主张工程价款在法律上没有障碍。但如果实际施工人不同意被挂靠企业单独起诉发包人主张工程款，要求参加诉讼，人民法院应当追加实际施工人为有独立请求权的第三人，一体解决纠纷。实际施工人和被挂靠企业同时参加诉讼的，经审理查明案涉工程确由实际施工人施工，或实际施工人与发包人已形成事实上的建设工程施工合同关系的，应当判决发包人直接向实际施工人支付工程款，或者同时判决发包人向被挂靠人支付工程款、被挂靠人向实际施工人支付工程款，不宜再以合同相对性为由只判决发包人向被挂靠人支付工程款，而驳回实际施工人的起诉或诉讼请求，以避免程序空转，增加当事人诉累，损害实际施工人的合法权益。当然，对被挂靠人已代付的材料款、设备租赁款等要在发包人支付的工程款中予以扣除。

六、借用资质的实际施工人向出借资质的建筑施工企业主张工程价款问题（挂靠人起诉被挂靠人）的处理

借用资质的实际施工人明知其与出借资质的施工企业是借用资质（挂

靠）关系且常常签有挂靠或内部承包协议，双方之间不存在发包、承包关系，被挂靠人不属于转包人、违法分包人或发包人，实际施工人一般应向已形成事实合同关系的发包人主张工程款，向出借资质的施工企业主张工程款的一般不应予以支持。但如果因合同约定或实际履行过程中发包人将工程款支付到出借资质的施工企业账户，出借资质的施工企业截留工程款不予支付的，则实际施工人可向出借资质的施工企业主张被截留部分的工程款。即在发包人对借用资质知情的情况下，因被挂靠人与发包人之间无订立合同的真实意思表示，实际上是挂靠人与发包人之间形成事实上的合同关系，被挂靠人与发包人之间不存在实质性的法律关系，所以挂靠人向被挂靠人主张工程款不应得到支持。但发包人将工程款支付给被挂靠人，被挂靠人收取挂靠费后将剩余款项支付给挂靠人，在该种情况下，若被挂靠人将发包人支付的工程款予以截留，此时挂靠人可以向被挂靠人主张权利。

【典型案例】（2019）最高法民再329号

中顶公司与朱某军、某某县国土资源局
建设工程施工合同纠纷

》裁判摘要

最高人民法院认为，依据《最高人民法院关于审理建设工程施工合同纠纷案件适用法律问题的解释》第26条的规定，实际施工人可向发包人、转包人、违法分包人主张权利。但中顶公司系被挂靠方，不属于转包人、违法分包人或发包人，原判决以上述规定为法律依据判决中顶公司承担给付工程款的责任，适用法律错误，应予以纠正。朱某军借用中顶公司的资质与某某县国土资源局签订案涉施工合同，中顶公司作为被借用资质方，欠缺与发包人某某县国土资源局订立施工合同的真实意思表示，中顶公司与某某县国土资源局不存在实质性的法律关系。本案中，朱某军作为案涉工程的实际施工人与发包人某某县国土资源局在订立和

履行施工合同的过程中，形成事实上的法律关系，朱某军有权向某某县国土资源局主张工程款。

七、挂靠人将工程项目再次转包、分包，实际施工人起诉挂靠人、被挂靠人，挂靠人、被挂靠人应承担何种责任

（一）应由挂靠人向实际施工人承担工程款给付责任的情形

在挂靠人以被挂靠人名义与实际施工人签订合同的情况下，如果实际施工人对挂靠人与被挂靠人之间的挂靠关系明知，则实际施工人知道被挂靠人只是出借资质，对于被挂靠人并非合同相对方也是知情的，其基于对挂靠人的信赖而签订施工合同，则依据合同相对性原则，应由挂靠人向实际施工人承担工程款的给付责任。如果不知情，则合同签订的主体是被挂靠人与实际施工人，虽然被挂靠人只是借用资质，但工程对外的承建主体为被挂靠人，如果实际施工人主观上也是基于对被挂靠人的总承包身份、资质及实力认可而与其签订建设工程合同，则此时应由被挂靠人承担责任，而不能由挂靠人承担工程价款的给付责任。

（二）构成表见代理情形下的欠付款责任

挂靠人以自己名义与实际施工人签订建设工程施工合同，被挂靠人虽未在转包、分包合同上签字或盖章，但由于被挂靠人对外系工程总包方，为建设工程权利义务的实际承受人，其对与挂靠人在施工过程中以其名义对外签署合同应有一定的预期。如果实际施工人有充分证据证明挂靠人系代理被挂靠人签订合同，如挂靠人系项目部经理，转包、分包合同加盖项目部公章，则可能构成表见代理，应按照《民法典》第172条"行为人没有代理权、超越代理权或者代理权终止后，仍然实施代理行为，相对人有理由相信行为人有代理权的，代理行为有效"的规定，由被挂靠人对代理行为产生的法律后果承担责任。如果不构成表见代理，产生合同关系的为实际施工人与挂靠人，则应由挂靠人向实际施工人承担

工程价款的给付责任。

【问题解答】 项目经理以工程项目部名义对外借款应否由公司承担还款责任

最高人民法院法官会议纪要认为，项目经理以工程项目部名义对外借款由公司承担还款责任需要满足三个条件。

首先，行为人具有代理权外观。项目经理有权以公司名义进行与工程项目相关的活动。案涉行为人以项目经理的身份与相对人进行过多次与工程相关的活动，其所出具的借条上不仅签有公司项目经理的签名，且加盖有公司工程项目部的印章，因此，相对人有理由相信项目经理具有代理权。

其次，相对人善意且无过失。相对人知道或者应当知道项目经理只有权进行与工程有关的行为，对外借款一般情况下不属于其职责范围内的事务。在对外借款的情况下，借条上应写明所借款项的实际用途，否则无法证明相对人并无过失。

最后，所借款项实际用于工程建设。如果借条并未写明所借款项的实际用途，且借款进入项目经理的个人账户，相对人亦无任何证据证明借款实际用于工程建设。在无法证明所借款实际用于工程建设项目的情况下，应由项目经理个人承担还款责任。

（三）被挂靠人应在截流的欠付工程款内承担责任

在以上应由挂靠人向实际施工人承担工程款给付责任的情形中，因出借资质系法律明令禁止的行为，被挂靠方存在过错，基于无效合同的返还原理，在被挂靠人对发包方已付工程款存在截流的情况下，被挂靠人应当在截流的欠付工程款范围内承担责任。

（四）被挂靠人是否应对挂靠人欠付实际施工人工程款承担连带责任

最高人民法院（2021）最高法民申2300号案裁判观点认为，该类案件不应仅从形式上审查签约主体，还要结合签约时的具体情况及签约后的履行情况综合分析。在该种情况下，被挂靠人、挂靠人双方之间均知晓并认可对方身份，关键是就实际施工人而言，其是否有理由相信挂靠人系在履行被挂靠人关于施工合同义务有关的职务行为。如合同履行过程中挂靠人向实际施工人称被挂靠人系受其委托支付工程款，而工程相关文件亦加盖被挂靠人项目部印章等。该种情况下，应视为挂靠人以被挂靠人名义发生民事行为，被挂靠人与挂靠人对外应承担连带责任。

主流观点认为，连带责任应有合同约定或法律规定。《民法典》第791条第2款规定，总承包人或者勘察、设计、施工承包人经发包人同意，可以将自己承包的部分工作交由第三人完成。第三人就其完成的工作成果与总承包人或者勘察、设计、施工承包人向发包人承担连带责任。《建筑法》第66条规定了挂靠人与被挂靠人对质量承担连带责任。《建工司法解释（一）》第7条也规定，缺乏资质的单位或者个人借用有资质的建筑施工企业名义签订建设工程施工合同，发包人请求出借方与借用方对建设工程质量不合格等原因出借资质造成的损失承担连带赔偿责任的，人民法院应予支持。

虽然《民法典》《建筑法》《建工司法解释（一）》规定借用资质的建筑施工企业应对出借资质造成建设工程质量不合格的损失向发包人承担连带责任，但并未规定被挂靠人应对工程价款承担连带责任，也不能据此推断被挂靠人对挂靠人所有民事责任承担连带责任。在挂靠人以自己名义与实际施工人签订合同的情形下，除表见代理外，实际施工人不是基于信赖被挂靠人的履约能力、偿还能力而订立合同，而是基于对于挂靠人的信赖，故实际施工人要求被挂靠人承担欠付工程款的连带责任、共同责任、补充责任均没有事实依据。如果构成表见代理，或者对发包人支付的工程款予以截留，则被挂靠人应承担支付工程欠款的直接责任。因此，判定承担连带责任应当遵循严格的法定原则，法官不能通过行使自由裁量权进行认定。

【典型案例】（2024）湘民申 1171 号

曾某松与徐某、中核二四公司等建设工程施工合同纠纷

>> **裁判摘要**

再审审查认为，违法分包和挂靠是我国建筑行业所禁止的违法行为，实施违法分包、挂靠行为的单位和个人违反法律、法规禁止性规定应承担的法律责任，主要由行政主管机关进行查处。在民事司法审判领域，对违法分包和挂靠行为进行否定性评价，主要体现在合同效力及法律后果的认定方面，而参与违法分包和挂靠的合同主体的民事责任，则仍应当依照民事法律规范的规定进行认定。现行民事法律规范中，合同相对性原则是合同关系的理论基石，是指合同项下的权利与义务只由合同当事人享有或者承担，合同仅对当事人具有法律约束力，对合同当事人之外的第三人不具有法律约束力。合同相对性原则只有一个例外，即"法律另有规定"。在建设工程施工合同纠纷案件中，实际施工人与发包人多无直接的合同关系，基于保护建筑工人基本生存权益的考量，司法解释突破合同相对性，规定实际施工人可以向发包人主张权利。但是，实际施工人向发包人主张权利的范围不能随意扩大，其前提是承包人应结算而未结算或不就工程结算主张权利，造成实际施工人不直接起诉发包人就无法保障其权利实现，其法律后果是发包人只在欠付承包人工程价款范围内对实际施工人承担责任，其请求权的主体一般不包括多层转包、分包以及挂靠情形下的实际施工人。本案如果按照一审、二审法院认定的事实，中核二四公司承包案涉工程后将工程违法分包给徐某，徐某又将架管、架料租赁及外架搭拆业务违法分包给曾某松，属于多层分包和违法分包，曾某松与徐某成立合同关系，与中核四公司没有合同关系。在此情形下，一审法院认定中核二四公司对徐某的欠付工程款承担连带责任，既不符合突破合同相对性原则的例外情形，有关"连带责任"的认定也没有法律依据。二审法院虽然纠正了一审法院的错误认定，但又认为中核二四公司明知徐某分包的事实而未采取任何措施，其过错导致曾某松对合同相对方作出错误判断，酌情确定由中核二四公司承担 40% 的

补充责任。经再审法院调阅一审、二审卷宗材料进行审查，曾某松一审起诉主张徐某与中核二四公司之间为挂靠关系，认为徐某借用中核二四公司资质进行施工活动并与其签订合同，中核二四公司为名义上的总承包方，仅收取管理费，徐某为实际施工人；二审上诉主张由徐某承担支付工程款的主体责任，中核二四公司承担连带责任。再结合徐某与曾某松相互熟悉的关系以及合同签订、履行的实际情况，曾某松对其与徐某、中核二四公司的关系应当是清楚的，其认为案涉工程的实际施工人为徐某，与其签订合同的相对方为徐某，中核二四公司的分包行为并不会导致曾某松对合同相对方作出错误判断。即使中核二四公司的分包行为导致曾某松对合同相对方作出错误判断，该事由也不能成为合同纠纷中与当事人没有合同关系的主体承担补充责任的依据。因此，二审法院酌情确定由中核二四公司承担40%的补充责任，没有法律和事实依据。本案如果按照曾某松的主张，其明知徐某挂靠中核二四公司承包案涉工程，中核二四公司仅是收取挂靠费的名义总承包方，则与曾某松成立合同关系的相对方为徐某，曾某松也只能请求徐某支付工程款。考虑到实际施工人曾某松的实体权利保护问题，如果能够查明中核二四公司欠付徐某工程款的具体情况，则可以判决中核二四公司在欠付工程款范围内承担责任。

【实务问题】**发包人承担责任的方式和范围如何认定**

根据《建工司法解释（一）》第43条的规定，实际施工人以转包人、违法分包人为被告起诉的，人民法院应当依法受理。实际施工人以发包人为被告主张权利的，人民法院应当追加转包人或者违法分包人为本案第三人，在查明发包人欠付转包人或者违法分包人建设工程价款的数额后，判决发包人在欠付建设工程价款范围内对实际施工人承担责任。

根据该规定，应判决与实际施工人有合同关系的转包人承担直接支付工程款的责任。但在审判实践中，判决发包人在欠付工程款范围内承担责任的形式有连带责任、共同责任、补充责任或者直接责任，且判决当事人承担连带责任的随意性大。

根据法律适用的基本原则，连带责任是严格责任，应由法律规定或者当事人约定。否则，就会形成对"连带责任"的滥用。根据《民法典》第178条第1款、第2款的规定，二人以上依法承担连带责任的，权利人有权请求部分或者全部连带责任人承担责任。连带责任人的责任份额根据各自责任大小确定；难以确定责任大小的，平均承担责任。实际承担责任超过自己责任份额的连带责任人，有权向其他连带责任人追偿。

因此，在未查清转包人欠付实际施工人工程款具体金额的情况下，直接以发包人欠付转包人工程款金额，判决发包人对实际施工人的工程款承担共同责任，或者承担直接责任，亦不符合《建工司法解释（一）》的规定和要求。

（2024）湘民申3872号广华公司、明凯公司与陈某建设工程施工合同纠纷案民事判决书认为，本案案涉工程应付和已付工程价款以及承担工程款支付责任的主体错误。《建工司法解释（一）》第43条规定，实际施工人以转包人、违法分包人为被告起诉的，人民法院应当依法受理。实际施工人以发包人为被告主张权利的，人民法院应当追加转包人或者违法分包人为本案第三人，在查明发包人欠付转包人或者违法分包人建设工程价款的数额后，判决发包人在欠付建设工程价款范围内对实际施工人承担责任。根据上述规定，实际施工人可以突破合同相对性向发包人主张建设工程价款。但是，依据实际施工人与发包人、转包人或违法分包人之间的合同关系，转包人、违法分包人仍是向实际施工人支付工程款的主体，发包人只在欠付转包人、违法分包人工程款的范围内向实际施工人承担支付责任。本案中，一审、二审法院认定陈某与明凯公司签订的《项目施工管理内部经济责任合同》名为内部承包，实为工程转包，陈某为案涉工程实际施工人，有权要求明凯公司支付工程款并由广华公司在欠付明凯公司工程款的范围内承担责任。如按照一审、二审法院的上述认定，本案应当首先参照明凯公司与陈某之间的合同约定确定明凯公司应向陈某支付的工程款金额，再依据明凯公司与陈某之间的支付情况查清明凯公司向陈某支付工程款的金额，最后依据广华公司与明凯公司之间的支付情况查清广华公司欠付明凯公司的工程款金额，从而判决明凯公司向陈某承担支付责任，广华公司在欠付明凯公司工程款金额的范围内向陈某承担支付责任。但是，一审、二审法院既未参照陈某与明凯公司之间的合同确定明凯公司应付工程款金额，也未查清明凯公司欠付陈某的工程款金额，而是直接参照明凯公司与广华公司之间的合同确定应付工程款金额，将广华公司欠付明凯公司的工程款金额等同于明凯公司欠付陈某工程款的金额，认定的基本事实缺乏证据证明，适用法律错误。

所以，适用《建工司法解释（一）》第43条的规定，认定发包人承担连带责任没有法律依据，应判决"发包人在欠付工程款范围内承担责任"，而对于"欠付工程款"必须查明具体金额。但有的法院仍然在未查清欠付具体金额的情形下，判决发包人在"欠付工程款范围内"承担责任，应予纠正。也有的判决直接依照《建工司法解释（一）》第7条关于因质量不合格造成损失应承担连带责任的规定，判决发包人对工程款承担连带责任，也属于适用法律错误。

关于"欠付工程价款"的范围和性质。《建工司法解释（一）》第43条第2款中的欠付工程价款，应当指的是发包人欠付总承包人的工程款，而非欠付实际施工人的工程款，不能要求发包人、总承包人、转包人对实际施工人的所有债权承担责任。实际施工人主张工程价款时，往往还会向发包人或转包人、违法分包人主张工程款利息、违约金、工程奖励、损失赔偿等款项，对此是否应予支持？根据住房和城乡建设部、财政部颁布的《建筑安装工程费用项目组成》第1条第1款"建筑安装工程费用项目按费用构成要素组成划分为人工费、材料费、施工机具使用费、企业管理费、利润、规费和税金"的规定，通常认为，实际施工人可以突破合同相对性原则向发包人主张的款项范围应限定为工程款，不包括违约金、损失、赔偿等。是否可以要求发包人对工程款利息承担责任，从《建工司法解释（一）》第43条第2款保护农民工工资的本意出发，发包人在欠付工程款范围内承担责任，数额上已足以保障农民工工资的支付，故对实际施工人要求发包人承担工程款利息的不予支持。实际施工人如果认为存在利息等损失的情况，应当向合同相对方主张。

发包人为一人有限责任公司股东时，如不能证明公司财产独立于股东自己的财产的，应对公司欠付的工程价款承担连带责任。

【典型案例】（2024）湘民申 809 号

聚协公司与曾某斌、嘉炜公司建设工程施工合同纠纷

▶ 裁判摘要

聚协公司向一审法院起诉请求：（1）判令嘉炜公司向聚协公司支付工程款 1486558.4 元，并支付逾期付款利息 133438 元（以 1486558.4 元为基数，按全国银行间同业拆借中心公布的一年期贷款市场报价利率为 3.85%，自 2020 年 6 月起计算至 2022 年 10 月 19 日止为 133438 元，顺延照计）；（2）判令曾某斌对上述债务承担连带责任。

一审法院认为，对于曾某斌是否应对嘉炜公司的上述债务承担连带责任，经查，自 2017 年 5 月 27 日起至 2022 年 5 月 31 日止，曾某斌为嘉炜公司唯一股东。《公司法》第 63 条规定："一人有限责任公司的股东不能证明公司财产独立于股东自己的财产的，应当对公司债务承担连带责任。"嘉炜公司与聚协公司签订及履行案涉合同等事实均发生于嘉炜公司股东变更为两人之前，此时曾某斌为该公司的唯一股东，其未提供证据证明公司的财产独立于其自己的财产这一事实，故应对公司所欠聚协公司债务承担连带偿还责任。因此，对聚协公司要求曾某斌对嘉炜公司应支付的工程款项承担连带清偿责任的诉讼请求，予以支持。

二审法院认为，《公司法》第 63 条规定："一人有限责任公司的股东不能证明公司财产独立于股东自己的财产的，应当对公司债务承担连带责任。"曾某斌为证明嘉炜公司的财产独立于其个人财产，向法院提交了一份《鉴证报告》，因该《鉴证报告》系其单方委托鉴定，聚协公司对该鉴定结论不予认可，曾某斌又在二审中申请重新鉴定。该院依据曾某斌的申请，委托湖南鼎诚会计师事务所有限公司对嘉炜公司开发的"嘉裕警苑"项目资产与曾某斌个人资产是否混同进行鉴定，该鉴定程序合法，鉴定资料均经各方当事人质证。湖南鼎诚会计师事务所有限公司作出《司

法鉴定意见书》（征求意见稿）后即征求各方意见，并对聚协公司针对该征求意见稿提出的意见进行了书面答复，《司法鉴定意见书》正式稿作出后，各方当事人均向法院提交了书面质证意见，聚协公司虽对该《司法鉴定意见书》持有异议，但未能提供相关证据予以佐证，法院对该《司法鉴定意见书》予以采信。经鉴定，2017年10月1日至2022年12月31日，嘉炜公司开发的"嘉裕警苑"项目资产与曾某斌个人资产没有混同，故曾某斌对嘉炜公司所欠聚协公司债务不应承担连带清偿责任。

再审审查认为，根据《公司法》第62条、第63条的规定，一人有限责任公司应当在每一会计年度终了时编制财务会计报告，并经会计师事务所审计，一人有限责任公司的股东不能证明公司财产独立于股东自己的财产的，应当对公司债务承担连带责任。上述规定属于法律的强制性规定。本案中，根据嘉炜公司自行委托的鉴定机构出具的鉴定报告和二审法院委托的鉴定机构出具的鉴定报告显示，据以鉴定的材料均不包含嘉炜公司经会计师事务所审计的年度审计报告，嘉炜公司也并未向原审法院及再审法院另行提交年度审计报告，嘉炜公司的会计致电承办人称其公司并未在每年度末进行审计，故曾某斌未按照法律规定履行每年度的强制审计义务，不能排除其滥用公司独立人格和有限责任原则的合理怀疑。虽然鉴定机构出具的鉴定意见表明，未发现嘉炜公司开发的"嘉裕警苑"项目资产与曾某斌个人资产混同的迹象，但并未对聚协公司提出的财务报表未按规定制作及审计、未提交1~6栋不动产证明材料及销售档案、未提供嘉炜公司和曾某斌的完整银行流水等异议进行合理解释，嘉炜公司、曾某斌也并未提供证据进一步证明，故聚协公司的异议具有一定合理性。从目前曾某斌、嘉炜公司提供的证据来看，尚无法达到证明公司财产独立于股东财产的证明标准。而且，根据嘉炜公司自行委托的鉴定机构出具的报告，案涉工程项目由曾某斌、范某湘、黄某毛三人以嘉炜公司的名义建设，由三方共同经营，按出资份额共享收益，三方确定了案涉工程项目的利润为560万元整，并以选定的5套车库门面抵付利润。故在案涉工程款项尚未结清的情况下，曾某斌等人便进行了利润分红，损害了施工方的利益，申请人要求曾某斌承担责任具有合理性。

另外，在鉴定报告附件三开票销售明细表中仅列明了 7 号楼的开票收入明细，并未对其他楼栋的销售收入明细进行统计和鉴定，而且根据该附表，7 号楼 2019 年 9 月 17 日至 2022 年 2 月 16 日的收入共计 60032670.53 元，与鉴定报告"经审查嘉炜公司'嘉裕警苑'项目 2017 年 10 月至 2022 年 12 月账面累计实现主营业务收入 60032670.53 元"金额一致，明显该鉴定报告的金额并非整个项目的金额，故以此认定"2017 年 10 月 1 日至 2022 年 12 月 31 日，嘉炜公司'嘉裕警苑'项目的资金往来即业务往来均已进行独立的账务核算，未发现嘉炜公司开发的'嘉裕警苑'项目资产与曾某斌个人资产混同的迹象"无事实依据。而且，在鉴定过程中，鉴定机构于 2023 年 9 月 8 日出具《申请补充资料函》，要求提供案涉小区 1~6 栋不动产证明资料、所有房屋的销售档案、嘉炜公司从 2017 年开始至今完整的银行流水清单、曾某斌个人名下银行账户从 2017 年开始完整的银行流水清单以及工程合同等其他相关资料。但鉴定报告中除了案涉 7 栋房屋的收入明细外，并未发现其他房屋的销售档案，根据鉴定机构对聚协公司的异议回复，嘉炜公司并未提供其他楼栋的不动产证明资料，也仅对嘉炜公司名下五个银行账户和曾某斌名下三个银行账户的流水进行了鉴定。故，再审法院认为鉴定材料的完整性、鉴定结论的真实性存疑。

【问题解答】实际施工人主张发包人在欠付承包人工程款的范围内向其直接支付工程款时，发包人欠付承包人工程款的数额是否应予查明；如发包人与承包人约定的付款期限已到，但双方尚未结算，欠付工程款数额无法查明时如何处理；如果同时有几个实际施工人起诉，发包人欠付承包人工程款数额大于其中任何一个实际施工人应得工程价款金额但小于几个实际施工人应得工程价款总金额，如何处理

关于第一个问题。应予查明，《建工司法解释（一）》第 43 条第 2 款有明确规定。

关于第二个问题。如果查明存在付款期限已过而双方尚未结算的情

况，应根据民事诉讼证据规则进行认定，并根据《建工司法解释（一）》第19~21条处理，需要鉴定确定工程价款的，应按照《建工司法解释（一）》第28~32条的规定处理。不能简单以双方未结算驳回当事人诉讼请求。

关于第三个问题。在多个实际施工人为合伙关系的情况下，不会出现问题所述的情况。只有在将总承包项目分包给不同的实际施工人、每个项目都有实际施工人时，才可能会出现此种情况。倾向性意见认为，在无法区分发包人支付的工程款是针对哪个实际施工人项目的情况下，审理其中一个实际施工人的单个案件时，无论该案是起诉在先还是起诉在后，如在该案中查明截至该案判决时，发包人仍然存在欠付承包人工程款（无论是否已有判决确认还需要向其他实际施工人支付工程款，只要尚未实际履行），就应当判决发包人在其欠付工程价款的范围内承担责任。发包人最终实际支付的工程款数额不能大于应支付给承包人的数额，这个问题需要在执行程序中解决。发包人作为被执行人，可以通过提交已经实际履行的证据来主张扣减。

第五节 建设工程层层转包或违法分包的，实际施工人主张工程价款的相关问题

一、请求发包人在欠付工程价款范围内承担责任的实际施工人，是否包括多层转包和违法分包关系中的实际施工人

实际施工人是指建设工程施工合同无效情形下，实际完成建设工程施工，实际投入资金、材料和劳动力违法承包的单位和个人，具体包括违法的专业工程分包和劳务作业分包合同的承包人、转承包人、借用资质的承包人（挂靠承包人）；建设工程经数次转包的，实际施工人应当是

最终实际投入资金、材料和劳动力进行工程施工的法人、非法人企业、个人合伙、包工头等民事主体。

对此，《最高人民法院民一庭关于实际施工的人能否向与其无合同关系的转包人、违法分包人主张工程款问题的电话答复》〔（2021）最高法民他103号〕也予以了明确：基于多次分包或者转包而实际施工的人，向与其无合同关系的人主张因施工而产生折价补偿款没有法律依据。突破合同相对性原则请求发包人在欠付工程款范围内承担责任的实际施工人，不包括借用资质及多层转包和违法分包关系中的实际施工人。《民法典》《建筑法》均规定，承包人不得将其承包的全部建设工程转包给第三人，或者将其承包的全部建设工程支解以后以分包的名义分别转包给第三人。禁止承包人将工程分包给不具备相应资质条件的单位。禁止分包单位将其承包的工程再分包。因此，基于多次分包或者转包而实际施工的人，向与其无合同关系的人主张因施工而产生的折价补偿款没有法律依据。

最高人民法院民事审判第一庭专业法官会议纪要中的观点也认为，可以突破合同相对性原则，请求发包人在欠付工程款范围内承担责任的实际施工人，不包括借用资质及多层转包和违法分包关系中的实际施工人。《建工司法解释（一）》第43条的规定涉及三方当事人的两个法律关系：一是发包人与承包人之间的建设工程施工合同关系；二是承包人与实际施工人之间的转包或者违法分包关系。原则上，当事人应当依据各自的法律关系，请求各自的债务人承担责任。突破合同相对性原则，允许实际施工人请求发包人在欠付工程款的范围内承担责任，是为了保护农民工等建筑工人的利益。但对该条解释的适用应当从严把握，该条解释只规范转包和违法分包两种关系，不规范借用资质的实际施工人以及多层转包和违法分包关系中的实际施工人。因此，借用资质的实际施工人以及层层转包或多次分包的实际施工人既不能向发包人主张工程款，也不能向与其没有合同关系的承包人、分包人等中间环节主体主张工程款，但发包人已向承包人、分包人支付全部工程款的除外。未进行实际施工的转承包人、转分包人等中间环节主体不是实际施工人，亦不能突破合同相对性原则向发包人主张权利。

故可以突破合同相对性原则、有权请求发包人在欠付工程款的范围内承担责任的实际施工人，不包括多层转包和违法分包关系中的实际施工人。

【典型案例】（2023）最高法民申 659 号

张某珍与三建公司、吕某廷、蜀信公司建设工程施工合同纠纷

>> 裁判摘要

本案争议焦点问题是：（1）返还工程款及相关利息的责任是否应由吕某廷、三建公司共同承担；（2）蜀信公司应否在欠付工程款范围内向张某珍承担连带责任；（3）张某珍对由其施工完成的案涉工程项目折价、拍卖款是否享有优先受偿权利。根据《民法典时间效力规定》第1条第2款"民法典施行前的法律事实引起的民事纠纷案件，适用当时的法律、司法解释的规定，但是法律、司法解释另有规定的除外"的规定，本案发生在《民法典》施行前，应适用《民法典》施行前的法律、司法解释。

关于争议焦点一。张某珍认为吕某廷与三建公司形成"转包、挂靠"或者具有表面上代三建公司处理案涉工程相关事宜的代理权外观，主张应由三建公司承担吕某廷实施的法律行为的后果。张某珍在原二审庭审中陈述："按照大合同，三建公司扣吕某廷1个点的管理费。吕某廷从我这儿拿3个点的管理费，其余的吕某廷与三建公司沟通。"从中可以看出，张某珍明知与其建立工程施工合同关系的是吕某廷而非三建公司，应认定张某珍是该工程多次违法转包、分包后的实际施工人。《最高人民法院民一庭关于实际施工的人能否向与其无合同关系的转包人、违法分包人主张工程款问题的电话答复》〔（2021）最高法民他103号〕载明，基于多次分包或者转包而实际施工的人，向与其无合同关系的人主张因施工而产生的折价补偿款没有法律依据。根据上述答复，张某珍关于三建公司应与吕某廷共同承担工程款返还责任的主张无事实、法律依据，不予支持。

关于争议焦点二。《最高人民法院关于审理建设工程施工合同纠纷案件适用法律问题的解释（二）》第24条规定，实际施工人以发包人为被告主张权利的，人民法院应当追加转包人或者违法分包人为本案第三人，在查明发包人欠付转包人或者违法分包人建设工程价款的数额后，判决发包人在欠付建设工程价款范围内对实际施工人承担责任。该规定存在三方当事人，两层法律关系：一是承包人与发包人之间的建设工程施工合同关系；二是承包人作为转包人或者违法分包人与转包或者违法分包中的承包人之间的转包或违法分包关系。本案存在四方当事人，三层法律关系，除以上两层法律关系外，还有吕某廷违法将案涉项目支解后交给张某珍来承包的违法分包关系。再审法院认为，突破合同相对性原则，请求发包人在欠付工程款的范围内承担责任的实际施工人，不包括借用资质及多层转包和违法分包关系中的实际施工人。本案张某珍的情形不属于可以突破合同相对性请求发包人承担相应责任的实际施工人，其关于蜀信公司应在欠付工程款范围内承担连带责任的主张无法律依据，不应予以支持。

层层转包、违法分包的实际施工人，不能依据《建工司法解释（一）》第43条的规定突破合同相对性原则向其发包人主张权利。人民法院亦不能判决与其无合同关系的总承包人、发包人在欠付工程款范围内承担连带清偿责任。

【典型案例】（2024）湘民申2214号

九嶷公司与邝某华、刘某林、卓均公司建设工程施工合同纠纷

▶ 基本案情

2018年11月4日，卓均公司将分考场的建设工程、水电安装等工程发包给九嶷公司施工建设。2019年1月15日，九嶷公司与被告刘某林签订《分考场水电安装工程人工费承包合同》，约定由被告刘某林对分考场

的水电进行安装施工，合同约定承包单价为32元/平方米，合同承包包干总价以实际工程量计算，增减项目根据实际情况增减费用，并约定刘某林不得将所承包分项工程转包、分包。刘某林于2019年2月20日与原告邝某华签订《分考场水电安装工程人工费承包合同》，合同约定由被告刘某林提供施工图纸，原告以包工不包料的方式对水电施工图纸范围内的水电安装工程、二次装修深化图纸后的水电安装工程、临时施工用水用电安装工程进行施工，水电工程承包单价为26.5元/平方米，合同承包包干总价以实际工程量计算。原告邝某华组织水电安装工人按照施工图纸内容进行施工。工程完工交付使用后，因结算付款产生纠纷，2022年12月22日原告邝某华向一审法院申请对分考场水电安装工程量、新增工程量进行造价鉴定，鉴定结论为：（1）合同内造价为8500平方米×26.5/平方米=225250元；（2）合同外工程量计价：人工费150491.13元+机械费17013.42元+协商价26259.63元=193764.18元。依据鉴定，被告刘某林应当支付的工程款为419014.18元（225250元+193764.18元=419014.18元）。经原告刘某林与邝某华现场质证核对，被告刘某林已支付邝某华工程款297000元，剩余工程款122014.18元（419014.18元-297000元=122014.18元）未支付给原告邝某华。

>> **裁判摘要**

一审法院认为，九巍公司与被告刘某林签订《分考场水电安装工程人工费承包合同》，因经审理查明被告刘某林系人乾公司的法定代表人，依据该公司的经营范围，被告刘某林与九巍公司签订的《分考场水电安装工程人工费承包合同》系有效合同。被告刘某林承包分考场的水电安装工程后将该工程全部转包给原告邝某华，根据《合同法》第272条"承包人不得将其承包的全部建设工程转包给第三人或者将其承包的全部建设工程肢解以后以分包的名义分别转包给第三人。禁止承包人将工程分包给不具备相应资质条件的单位。禁止分包单位将其承包的工程再分包。建设工程主体结构的施工必须由承包人自行完成"以及《最高人民法院关于审理建设工程施工合同纠纷案件适用法律问题的解释》第4条"承包人非法转包、违法分包建设工程或者没有资质的实际施工人借用有资质的建筑施工企业名义与他人签订建设工程施工合同的行为无效"的规定，被告刘某林将涉案工程转包给原告邝某华的合同无效。

关于原告邝某华主张的水电安装工程款的问题。被告刘某林已支付邝某华工程款297000元，剩余工程款122014.18元（419014.18元－297000元＝122014.18元）未支付给原告邝某华，故本院依法支持被告刘某林应支付原告邝某华剩余未给付工程款122014.18元。

关于被告九嶷公司、卓均公司的连带责任问题。根据《最高人民法院关于审理建设工程施工合同纠纷案件适用法律问题的解释》第26条第2款的规定，实际施工人以发包人为被告主张权利的，发包人只在欠付工程价款范围内对实际施工人承担责任。本案被告九嶷公司、被告卓均公司均未提供明确的证据证明其已履行对应的工程款付款义务，故被告九嶷公司、被告卓均公司应在欠付工程款范围内对刘某林欠付邝某华的工程款122014.18元及利息承担连带清偿责任。

二审法院认为，本案争议的主要焦点在于：九嶷公司是否需要对邝某华承担连带责任。首先，九嶷公司未提供任何明确的证据证明其已履行对应的工程款付款义务；其次，根据《工资支付条例》第30条第3款"分包单位拖欠农民工工资的，由施工总承包单位先行清偿，再依法进行追偿"和第4款"工程建设项目转包，拖欠农民工工资的，由施工总承包单位先行清偿，再依法进行追偿"的规定，作为总承包人的九嶷公司也应当承担农民工工资的清偿责任。故对九嶷公司提出的关于邝某华不是实际施工人，不应对工程款122014.18元及利息承担连带清偿责任的上诉理由，二审法院不予采信。

再审审查认为，本案卓均公司将分考场建设、水电安装等工程发包给九嶷公司施工建设，九嶷公司又将水电安装工程以包工不包料的方式分包给刘某林，刘某林再将该工程全部施工内容转包给邝某华。上述行为属于违法层层转包、分包的行为，原则上不属于《最高人民法院关于审理建设工程施工合同纠纷案件适用法律问题的解释》规定的实际施工人突破合同相对性向其发包人主张权利的情形。一审法院判决与邝某华没有合同关系的总承包人九嶷公司、发包人卓均公司在欠付工程款的范围内承担连带清偿责任，属于适用法律错误。本案为实际施工人邝某华提起的建设工程施工合同纠纷，并非建筑工人请求支付工资的劳务纠纷，二审法院适用《工资支付条例》认定总承包人九嶷公司承担连带清偿责任，适用法律也存在不当。即使从保障农民工获得劳动报酬的合法权益角度考量而突破合同相对性原则，本案也应当实事求是地查明九嶷公司与刘某林之间的工程款支付情况，在查清欠付款金额后判决九嶷公司在欠付款范围之内承担责任。本案一审、二审没有查清九嶷公司欠付刘某林工程款的金额，刘某林在本案一审、二审法院中对已付工程款金额的确认一再发生变化且前后存在矛盾之处。特别是本案二审判决后，刘某林又于2024年5月15日以九嶷公司和卓均公司为被告，另行起诉请求支付工程款24.1万元，九嶷公司反诉主张返还多支付的工程款30.9万元。刘某林与九嶷公司在该案中提出起诉和反诉请求，与本案认定双方已付工程款、欠付工程款的金额存在较大不同，进一步说明本案认定九嶷公司欠付刘某林工程款的金额错误。因此，本案应当启动再审，由再审法院提审后发回重审，将两个案件合并审理，在查清刘某林与九嶷公司之间工程款的支付情况后，再对邝某华的诉讼请求作出相应的处理。

二、多层转包（违法分包）关系中，最后的实际施工人是否可以向没有合同关系的总承包人（转包人、违法分包人）主张工程款

前述案例表明，突破合同相对性原则，请求发包人在欠付工程款范围内承担责任的实际施工人，不包括借用资质及多层转包和违法分包关系中的实际施工人。但下面所列案件，则认可了多层转包和违法分包关系中的实际施工人，可以突破合同相对性原则，请求发包人在欠付工程款范围内承担责任。但同时明确，不应判决总承包人（转包人、违法分包人）向多层转包和违法分包关系中的实际施工人承担责任。也就是说，

实际施工人虽然具有可以突破合同相对性原则向发包人主张工程款的权利,但并不表示实际施工人可以直接向与其没有合同关系的转包人、违法分包人主张工程款。

【典型案例】 (2021)最高法民申1358号

汇龙公司与天恒基公司、蒋某、许某建设工程施工合同纠纷

》基本案情

汇龙公司将某机电城项目发包给天恒基公司施工建设。天恒基公司以内部承包的方式将该工程转包给蒋某,蒋某又将该工程水电暖安装部分分包给许某。案涉工程已竣工验收。经过结算,蒋某确认尚欠许某工程款470万元,汇龙公司尚欠天恒基公司工程款760万元。许某起诉汇龙公司、天恒基公司、蒋某支付工程款及利息。原审判决发包人汇龙公司以及与许某存在合同关系的蒋某承担付款责任,天恒基公司不承担责任(总承包人不承担责任)。

》裁判摘要

最高人民法院认为,在多层转包、分包关系中,存在多个转包人、分包人的情形下,实际施工人能否向所有的主体主张工程款,尤其是向没有直接合同关系的主体主张工程款,是要首先解决好的问题。本案中,争议较大的问题是许某作为实际施工人能否向没有直接合同关系的天恒基公司主张工程款。

第一,天恒基公司与蒋某之间、蒋某与许某之间属于非法转包、违法分包关系,根据司法解释的规定,他们签订的合同无效。第二,蒋某作为违法分包人,汇龙公司作为发包人,根据司法解释的规定,蒋某和汇龙公司应向许某承担支付工程款及利息的责任。第三,天恒基公司与许某之间没有合同关系,因此许某无法根据合同向天恒基工程公司主张工程款及利息。

三、为查明支付工程款的事实，发包人及层层转包中的转包人或违法分包人是否均应作为当事人参加诉讼

在工程层层转包或违法分包的情况下，对于实际施工人能否向所有转（分）包人主张工程款的问题，通常认为应从严把握适用《建工司法解释（一）》第43条的规定，一般情况下不能支持其主张。对于这个问题，主要应当从以下几个方面考量：一是合同相对性是确定合同各方当事人权利义务应遵循的最基本原则，不能随意突破。合同仅对合同当事人产生拘束力，不能约束合同之外的人。实际施工人一般只能向与其具有合同关系的相对方主张权利，除非法律另有规定。《建工司法解释（一）》第43条的规定旨在重申严守合同相对性原则，将转包人、违法分包人的诉讼地位明确为"本案第三人"，以及增加第44条代位权诉讼的规定，体现了最高人民法院坚持合同相对性的根本法律原则。二是既要重视保障实际施工人的合法权益，但又不能对实际施工人过度保护。实际施工人是非法承包人，对于施工合同无效具有过错。如果允许其不仅可以对发包人还可以对所有转（分）包人都可以主张权利，则是对非法承包人的过度保护，会使其获得比合同有效更大的非法利益，不利于遏制转包、违法分包和借用资质等扰乱建筑市场的行为。三是既要全面保护当事人诉讼权利，又要坚持诉讼程序方便原则。多层转包和违法分包涉及多重合同法律关系，实践中有的层层转包中的转包人或违法分包人的转分包利益可能已经实现，或者因其他原因不愿意参加诉讼，如果实际施工人将工程层层转包或将违法分包人均作为被告提起诉讼，不仅会导致查清多层转包或违法分包中层层欠付的事实极为困难，而且会导致案件审理更加复杂，可能导致审判效率降低、审理周期延长，反而不利于实际施工人权利的保护。

但在审判实践中，之所以当事人将所有转包人、违法分包人均列为被告起诉，是因为有的案件需要追加前手中间转包人、违法分包人才能查清案件事实，有的案件的中间转包人、违法分包人由于接受或支付了部分工程款所以也需要追加等。对于这些实务问题，法律司法解释未明

确规定，实践中的做法也不尽相同。我们认为，要根据案件的具体情况，在坚持合同相对性这一总的原则的前提下，从有利于公正解决实体问题、实质性化解纠纷的角度出发，综合判断处理。

（一）多层转包、分包关系中最后的实际施工人主张工程价款的对象

多层转包、分包关系中最后的实际施工人主张工程价款的对象，通常只能起诉与之存在合同关系的转包人（分包人）。但最后的实际施工人能否向没有直接合同关系的发包人和其他中间主体主张工程款，在司法实践中存在较大争议。上述案件中，最高人民法院认可了最后的实际施工人可以向没有直接合同关系的发包人主张工程款，但对最后的实际施工人向总承包人以及其他中间主体主张工程款持否定态度。最高人民法院也有其他案件的裁判观点认为，如果发包人已经付清工程款，则中间主体应在责任范围内承担责任。

我们认为，最后的实际施工人原则上不能突破合同相对性直接起诉发包人，也不能越过相对方直接起诉与其没有直接合同关系的其他中间主体。如果要起诉发包人或其他中间主体，就应当同时起诉合同相对方。如果单独直接起诉发包人或其他中间主体而不起诉合同相对人的，人民法院要追加该合同相对人以及总承包人为第三人。对于其他中间环节的转包人、违法分包人是否应当追加为诉讼主体的问题，要根据具体案件情况做具体分析。如果其他中间环节的违法分包人、转包人未参与实际施工、不影响案件事实查明的，可以不追加为案件诉讼主体。如果需要追加前手中间转包人、违法分包人才能查清案件事实的，比如有的案件中中间转包人、违法分包人接受或支付上下手部分工程款的情况需要查明，就应当追加为诉讼主体。前手转包人、违法分包人不能举证证明自己已付清工程价款的，实际施工人可以要求前手转包人、违法分包人在其欠付工程款的范围内承担责任，也需要追加。如果这些当事人都追加进来了，就必须查清他们之间的法律关系和接受或支付上下手工程款的情况，从而准确认定他们之间的权利义务，不能简单地直接判决发包人或总承包人承担责任，而

不判决合同相对方及其他应承担责任的主体承担相应责任。

前述（2023）×××民终1322号达陆基公司与丁某科、胡某胜、米某奎、公路养护中心建设工程施工合同纠纷案，最后的实际施工人直接越过合同相对方及其前前手起诉要求判决总承包人承担责任，审理法院也根据发包人的申请追加中间环节的转包人、违法发包人作为诉讼主体，但又不对实际施工人与其合同相对方及其前前手、总承包人之间关于工程款的支付等问题进行审理，而认定他们之间的关系系另一层法律关系，要求当事人另行解决，这样的判决结果是明显不当的。

【典型案例】（2024）湘民申2759号

星大公司与姚某富、中建宏伟公司及保靖分公司等工程分包合同纠纷

》 裁判摘要

二审法院认为，星大公司是案涉工程的总承包方，其将案涉工程违法分包给不具有施工资质的保靖分公司，其分包行为应认定为无效。上诉人虽与保靖分公司订立《外架班组承包合同》，但依据《外脚手架拆除令》等证据，足以证实其实际参与了对上诉人的施工管理，并直接向上诉人支付其工程任务项下的工程款。应认定星大公司认可上诉人的相应施工并已实际与上诉人形成了合同关系。因此，对上诉人主张星大公司在欠付保靖分公司工程款范围内，就案涉工程款承担连带清偿责任应予以支持。

再审审查认为：首先，虽然《建工司法解释（一）》第43条赋予了实际施工人突破合同相对性的权利，但该规定的适用应当严格把握，一般不应突破合同相对性，即使要突破，也应查明发包人欠付转包人或者违法分包人工程款的数额。根据该规定，实际施工人突破合同相对性要求支付工程款的对象仅限于发包人，而且需要查明发包人存在欠付转包人或违法分包人工程款的事实及欠付数额，才能判决发包人在欠付工程款的范围内对实际施工人承担责任。本案中，原审适用该条规定判令星

大公司承担对姚某富、吴某春支付工程款的责任错误。一方面，星大公司并非案涉工程的发包人；另一方面，原审并未查清星大公司是否存在欠付保靖分公司工程款及具体欠付金额。即便要在一个案件中解决三方之间的争议，原审也应当在查明星大公司欠付工程款具体数额的情况下，判令其在欠付工程款具体数额的范围内承担责任。其次，原审并未查清本案工程款与另案租赁费是否存在重复的问题，原审判决称"如本案涉及的工程款项与另案主张有相应重复，可在另案中予以处理"，但只有在不构成重复的情况下，才不会对另案构成影响，故是否存在重复需要在本案中予以查明。最后，星大公司是否与姚某富、吴某春形成事实上的合同关系。《脚手架拆除令》系星大公司案涉工程项目部发给施工外脚手架班组的，而支付给姚某富等人的款项，从银行交易明细附言内容可知，该款系代保靖分公司付工资，故原审以此认定星大公司与姚某富、吴某春之间形成了事实上的合同关系证据并不充分。而且，即使星大公司与姚某富、吴某春确实形成了事实上的合同关系，星大公司则应直接对其承担支付责任，原审判决星大公司承担连带清偿责任缺乏法律依据。

（二）工程层层转包、违法分包中间环节的转包人、违法分包人、挂靠人等越过合同相对方直接向发包人主张工程款问题

对此，司法实践中的认识较为统一，即工程承包流转中的仅为其中流转一环的转包人、违法分包人、挂靠人等不属于实际施工人，无权突破合同相对性，越过其合同相对方直接向发包人主张工程款的权利。

【典型案例】（2021）最高法民申 5114 号

凯某齐、盘南产业园区管委会、德感公司建设工程施工合同纠纷

>> 裁判摘要

实际施工人是通过筹集资金、组织人员机械、支付农民工工资或劳

务报酬等形式实际从事工程项目建设的主体，包括挂靠、转包、违法分包、支解分包等场景中的自然人、法人或其他组织，有别于承包人、施工班组、农民工个体等。在层层转包、多次违法分包、挂靠后再次转包或违法分包等情形下，实际施工人仅指最后进场施工的民事主体。

在工程承包流转中，仅为其中一个流转环节的转包人、违法分包人、挂靠人等不属于实际施工人，无权突破合同相对性原则，没有越过其合同相对方直接向发包人主张工程款的权利。

《最高人民法院关于审理建设工程施工合同纠纷案件适用法律问题的解释（二）》第24条〔《建工司法解释（一）》第43条〕第2款规定："实际施工人以发包人为被告主张权利的，人民法院应当追加转包人或者违法分包人为本案第三人，在查明发包人欠付转包人或者违法分包人建设工程价款的数额后，判决发包人在欠付建设工程价款范围内对实际施工人承担责任。"该规定只赋予了实际施工人突破合同相对性的权利，工程多次流转环节中的有关人员或项目管理人员无权以自己的名义独立起诉发包人。

（三）在转包人已诉讼请求发包人支付工程款的情形下，实际施工人另诉请求发包人在欠付工程款范围内承担责任应否予以支持

转包和违法分包涉及三方当事人两个法律关系。一是发包人与转包人之间的建设工程施工合同关系；二是转包人与实际施工人之间的转包或者违法分包关系。转包人有权依据自己与发包人之间的建设工程施工合同关系请求发包人支付工程款。实际施工人有权依据转包或者违法分包的事实请求转包人承担民事责任。实践中存在转包人与实际施工人分别起诉请求发包人承担民事责任的情况。为防止不同生效判决判令发包人就同一债务分别向转包人和实际施工人清偿的情形出现，需要对转包人和实际施工人的起诉并案处理。在转包人已经起诉发包人支付工程款的情况下，实际施工人可以在一审辩论终结前申请作为第三人参加诉讼，或者由人民法院依职权追加。实际施工人作为第三人参加诉讼后，如果请求发包人在欠付工程款范围内承担责任，应当将转包人的诉讼请求与实际施工人的诉讼请求合并审理。在转包人已经起诉发包人支付工程款的情况下，实际施工人另诉请求发包人在欠付工程款范围内承担责任的，不应受理；如果前案已作出判决，则应驳回实际施工人的诉讼请求。

例如，在最高人民法院（2021）最高法民再238号中铁公司、惟邦公司与梵投公司建设工程施工合同纠纷一案的裁判观点认为，法院判决发包人向承包人支付工程款，不宜再另行判决发包人在欠付承包人工程款的范围内向实际施工人承担连带责任。

最高人民法院认为，《建工司法解释（一）》第43条规定："实际施工人以转包人、违法分包人为被告起诉的，人民法院应当依法受理。实际施工人以发包人为被告主张权利的，人民法院应当追加转包人或者违法分包人为本案第三人，在查明发包人欠付转包人或者违法分包人建设工程价款的数额后，判决发包人在欠付建设工程价款范围内对实际施工人承担责任。"该条文赋予实际施工人在存在转包和违法分包情形的建设工程施工合同中，可在符合特定条件时突破合同相对性向发包人主张权利。本案中，惟邦公司和中铁公司通过招投标程序订立的《施工总包合同》仅包含基础工程和钢结构工程，而惟邦公司在其EPC总包范围内交由中铁公司实际施工的工程范围包含基础工程、钢结构工程、屋面幕墙工程、室内精装修工程、暖通空调工程、给排水消防工程和强电工程。基础工程和钢结构工程属于合法分包，中铁公司主张梵投公司在欠付工程款范围内对其承担责任无法律依据，不予支持。余下工程项目未经过招投标程序，已违反《招标投标法》第3条第1款"在中华人民共和国境内进行下列工程建设项目包括项目的勘察、设计、施工、监理以及与工程建设有关的重要设备、材料等的采购，必须进行招标：（一）大型基础设施、公用事业等关系社会公共利益、公众安全的项目……"的规定，属于违法分包，因案涉工程已经竣工验收合格，中铁公司原则上可作为实际施工人主张梵投公司在欠付工程款范围内对其承担责任。但是，承包人惟邦公司已经通过最高人民法院（2021）最高法民终1312号案件［一审案号（2018）黔民初109号］起诉发包人梵投公司支付工程款，并没有存在怠于主张权利的情形，且最高人民法院已判决梵投公司向惟邦公司支付欠付金额，为防止出现不同生效判决判令发包人就同一债务向承包人和实际施工人重复清偿，最高人民法院不再另行判决梵投公司在欠付惟邦公司工程款的范围内向中铁公司承担连带责任。

（四）在层层转包、违法分包的情况下，直接起诉不具有合同关系的前前一个合同转包人、违法分包人承担责任情形的处理

在层层转包、违法分包的情况下，实际施工人不起诉具有合同关系的转包人、违法分包人，直接起诉不具有合同关系的前前一个合同转包人、违法分包人的，人民法院应当直接列前前一个合同转包人、违法分包人为被告，并追加与实际施工人具有合同关系的转包人、违法分包人为共同被告。

（五）实际施工人越级向发包人主张工程款的前提和主张权利的范围

发包人欠付转包人或者违法分包人工程款，实际施工人依据《建工司法解释（一）》第43条，越级向发包人主张工程款的前提是发包人欠付转包人或者违法分包人工程款，主张权利的范围仅限于工程款，不包括违约金、损失赔偿等。利息是否包含争议较大，倾向性意见是对工程款利息不予支持，因为在全部支付工程款的情况下，已足以保障农民工工资的支付（与优先受偿权的范围一致），且利息是工程款的法定孳息属于损失的范畴。

（六）《建工司法解释（一）》第43条规定中的"发包人"应包含的主体范围

《建工司法解释（一）》第43条中的"发包人"应当理解为建设工程的业主，不应将中间环节的转包人、违法分包人等扩大理解为发包人。

【问题解答】建设工程经多层违法转包、层层分包后，实际施工人如何认定；除与发包人和与实际施工人存在合同关系的违法转包人或分包人以外的其他转包人、分包人如何承担责任

关于第一个问题，前面已讲到。

关于第二个问题，要区分两种情况：一种情况是实际施工人只起诉了发包人和与实际施工人存在合同关系的转包人或分包人，此种情况下按照《建工司法解释（一）》第43条的规定处理即可。另一种情况是实际施工人不仅起诉了发包人和与实际施工人存在合同关系的转包人或分包人，还起诉了与之不存在合同关系的中间手层层转包人或层层分包人，且要求其共同承担责任。此种情况下，倾向性意见是：为节约诉讼成本，实质化解矛盾，参照《建工案件解答》第24条的规定，在查明层层转包人和层层分包人支付工程款情况的前提下，如果层层转包人或层层分包人确未履行相应支付责任，对层层转包人、层层分包人的支付责任一并判决，层层转包人、层层分包人在其截留工程款范围内承担责任。

【问题解答】合法分包情形下，合法分包人是否有权突破合同相对性原则直接要求发包人在欠付工程款范围内向其支付工程款

司法实践中，对于合法分包人是否有权依照《建工司法解释（一）》第43条第2款的规定，请求发包人在欠付工程款范围内承担责任的问题存在不同认识。通常认为，根据《民法典》第465条的规定，合法分包合同只能约束分包人及其相对方，发包人不应承担该合同中的义务，突破合同相对性无依据。我们也认为，因缺乏法律依据，原则上不能突破。但为避免诉累，在可以查明相关事实、未实际损害其他当事人利益的情况下，也可以直接判令发包人在欠付工程款范围内向合法分包人支付工程款。根据《建工案件解答》第26条的规定，在合法分包的情况下，实际完成建设工程施工分包合同项下内容的分包人，可参照《建工司法解释（一）》第43条的规定起诉发包人。

也有观点认为，工程款债权并非专属于总承包人的债权，分承包人有权依照《民法典》关于代位权诉讼的规定，向发包人提起代位权诉讼。

【问题解答】 《建工案件解答》第24条如何理解、适用

根据《建工案件解答》第24条的规定，实际施工人向层层转包人或层层分包人主张给付工程价款，转包人或者违法分包人能够证明已经付清工程价款的，其前手转包人或违法分包人一般不再承担给付责任。对此，司法实践中存在以下疑难问题：

1.若转包人或者违法分包人不能证明已经付清工程款的，是否可以突破合同相对性原则，由非合同相对方的层层转包中的转包人或违法分包人向实际施工人承担给付责任。大量案件中负有工程款支付义务的当事人以发包人与总包人未最终结算、无法举证证明欠付工程款的具体数额为由拒付工程款，发包人与总包人应否就实际施工人的前手欠付实际施工人的全部款项承担给付责任。

（1）原则上不能突破合同相对性。但在实际施工人已突破合同相对性原则起诉的情况下，非合同相对方的层层转包中的转包人或违法分包人不能证明自己已经付清工程款的，则应当在截留工程款范围内向实际施工人承担欠付工程款的给付责任。根据无效合同返还原则，对于实际施工人的工程添附行为，与其有直接合同关系的上手应承担无效返还而不能返还支付相应工程款的责任。对于与其没有直接合同关系的转包人或违法分包人而言，其基于无效合同截留工程款未予支付，亦不能因无效合同而获益，应当将截留工程款返还实际施工人。

（2）第二个问题实际上属于审查支付工程款条件是否成就及举证责任分配的问题。应当先区分未结算情形的原因，若并非发包人原因导致未结算，如工程结算条件尚未成就或由于承包人原因导致工程款未结算，该情况下，就发包人而言，不应对欠付工程款承担责任。在支付工程款条件已经成就而发包人在并未支付工程款且未与承包人进行结算以及无法自证已经结清工程款的情况下，应承担责任。具体适用《建工司法解释（一）》第43条时，对于实际施工人主张发包人在欠付工程款范围内承担责任，该欠付工程款范围内的举证责任应由实际施工人承担还是发包人承担的问题，实践中发包人付款的证据通常由其自身或承包人持有，实际施工人一般并未介入结算及付款，实际上无法举证证明，

此时要求实际施工人承担举证责任不切实际，且与司法解释中突破合同相对性原则实际维护施工人利益的初衷相违背。在已经具备工程款结算条件且发包人与承包人未结算的情况下，发包人应当对已付工程款数额承担举证责任。若发包人不积极举证，则应承担举证不能的后果，发包人在法院查明的承包人欠付实际施工人工程款范围内承担欠付工程款的支付责任。

2.为查清是否付清工程价款这一事实，发包人及层层转包中的转包人或违法分包人是否均应作为当事人参加诉讼。

首先，解答并非强制性要求在实际施工人起诉其前手时应追加发包人及其他主体，坚持合同相对性是基本原则。在实际施工人起诉与其存在直接合同关系的前手主张工程款的案件中，其前手抗辩其未支付工程款系因为上游发包人、转包人未充分支付工程款，法院可追加发包人、总承包人或层层转包及违法分包人作为当事人（灵活掌握），但实际施工人越过其前手直接向与其没有合同关系的总承包人或层层转包人主张权利，原则上不应予以支持。其次，在实际施工人将其前手均诉诸法院时，基于合同无效返还原则及减少诉累的考虑，不宜简单以主体不适格为由驳回起诉或驳回其诉讼请求，应就整个建设工程施工合同法律关系中各主体之间的法律关系进行审查，并对工程款的支付情况进行认定，此时实际施工人对于工程款支付情况的证明能力较弱，将该证明责任分配至其前手更有利于查明工程款的整体结算情况。

3.实际施工人根据《建工司法解释（一）》第43条向层层转包人或层层分包人主张给付工程款的，工程款是否包含利息、损失、工程质量保证金、违约金。此种情况下的工程款不包含损失、违约金。对于利息，我们的倾向性意见是不予支持，因为在全部支付工程款的情况下，已足以保障农民工工资的支付（与优先受偿权的范围一致）。且利息是工程款的法定孳息，属于损失的范畴。对于工程质量保证金，应区分质保期间是否到达，若届时质保期间已经届满，或部分届满，应包含相应的工程质量保证金，质保期间未届满的应予以预留。（2019）最高法民申1901号裁定认为，逾期付款利息系违约损失赔偿性质，保证金属于履约担保性质，均不属于《最高人民法院关于审理建设工程施工合同纠纷案件适用法律问题的解释》第26条规定的突破合同相对性原则向发包人追溯的工程款范围，肖某友、刘某德作为多层转包关系的最后实际施工人，不能援引《最高人民法院关于审理建设工程施工合同纠纷案件适用法律问题的解释》第26条的规定向与其没有直接合同关系的方泰公司、盛豪公司主张非工程款性质的损失赔偿和返还保证金。

第四章

关于建设工程价款优先受偿权相关问题的处理

为切实解决拖欠工程款问题,保障承包人的工程款能够顺利落袋为安,《民法典》及《建工司法解释(一)》对该问题作出了重点规定,分别体现在《民法典》第807条和《建工司法解释(一)》第35条、第36条中。

《民法典》第八百零七条　发包人未按照约定支付价款的,承包人可以催告发包人在合理期限内支付价款。发包人逾期不支付的,除根据建设工程的性质不宜折价、拍卖外,承包人可以与发包人协议将该工程折价,也可以请求人民法院将该工程依法拍卖。建设工程的价款就该工程折价或者拍卖的价款优先受偿。

《建工司法解释(一)》第三十五条　与发包人订立建设工程施工合同的承包人,依据民法典第八百零七条的规定请求其承建工程的价款就工程折价或者拍卖的价款优先受偿的,人民法院应予支持。

《建工司法解释(一)》第三十六条　承包人根据民法典第八百零七条规定享有的建设工程价款优先受偿权优于抵押权和其他债权。

承包人因履行建设工程施工合同享有优先受偿权,是直接依据法律规定而享有的法定权利,当事人不可通过约定予以排除。建设工程价款优先受偿权的规定具有强制性、法定性,决定了它具有相对绝对的排他性。建设工程价款优先受偿权优于抵押权,更优于一般债权,但与消费者作为商品房买受人所享有的权利相比,建设工程承包人的优先受偿权不得对抗买受人。根据《建工司法解释(一)》第36条的规定,承包人享有的建设工程价款优先受偿权优于抵押权和其他债权。之所以要由法律直接规定,主要原因是:

1.抵押权产生于建设工程价款优先受偿权之前,为保证工程价款先于抵押权实现,需要法律直接规定。建设工程价款优先受偿权产生于发包人应当支付承包人工程款时,而抵押权设立通常产生于建设工程价款优先受偿权之前。如果以时间先后判断权利是否优先,则建设工程价款优先受偿权往往无法成立。

2.工程款中相当部分是应当支付给建筑工人的工资和其他劳务费用,为优先保护劳动者权益,法律需要直接规定。《劳动法》以及《工资支付条例》等相关规定的立法宗旨是应当优先保护人工工资和其他劳动报酬。如果承包人应得的工程款不由法律规定优先实现，则建筑工人工资和其他劳动报酬可能难以保障。

3. 建设工程施工合同本质上是特殊的承揽合同，为实现承包人享有的类似承揽人留置权性质的法定权利，需要法律直接规定。承揽关系中，根据法律规定动产的承揽人可以享有留置权且优先于抵押权，目的就是保障承揽人的应得报酬顺利落袋为安。建设工程承包人对工程投入更多，涉及更多建筑工人报酬的兑现，其权利保障更应当优先于承揽人。承包人通常实际控制、占有建设工程，如果不允许承包人享有类似留置权优先于抵押权受偿的权利，则承包人就有可能长期占据工程，影响其他购房者的合法权益。

因此，法律、司法解释必须对承包人享有的优先权设置专门规定，赋予承包人享有类似留置权权利性质的优先受偿权。由于建设工程价款优先受偿权具有法定的优先性，人民法院对于建设工程承包人享有的优先受偿权要给予最充分、最大限度的保护。承包人优先受偿权的行使只要不违反法律法规、司法解释的强制性规定，人民法院就应当依法给予保护。

建设工程质量合格，是享有建设工程价款优先受偿权的前提，不因合同无效而丧失。《民法典》第793条第1款规定，建设工程施工合同无效，但是建设工程经验收合格的，可以参照合同关于建设工程价款的约定折价补偿承包人。《建工司法解释（一）》第38条规定："建设工程质量合格，承包人请求其承建工程的价款就工程折价或者拍卖的价款优先受偿的，人民法院应予支持。"因此，建设工程质量合格，是发包人支付承包人工程款和承包人享有建设工程价款优先受偿权的前提。建设工程价款优先受偿权属于法定优先权，依附于工程款债权，系工程款债权的从权利，既然承包人享有工程款债权的主权利，其亦应享有优先受偿权的从权利。

第一节　建设工程价款优先受偿权与商品房消费者房屋交付请求权（价款返还请求权）、抵押权以及其他债权之间的权利顺位关系

购房消费者权利的优先保护问题，以前的法律、司法解释未作明确规定。但随着我国房地产行业的蓬勃发展，购买商品房消费者的权利与其他债权人的权利形成的权利冲突情形越来越多。在此情形下，如何有效保护购房消费者合法权益的顺利实现，如何平衡和处理好各种权利关系的冲突，就成为立法和司法的当务之急。适应现实生活的要求和司法实践发展的迫切需要，最高人民法院下发了《最高人民法院关于商品房消费者权利保护问题的批复》（以下简称《商品房消费者权利保护问题批复》）（法释〔2023〕1号，自2023年4月20日起施行），对购房消费者权利的优先性问题，首次以具有司法解释效力的批复形式作出了明确规定。批复的具体内容如下：（1）建设工程价款优先受偿权、抵押权以及其他债权之间的权利顺位关系，按照《建工司法解释（一）》第36条的规定处理。（2）商品房消费者以居住为目的购买房屋并已支付全部价款，主张其房屋交付请求权优先于建设工程价款优先受偿权、抵押权以及其他债权的，人民法院应当予以支持。只支付了部分价款的商品房消费者，在一审法庭辩论终结前已实际支付剩余价款的，可以适用前款规定。（3）在房屋不能交付且无实际交付可能的情况下，商品房消费者主张价款返还请求权优先于建设工程价款优先受偿权、抵押权以及其他债权的，人民法院应当予以支持。

从《商品房消费者权利保护问题批复》规定来看，购房消费者的权利优于建设工程价款优先受偿权，建设工程价款优先受偿权优于抵押权，根据逻辑关系，购房消费者的权利优于抵押权。

《商品房消费者权利保护问题批复》规定购房消费者的权利优先，主

要是从保护购房消费者的生存权角度出发，购房消费者的生存权优于财产权。

在实现商品房预售制度的情况下，如果不赋予购房消费者优先权，在很多情况下将导致购房人的权利无法得到有效保护，不利于维护房地产行业的正常市场秩序。但需要注意的是，实践中对商品房消费者的保护，应把握以居住为目的且需结合是否支付全部价款等因素。一方面，购房人购买房屋应当是用于居住，对于投机性购买商业用房的购房人不能认定为消费者。通常认为，购房人包括其家庭成员在内在当地大市范围内属于唯一住房的，一般可认定为消费者。当然，对于是否属于消费者购房以及消费者购房的范围，也要根据房地产市场和政策的发展变化来判断。对于购买商住两用房时是否适用《商品房消费者权利保护问题批复》存在争议，我们认为，如果具有居家生活功能，且亦居亦商，则可以适当放宽认定。改善性住房是否享有优先权，根据实际情况考量，可以适当放宽保护。对于单位购买房屋，一般认为不属于消费者主体，但可考虑以其他权利人存在过错等原因，对单位购买房屋的权利予以保护。如在单位购买房屋多年而且已实际使用等情况下设置的抵押权，由于抵押权人明知该房屋已在先出卖仍然办理抵押存在明显过错，所以该抵押权就有可能得不到保护。另一方面，消费者支付的购房款应当是全部购房款项，或者支付部分价款的商品房消费者在一审法庭辩论终结前支付剩余价款的，亦应受到《商品房消费者权利保护问题批复》的保护。采用以商品房抵扣工程款的，要审查合同的真实性，看是否存在虚假诉讼。在不能交付房屋的情况下，消费者请求返还已付购房款的权利与消费者购房优先权虽权利性质有所不同，但基于保护消费者生存利益的同样目的，在权利顺位上应当优先于建设工程价款优先权予以保护。

基于以上法律和司法解释的规定，优先顺序如下：

1.商品房消费者购房人的优先权（包括购房人价款返回请求权）。以居住为目的的消费者交付购买商品房的全部款项，或者支付部分价款的商品房消费者，在一审法庭辩论终结前已实际支付剩余价款的，承包人就该商品房享有的建设工程价款优先受偿权不得对抗买受人。

2. 建设工程价款优先受偿权。人民法院在审理房地产纠纷案件和办理执行案件时，应当依照《民法典》第807条的规定，认定建设工程的承包人的优先受偿权优于抵押权和其他债权。

3. 抵押人优先权（抵押、质押、留置）。为担保债务的履行，债务人或者第三人不转移财产的占有，将该财产抵押给债权人的，当债务人不履行到期债务或者发生当事人约定的实现抵押权的情形时，债权人有权就该财产优先受偿。

4. 税费的优先权。税收优先于欠税之后设定或产生的抵押权、质押权和留置权。《税收征收管理法》第45条第1款规定："税务机关征收税款，税收优先于无担保债权，法律另有规定的除外；纳税人欠缴的税款发生在纳税人以其财产设定抵押、质押或者纳税人的财产被留置之前的，税收应当先于抵押权、质权、留置权执行。"

5. 其他债权。

第二节 享有建设工程价款优先受偿权的法定主体

对于这个问题，目前理论界和司法实务界仍存在较大争议，类案不同判的情况仍然存在。

建设工程价款优先受偿权，是指在发包人经承包人催告支付建设工程价款后的合理期限内仍未支付建设工程价款的情况下，承包人享有的与发包人协议将该工程折价或者请求人民法院将该工程依法拍卖，并就该工程折价或者拍卖的价款优先受偿的权利。《民法典》第807条规定："发包人未按照约定支付价款的，承包人可以催告发包人在合理期限内支付价款。发包人逾期不支付的，除根据建设工程的性质不宜折价、拍卖外，承包人可以与发包人协议将该工程折价，也可以请求人民法院将该工程依法拍卖。建设工程的价款就该工程折价或者拍卖的价款优先受偿。"《建工司法解释（一）》第35条规定："与发包人订立建设工程施工合同的承包人，依据民法典第八百零七条的规定请求其承建工程的价款就工程折价或者拍卖的价款优先受偿的，人民法院应予支持。"

依据上述规定，只有与发包人订立建设工程施工合同的承包人才享有建设工程价款优先受偿权。

实际施工人是否属于"与发包人订立建设工程施工合同的承包人"，包括转包、违法分包、借用资质的实际施工人及直接与发包人签订建设工程施工合同的个人，是否享有建设工程价款优先受偿权问题，在司法实践中存在较大分歧。对于转包、违法分包合同关系中的实际施工人不享有建设工程价款优先受偿权的认识比较统一。但对于借用资质的实际施工人及直接与发包人形成事实上的建设工程施工合同关系的个人是否享有建设工程价款优先受偿权存在不同认识。有以下两种观点：

第一种观点认为，发包人认可、同意的挂靠人与发包人存在事实上的合同关系，系实际承包人，享有建设工程价款优先受偿权。最高人民法院（2019）最高法民申6085号民事裁定书支持这一观点。理由是：（1）被挂靠人与发包人签订的合同是虚假意思表示，被挂靠人只是名义承包人，挂靠人是实际承包人，两者与发包人属于同一建设工程施工合同的双方当事人。（2）建设工程价款优先受偿权的创设目的是农民工收入保障。（3）挂靠人实际组织人员进行了工程建设活动，实际投入了人力、物力和财力。

第二种观点认为，挂靠情形下的实际施工人，包括发包人认可、同意的挂靠人以及与发包人存在事实合同关系的实际承包人，亦不享有建设工程价款优先受偿权。挂靠与转包、违法分包同为法律禁止，应当按同一标准认定，其实际施工人不是《建筑法》规定的合法承包人，不享有建设工程价款优先受偿权。

《建筑法》第十二条　从事建筑活动的建筑施工企业、勘察单位、设计单位和工程监理单位，应当具备下列条件：

（一）有符合国家规定的注册资本；

（二）有与其从事的建筑活动相适应的具有法定执业资格的专业技术人员；

（三）有从事相关建筑活动所应有的技术装备；

（四）法律、行政法规规定的其他条件。

《建筑法》第十三条　从事建筑活动的建筑施工企业、勘察单位、设计单位和工程监理单位，按照其拥有的注册资本、专业技术人员、技术装备和已完成的建筑工程业绩等资质条件，划分为不同的资质等级，经资质审查合格，取得相应等级的资质证书后，方可在其资质等级许可的范围内从事建筑活动。

《建筑法》第二十六条　承包建筑工程的单位应当持有依法取得的资质证书，并在其资质等级许可的业务范围内承揽工程。

禁止建筑施工企业超越本企业资质等级许可的业务范围或者以任何形式用其他建筑施工企业的名义承揽工程。禁止建筑施工企业以任何形式允许其他单位或者个人使用本企业的资质证书、营业执照，以本企业的名义承揽工程。

可以看出，《建筑法》《建工司法解释（一）》规定的"与发包人订立建设工程施工合同的承包人"中的承包人，应理解为符合法律规定有资质从事建筑活动的建筑施工企业。转包、违法分包、借用资质的实际施工人及直接与发包人签订建设工程施工合同的个人，不是法律和司法解释规定意义上的承包人，均不能依据法律和司法解释的规定享有建设工程价款优先受偿权。最高人民法院民事审判第一庭在对《建工司法解释（一）》的理解与适用中的观点非常明确，转包、违法分包以及借用资质签订的建设工程施工合同依法应当被认定为无效合同，实际施工人不应享有工程价款优先受偿权。

有案件创设了"实际承包人"的概念，认为实际施工人已将人力、物力、财力等成本物化凝结于建设工程之中，与发包人形成事实合同关系，是实际承包人，应享有建设工程价款优先受偿权。我们认为，转包、违法分包以及借用资质签订的建设工程施工合同依法应当被认定为无效合同，如果允许对法律给予否定性评价的无效合同中的实际施工人，享有与合同有效中的合法承包人同等的法律权利，既不利于遏制建设工程领域违法行为的发生，也必将导致《民法典》第807条和《建工司法解释

(一)》第 35 条的规定形同虚设，失去存在的意义。

因此，主流观点认为，除转包、违法分包、挂靠的实际施工人均不享有建设工程价款优先权外，直接与发包人签订合同的个人及不具备相应资质的企业，也不享有建设工程价款优先权。

最高人民法院（2019）最高法民再 258 号民事判决书认为，实际施工人不能享有工程价款优先受偿权。关于吴某全是否享有工程价款优先受偿权的问题。吴某全主张依据原《最高人民法院关于审理建设工程施工合同纠纷案件适用法律问题的解释》第 26 条第 2 款，其应享有工程价款优先受偿权。本案中，吴某全与丰都一建公司签订的《建设工程内部承包合同》为无效合同，吴某全并非承包人而是实际施工人。原《最高人民法院关于审理建设工程施工合同纠纷案件适用法律问题的解释》第 26 条第 2 款规定的是发包人只在欠付工程款范围内对实际施工人承担责任，即实际施工人有条件向发包人主张工程价款，但并未规定实际施工人享有建设工程价款优先受偿权。原《合同法》第 286 条仅规定承包人享有建设工程价款优先受偿权，亦未规定实际施工人也享有该项权利。因此，吴某全主张其享有建设工程价款优先受偿权并无事实和法律依据，二审不予支持并无不当。

主流观点认为，勘察、设计、监理人、分包人（专业工程分包人、劳务作业分包人、发包方指定分包人）不享有建设工程价款优先受偿权；转包、违法分包、挂靠的实际施工人可以通过行使代位权的方式取得，但多层转包、违法分包中的实际施工人不能通过代位权取得。

【典型案例】 （2023）湘民终 348 号

林某、王某铨与武陵山公司、新茂公司
建设工程施工合同纠纷

▶ 裁判摘要

原告是否享有建设工程价款优先受偿权。一审法院认为，《民法典》第 807 条规定："发包人未按照约定支付价款的，承包人可以催告发包人

在合理期限内支付价款。发包人逾期不支付的,除根据建设工程的性质不宜折价、拍卖外,承包人可以与发包人协议将该工程折价,也可以请求人民法院将该工程依法拍卖。建设工程的价款就该工程折价或者拍卖的价款优先受偿。"关于建设工程价款优先受偿权,原告主张其作为案涉工程的挂靠人有权主张优先受偿权。本案中,新茂公司与武陵山公司签订的新《总承包合同》,实际上是原告林某、王某铨借用新茂公司的名义与武陵山公司签订,原告林某、王某铨是实际承包人,新茂公司只是名义承包人,武陵山公司作为发包人是明知林某、王某铨的实际承包人地位的。根据《建工司法解释(一)》第38条"建设工程质量合格,承包人请求其承建工程的价款就工程折价或者拍卖的价款优先受偿的,人民法院应予支持"的规定,案涉工程已经检测机构检测合格,因此,林某、王某铨有权在未付工程款77175534.43元范围内,对武陵山中药材及生态农林博览城工程折价或者拍卖的价款享有优先受偿权。武陵山公司与新茂公司关于原告不是承包人、不享有优先受偿权的抗辩不成立,不予采纳。

二审法院认为:其一,《建工司法解释(一)》第35条规定:"与发包人订立建设工程施工合同的承包人,依据民法典第八百零七条的规定请求其承建工程的价款就工程折价或者拍卖的价款优先受偿的,人民法院应予支持。"根据上述法律规定可知,享有建设工程价款优先受偿权的主体应限定为承包人。其二,《建筑法》第12条规定:"从事建筑活动的建筑施工企业、勘察单位、设计单位和工程监理单位,应当具备下列条件:(一)有符合国家规定的注册资本;(二)有与其从事的建筑活动相适应的具有法定执业资格的专业技术人员;(三)有从事相关建筑活动所应有的技术装备;(四)法律、行政法规规定的其他条件。"第13条规定:"从事建筑活动的建筑施工企业、勘察单位、设计单位和工程监理单位,按照其拥有的注册资本、专业技术人员、技术装备和已完成的建筑工程业绩等资质条件,划分为不同的资质等级,经资质审查合格,取得相应等级的资质证书后,方可在其资质等级许可的范围内从事建筑活动。"第26条规定:"承包建筑工程的单位应当持有依法取得的资质证书,并在其资质等级许可的业务范围内承揽工程。禁止建筑施工企业超越本企业资质等级许可的业务范围或者以任何形式用其他建筑施工企业的名义承揽工程。禁止建筑施工企业以任何形式允许其他单位或者个人使用本企业的资质证书、营业执照，以本企业的名义承揽工程。"上述法律对于承包人资格已经予以明确规定，即承包人应具备相应资质，有相应场所、人员。而转包、违法分包、挂靠关系中实际投入人力及成本的施工方，因是不具有相应资质的主体，所以不属于承包人主体，应均为实际施工人，并非承包人。其三，建设工程价款优先受偿权属于法定权利，应严格审查，且从规范建筑市场的角度来看，对承包人范围应作限缩理解。本案中，虽然武陵山公司与挂靠新茂公司的林某、王某铨成立事实上的合同关系，但该事实上的合同关系中的实际施工人林某、王某铨并不能等同于与发包人订立了建设工程施工合同的承包人，因为该事实上的合同关系系基于虚假意思表示、真意保留而认定，实际上与发包人签订合同的主体为被挂靠人而非挂靠人。其四，现行法律、司法解释并无"实际承包人"概念，仅有实际施工人概念，原审判决将实际施工人林某、王某铨认定为"实际承包人"，缺乏依据。综上所述，林某、王某铨作为挂靠新茂公司与武陵山公司形成事实上的法律关系从而承接案涉工程的实际施工人，不应认定为享有建设工程价款优先受偿权的承包人，原审判决认定林某、王某铨在本案中享有建设工程价款优先受偿权存在不当，予以纠正。

【典型案例】（2024）湘民再255号

新兴公司与龚某林等建设工程施工合同纠纷

> 裁判摘要

关于建设工程价款优先受偿权问题。一审法院认为，《合同法》第286条规定："发包人未按照约定支付价款的，承包人可以催告发包人在合理期限内支付价款。发包人逾期不支付的，除按照建设工程的性质不宜折价、拍卖的以外，承包人可以与发包人协议将该工程折价，也可以申请人民法院将该工程依法拍卖。建设工程的价款就该工程折价或者拍卖的价款优先受偿。"《最高人民法院关于审理建设工程施工合同纠纷案件适用法律问题的解释（二）》第17条规定："与发包人订立建设工程施工合同的承包人，根据合同法第二百八十六条规定请求其承建工程的价款就工程折价或者拍卖的价款优先受偿的，人民法院应予支持。"据此，建设工程价款优先受偿权系法律赋予与发包人存在直接施工合同关系的承包人就工程折价或者拍卖的价款在欠付工程款的范围内优先受偿的权利。本案中，龚某林与新兴公司成立事实上的建设工程施工合同关系，双方直接发生权利义务，龚某林是事实上的承包人。虽然龚某林与新兴公司的事实施工合同无效，但由于优先受偿权实质为已完工工程价款的担保，与发包人的付款义务同时产生，合同无效并不影响承包人依据或者参照施工合同向发包人主张工程款的权利，因此也不影响承包人优先受偿权的享有与行使。根据《合同法》第286条、《最高人民法院关于审理建设工程施工合同纠纷案件适用法律问题的解释（二）》第17条的规定，龚某林对新兴企业中心工程的工程价款有优先受偿权。

二审法院认为，《最高人民法院关于审理建设工程施工合同纠纷案件适用法律问题的解释（二）》第17条规定："与发包人订立建设工程施工合同的承包人，根据合同法第二百八十六条规定请求其承建工程的价款就工程折价或者拍卖的价款优先受偿的，人民法院应予支持。"建设工程价款优先受偿权系法律赋予与发包人存在直接建设工程施工合同关系的承包人就工程折价或者拍卖的价款在欠付工程款的范围内优先受偿的权利。本案中，龚某林与曙光公司系挂靠关系，新兴公司对此是知情的。涉案工程由龚某林组织施工，曙光公司并未参与施工管理，龚某林实际投入人力与财力实施了建造行为，系实施建设工程活动的主体，与新兴公司形成事实上的发承包关系。另外，建设工程价款优先受偿权存在其特殊性，即工程建设主体将人力、物力、财力等成本物化凝结于建设工程之中，从而获得建设工程价款并相应享受优先受偿权。即优先受偿的前提应为履行工程建设义务，享有优先受偿权的主体应为真正履行工程建设义务之人。综上所述,在新兴公司对挂靠施工知情的情况下,因新兴公司与龚某林存在建立施工合同关系的合意,且涉案工程已由龚某林施工完毕并验收合格,龚某林属于法律规定的"承包人",应享有涉案工程折价或者拍卖的价款优先受偿权。

再审审理认为,本案再审的焦点问题在于:龚某林是否有权就涉案工程折价或者拍卖的价款享有优先受偿权。《建筑法》第12条规定:"从事建筑活动的建筑施工企业、勘察单位、设计单位和工程监理单位,应当具备下列条件:(一)有符合国家规定的注册资本;(二)有与其从事的建筑活动相适应的具有法定执业资格的专业技术人员;(三)有从事相关建筑活动所应有的技术装备;(四)法律、行政法规规定的其他条件。"第13条规定:"从事建筑活动的建筑施工企业、勘察单位、设计单位和工程监理单位,按照其拥有的注册资本、专业技术人员、技术装备和已完成的建筑工程业绩等资质条件,划分为不同的资质等级,经资质审查合格,取得相应等级的资质证书后,方可在其资质等级许可的范围内从事建筑活动。"第26条规定:"承包建筑工程的单位应当持有依法取得的资质证书,并在其资质等级许可的业务范围内承揽工程。禁止建筑施工企业超越本企业资质等级许可的业务范围或者以任何形式用其他建筑施工企业的名义承揽工程。禁止建筑施工企业以任何形式允许其他单位或者个人使用本企业的资质证书、营业执照,以本企业的名义承揽工程。"《建工司法解释(一)》第35条规定:"与发包人订立建设工程施工合同的承包人,依据民法典第八百零七条的规定请求其承建工程的价款就工程折价或者拍卖的价款优先受偿的,人民法院应予支持。"根据上述法律、司法解释的规定,建设工程价款优先受偿权属于法定优先权,从规范建筑市场秩序的立法目的和现实要求来看,在认定建设工程价款优先受偿权时,对于承包人的范围应进行严格审查。由于上述法律对于承包人资格已经予以明确规定,即承包人应具备相应资质,应当具备相应场所、人员等条件,取得相应的资质证书,并在资质许可的业务范围内承揽工程。挂靠关系中的实际施工人虽然投入人力及成本完成工程施工,但因其不具有相应的资质,并不符合承包人的主体资质要求,并非上述法律规定的承包人，不能对其完成工程享有建设工程价款优先受偿权。本案中，虽然新兴公司与龚某林成立事实上的合同关系，但在该事实合同关系中，因龚某林为缺乏资质的个人，并不能等同于与发包人订立建设工程施工合同的承包人。现行法律、司法解释并无"实际承包人"概念，仅有实际施工人概念，原审判决将实际施工人龚某林认定为"实际承包人"，并认定龚某林有权就案涉工程拍卖、变卖所得价款优先受偿，依据不足。龚某林主张本案应参照最高人民法院案例库2021-18-2-115-001号案例（本案中简称001号案例）及2023-07-2-115-007号案例（本案中简称007号案例），认定其对案涉工程享有建设工程价款优先受偿权。对此再审审理认为：第一，001号案例中的承包人为具有建筑资质的公司，与本案实际施工人为无建筑资质的个人龚某林情况不同；第二，虽然007号案例中一审认定了建设工程价款优先受偿权，但当事人均未就该问题提出上诉，最高人民法院二审并不需要就实际施工人是否享有建设工程价款优先受偿权的问题作出实体审理，二审判决判项中虽有关于建设工程价款优先受偿权的内容，但该判项系因二审法院对该案建设工程价款的金额作出了改判，导致建设工程价款优先受偿权的范围发生变化，该案例收入人民法院案例库的裁判要旨在于，对当事人因另案结果于己不利而自我否定已获法院支持的本案主张的问题作出参考指引，与本案的争议焦点问题不具有同一性。因此，龚某林主张本案应参照001号案例及007号案例认定其享有建设工程价款优先受偿权，理据不足。

第三节　建设工程价款优先受偿权的范围和优先受偿权的建设工程范围如何确定

《建工司法解释（一）》第四十条　承包人建设工程价款优先受偿的范围依照国务院有关行政主管部门关于建设工程价款范围的规定确定。承包人就逾期支付建设工程价款的利息、违约金、损害赔偿金等主张优先受偿的,人民法院不予支持。

建设工程价款优先受偿的范围,依据建设行政主管部门关于建设工程价款的范围确定。建设工程价款的范围是定额中规定的项目,包括直接费、间接费、利润、规费,不包括违约损失或无效合同损失,即利息、违约金、损害赔偿金等。对于承包人的垫资是否属于建设工程价款优先受偿的范围,存在较大争议。主流观点认为,承包人对其垫资不享有建设工程价款优先受偿权。

工程质量保证金本质上属于工程款的一部分,故工程质量保证金亦应享有建设工程价款优先受偿权。

因此,建设工程价款优先受偿的范围包括全部工程款,即人工费、材料费、施工机具使用费、企业管理费、利润、规费和税金。但利息、违约金、损害赔偿金不属于建设工程价款,和其他普通债权没有区别,当事人就逾期支付建设工程价款的利息、违约金、损害赔偿金等主张优先受偿的,人民法院不予支持。

【问题解答】建设工程价款优先受偿权的建设工程范围是否包括门窗工程、地基工程、中央空调、水电安装工程、消防工程、玻璃幕墙等工程

司法审判实践中,针对分部或附属工程优先受偿权问题,裁判思路不统一,但《建工司法解释(一)》施行后,主流观点认为分部或附属工程不享有优先受偿权,相关案例占多数,其裁判思路主要是认为水电门窗、景观绿化、消防、电梯、管网、通风与空调、钢结构等工程系附属于主体工程不可分割的分部分项工程,不能形成独立的产权,交换价值不能单独体现,单独拍卖会破坏建设工程的整体性,不宜折价、拍卖。但也有裁判观点认为,上述分部或附属工程本身就属于《建筑法》《工程质量管理条例》规定的"建设工程"范畴,当然属应当享有建设工程价款优先受偿权的建设工程类别之一,而且可以参照装饰装修工程,在建筑物因分部或附属工程而增加价值的范围内优先受偿。

倾向性意见是,根据《民法典》第807条的规定,"根据建设工程的

性质不宜折价、拍卖"的建设工程一般包括：违章建筑、工程质量不合格且难以修复的建筑，法律禁止抵押的不动产，非营利法人的教育设施、医疗卫生设施和其他公益设施及不宜单独折价拍卖的分部、分项工程等。上述门窗工程、地基工程、中央空调、水电安装工程、消防工程、玻璃幕墙工程等工程属于子分部工程，属于附着于建筑中并无法单独拆分的非独立工程，不能独立发挥效能，需要与建筑主体工程组合方能实现整体功能，并非独立工程，无法单独拆分进行折价拍卖。若对各部分工程行使建设工程价款优先受偿权，将影响主体建筑整体使用功能，故属于不宜单独折价和拍卖的工程。即便给予其相应权利，亦很难在评估中具体认定其价值。

对于装饰装修建设工程的承包人是否享有工程价款优先受偿权的问题，要区分不同情况处理，如果装饰装修工程可以单独评估且与其他工程一并拍卖，则装饰装修建设工程的承包人享有建设工程价款优先受偿权。但根据《建工司法解释（一）》第37条"装饰装修工程具备折价或者拍卖条件，装饰装修工程的承包人请求工程价款就该装饰装修工程折价或者拍卖的价款优先受偿的，人民法院应予支持"的规定，实施装饰装修的承包人就建设工程价款主张优先受偿权，应当举证证明案涉装饰装修工程可以单独评估且与其他工程一并拍卖。《建工案件解答》第19条规定，装饰装修的承包人就建设工程价款主张优先受偿权应具备折价或者拍卖条件，应理解为装饰装修的承包人就建设工程价款主张优先受偿权的同时，应举证证明案涉装饰装修工程可单独评估且与其他工程一并拍卖。

当然也有人认为，门窗工程、地基工程、水电安装工程、消防工程、玻璃幕墙等子分部或附属工程，承包人也应当享有建设工程价款优先受偿权。至于判决后权利能否实现，则是执行过程中应当考虑的问题。如果该工程整体拍卖，则子分部或附属工程的优先受偿权可以按占拍卖总价的比例予以实现。

【问题解答】承包人主张建设工程价款优先受偿权,是否应当查明案涉工程项目能够进行折价或拍卖、是否存在权利实现障碍等情况,在排除项目灭失和不宜折价、拍卖等情形后,原则上支持承包人的该项权利主张。在房屋已大部分出售的情况下,能否主张优先受偿权。另外,在工程价款优先受偿权的判项表述方面,目前实务中内容存在很大差异,希望上级法院予以指导规范

在大量建设工程施工合同纠纷中,承包人普遍主张建设工程价款优先受偿权,而发包人往往以工程项目已建成交付业主、案涉工程属于基础工程部分等理由进行抗辩。一种观点认为,建设工程价款优先受偿权系承包人的法定权利,除非存在违章建筑、质量不合格且难修复、属于公益设施建筑等不宜折价和拍卖的情形,否则即使存在项目已建成交付业主、案涉工程属于基础工程部分等情形,也属于在建设工程价款优先受偿权利具体实现过程中,是否存在其他优先权利对抗以及如何最终实现权利的范畴,不宜直接作为案件审理中不确认承包人建设工程价款优先受偿权的依据。另一种观点认为,应当综合考虑建设工程性质、建设工程所在项目现状、折价拍卖的现实可能性,也要考虑保障已收房业主合法权益等方面的因素,判定确认建设工程价款优先受偿权是否应予支持。否则,就会导致判决内容无法执行、判项内容成为一纸空文和引发后续不稳定因素的情况。

我们同意第一种观点。若与其他权利冲突,属于权利位阶比较问题,不应成为是否支持工程价款优先受偿权过多考虑的因素。建设工程价款优先受偿权的判项应表述如下:××公司在建设工程价款××元范围内对其承建的××项目工程折价或者拍卖的价款享有优先受偿权。

【实务问题】建设工程施工合同纠纷案件中,建成的房屋已办理网签,承包人是否仍有权就工程折价或者拍卖的价款优先受偿

最高人民法院法官会议纪要观点:建设工程价款优先受偿权不因建成的房屋已经办理网签而消灭。

建设工程价款优先受偿权不因建成的房屋已经办理商品房预售合同网签而消灭，如符合建设工程价款优先受偿权的成立要件，承包人仍有权就工程折价或者拍卖的价款优先受偿。《民法典》第807条规定："发包人未按照约定支付价款的，承包人可以催告发包人在合理期限内支付价款。发包人逾期不支付的，除根据建设工程的性质不宜折价、拍卖外，承包人可以与发包人协议将该工程折价，也可以请求人民法院将该工程依法拍卖。建设工程的价款就该工程折价或者拍卖的价款优先受偿。"《建工司法解释（一）》第35~42条进一步明确了行使建设工程价款优先受偿权的条件。由此可见，建设工程价款优先受偿权是承包人的法定权利，在符合法律及司法解释规定的条件时，建设工程价款优先受偿权就已经成立。商品房预售合同网签是为规范商品房预售而采用的行政管理手段，并非法律规定的不动产物权设立、变更、转让和消灭的公示方式，不能产生物权变动的效力，亦不导致承包人原本享有的建设工程价款优先受偿权因此不成立或者消灭。如承包人行使建设工程价款优先受偿权时与房屋买受人之间发生权利冲突的，属于权利顺位问题，可另行解决。

第四节　实际施工人通过代位权诉讼主张建设工程价款优先受偿权问题

建设工程价款优先受偿权是一种类似于担保物权的优先性、从属性权利，该主债权不具有人身属性，故无论从建设工程价款优先受偿权的性质还是这一制度保障农民工等建筑工人生存权益这一设立目的，均不能得出建设工程价款优先受偿权具有身份属性的结论。因此，《建工司法解释（一）》第44条规定，实际施工人依据《民法典》第535条的规定，以转包人或者违法分包人怠于向发包人行使到期债权或者与该债权有关的从权利，影响其到期债权实现，提起代位权诉讼的，人民法院应予支持。根据该规定，实际施工人可以通过行使代位权诉讼主张建设工程价款优先受偿权。

1. 通过代位权诉讼取得建设工程价款优先受偿权的性质。实际施工人通过代位权诉讼取得建设工程价款优先受偿权被支持，并不表示该优先受偿权由其享有，也不表明实际施工人当然享有法定的建设工程价款优先受偿权，而是以代位诉讼的方式实现承包人对建设工程价款优先受偿权。

2. 实际施工人行使代位权的前提条件。根据《建工司法解释（一）》第44条的规定，实际施工人只有在转包人或者违法分包人怠于向发包人行使到期债权，或者与该债权有关的从权利，影响其到期债权实现时，才能够提起代位权诉讼。因此，行使代位权的实质前提条件是，转包人或者违法分包人对发包人享有到期债权，或者与该债权有关的从权利；承包人怠于向发包人行使到期债权；实际施工人对于转包人或违法分包人享有合法有效债权。虽然《建工司法解释（一）》第44条未规定借用资质情形下挂靠人提起代位权诉讼的问题，司法实践中也存在较大争议，但我们认为，提起代位权诉讼的实际施工人应当包括借用资质的挂靠人在内的三类主体，即借用资质订立施工合同、转包以及违法分包合同中实际完成工程建设的主体。挂靠情况下，一般是由发包人将工程款支付给被挂靠人，被挂靠人再支付给挂靠人，挂靠人与被挂靠人形成债权债务关系，被挂靠人应当及时向发包人主张工程款债权。如果被挂靠人怠于行使权利，或不配合挂靠人以被挂靠人名义向发包人主张权利，必然阻碍实际施工人债权的实现。在此情况下，挂靠人可以通过代位权诉讼主张工程款及建设工程价款优先受偿权。

需要注意的是，可以通过代位权诉讼主张建设工程价款优先受偿权的挂靠人，应当是以发包人不明知挂靠人与被挂靠人之间存在挂靠关系为前提。如果发包人明知挂靠或者应当知道借用资质情形的，发包人与被挂靠人签订建设工程施工合同的行为，属于《民法典》第146条规定的虚假民事行为，而发包人与实际施工人虽未签订书面合同，但挂靠人与发包人之间已形成事实上的建设工程施合同关系，合同权利义务双方为发包方与借用资质的实际施工人，此时借用资质的实际施工人即挂靠人可以直接向发包人主张权利，挂靠人已不存在通过《建工司法解释（一）》第44条规定的代位权诉讼主张工程款债权的基础。

3. 提起代位权诉讼主体的限制。建设工程层层转包或违法分包的，中间环节的转承包人、违法分包人，以及最终实际投入资金、材料和劳力进行工程施工的实际施工人，是否可以根据《建工司法解释（一）》第44条的规定，提起代位权诉讼主张建设工程价款优先受偿权。合同具有相对性，仅对合同当事人产生拘束力，不能约束合同之外的人。根据《建工司法解释（一）》第43条的规定，实际施工人一般只能向与其具有合同关系的当事人主张权利，可以突破合同相对性原则请求发包人在欠付工程款范围内承担责任的实际施工人，不包括借用资质及多层转包和违法分包关系中的实际施工人。因此，工程层层转包或违法分包中间环节的转承包人、违法分包人，以及最终实际投入资金、材料和劳力进行工程施工的实际施工人，不能对承包人、违法分包人形成合法有效的债权，当然也不能根据《建工司法解释（一）》第44条的规定，提起代位权诉讼主张建设工程价款优先受偿权。

【典型案例】（2023）最高法民申659号

张某珍与三建公司、吕某廷等建设工程施工合同纠纷

》 裁判摘要

本案争议焦点问题之一是：张某珍对由其施工完成的案涉工程项目的折价款、拍卖款是否享有优先受偿权。根据《民法典时间效力的规定》第1条第2款"民法典施行前的法律事实引起的民事纠纷案件，适用当时的法律、司法解释的规定，但是法律、司法解释另有规定的除外"的规定，本案发生在《民法典》施行前，应适用《民法典》施行前的法律、司法解释。

首先，张某珍主张吕某廷挂靠三建公司进行总承包，随后吕某廷将工程包工包料交由其实际施工，其实际为建设工程总承包方。根据张某

珍在再审情况说明中的陈述，案涉工程由吕某廷支解分包给了吕某廷本人、张某珍和杨某生进行施工，张某珍并非其主张的案涉工程的总承包方。《最高人民法院关于审理建设工程施工合同纠纷案件适用法律问题的解释（二）》第17条规定，与发包人订立建设工程施工合同的承包人，根据《合同法》第286条规定请求其承建工程的价款就工程折价或者拍卖的价款优先受偿的，人民法院应予支持。最高人民法院认为，与发包人签订施工合同的承包人享有建设工程价款优先受偿权，与发包人未建立合同关系的分包人、实际施工人并不享有建设工程价款优先受偿权。其次，张某珍主张即便自己不享有优先受偿权，根据法律规定，其也可以代位行使三建公司在建设工程施工合同项下的合同权利。《最高人民法院关于审理建设工程施工合同纠纷案件适用法律问题的解释（二）》第25条规定，实际施工人根据《合同法》第73条的规定，以转包人或者违法分包人怠于向发包人行使到期债权或者与该债权有关的从权利，影响其到期债权实现，提起代位权诉讼的，人民法院应予支持。行使代位权的前提条件是实际施工人对于转包人或违法分包人享有合法有效债权。就本案而言，三建公司系案涉工程的总承包人，享有建设工程价款优先受偿权，因张某珍并不是三建公司的债权人，无法适用本条规定代为行使建设工程价款优先受偿权。

第五节 建设工程价款债权转让，建设工程价款优先受偿权是否随之转让

第一种观点认为，建设工程价款优先受偿权依附于工程款债权，且不属于专属于债权人自身的从权利，故工程款债权转让，工程价款享有的优先受偿权也应一并转让。

第二种观点认为，建设工程价款优先受偿权依附于承包人，具有一定的人身属性，不随工程款债权一并转让，且设立建设工程价款优先受

偿权制度的目的是保护劳动者的劳动报酬，如果承包人通过转让工程款债权获得相应对价，承包人的权利已经得以实现，则建设工程价款优先受偿权消灭，工程款债权的受让人不享有优先受偿权。

我们认同第一种意见。建设工程价款优先受偿权是一种类似于担保物权的优先性、从属性权利，该主债权不具有人身属性，故无论从建设工程价款优先受偿权的性质，还是从保障农民工等建筑工人生存权益这一制度目的来看，均不能得出建设工程价款优先受偿权具有身份属性的结论，实践中债权受让人也往往正是基于债权具备法定优先权的优秀品质，才使其愿意支付对价取得债权，故承包人将建设工程价款债权转让的，建设工程价款优先受偿权随之转让。但要审查债权转让的真实性、合法性，防止虚假转让，损害他人合法权益。

【典型案例】（2023）湘民申 5364 号

华融公司与赵某军、中瀚公司建设工程价款优先受偿权纠纷

▶ 基本案情

中瀚公司作为发包方（甲方），案外人望岳公司作为承包方（乙方），共同签订《施工合同》，约定中瀚公司将瀚聚龙广场 A 座建安工程的施工交由望岳公司总承包。望岳公司作为甲方，赵某军作为乙方，双方共同签订《项目工程内部承包合同》一份，约定由乙方作为甲方项目总负责人，对该工程实施总体包干负责。望岳公司作为债权转让人（甲方），赵某军作为债权受让人（乙方），共同签订《债权转让合同》，约定甲方对其在聚龙项目工程款范围内的债权及相关从权利全部转让给乙方，之后又签订《债权转让补充协议》，约定将工程款优先受让权同时转让给债权受让方。中瀚公司与赵某军签订《和解协议》，法院依据该和解协议作出（2015）湘法民二初字第 562 号民事调解书，确认望岳公司与赵某军的债权转让事实。

一审、二审法院认为，望岳公司将其对中瀚公司的工程款权利及从权利建设工程价款优先受偿权转让赵某军，并已通知中瀚公司，符合相

关法律规定，可依法转让。

再审审查认为，赵某军与望岳公司之间的债权转让关系实际并不成立。《合同法》第79条规定："债权人可以将合同的权利全部或者部分转让给第三人，但有下列情形之一的除外：（一）根据合同性质不得转让；（二）按照当事人约定不得转让；（三）依照法律规定不得转让。"本案中，赵某军虽主张另有生效判决认定其与望岳公司之间存在债权转让关系，其基于债权受让取得建设工程价款优先受偿权。但债权转让须以存在真实、合法、有效的债权为前提，且该债权须是依法可以转让的债权。从中瀚公司、华融公司以及赵某军自己在原审时提交的证据来看，赵某军系案涉项目的实际施工人，中瀚公司对赵某军借用望岳公司名义进行施工是知情的，赵某军与中瀚公司之间已成立事实上的建设工程施工合同关系。望岳公司作为出借资质的被挂靠方，实际并未参与案涉项目管理及施工，非案涉项目的承包方，其对中瀚公司不享有工程款请求权。赵某军作为建设工程施工合同事实上的相对方，其本身即享有对中瀚公司的工程款请求权。因此，望岳公司没有转让工程款债权的权利基础，事实上也无法向赵某军转让本属于赵某军的债权，望岳公司与赵某军之间的债权转让关系并不成立，赵某军不能基于实际不成立的债权受让取得建设工程价款优先受偿权。但鉴于已有另案生效民事调解书确认债权转让事实，在该生效裁判未被撤销前，不宜直接在本案处理中全盘推翻另案生效裁判。且华融公司在本案中并没有以该理由申请再审。因此，再审法院对债权转让事实不予审查，仅围绕华融公司的再审理由进行审查，并作出相应的裁判。

第六节　建设工程价款优先受偿权行使方式的认定

《民法典》第807条规定："发包人未按照约定支付价款的，承包人可以催告发包人在合理期限内支付价款。发包人逾期不支付的，除根据建设工程的性质不宜折价、拍卖外，承包人可以与发包人协议将该工程折价，也可以请求人民法院将该工程依法拍卖。建设工程的价款就该工程折价或者拍卖的价款优先受偿。"因此，建设工程质量合格的，承包人可自发包人应付工程价款之日起在法定期限内行使建设工程价款优先受偿权，行使的方式包含协议折价或申请人民法院拍卖等。承包方与发包方在结算协议中约定以部分房屋折价支付工程款的，该约定构成建设工程价款优先受偿权的行使。但不应仅将协议或诉讼方式作为唯一行使方式，而要根据立法目的，只要承包人并非怠于行使建设工程价款优先受偿权，原则上应予保护。承包人有证据证明以发函、与发包人协议折价或申请参与对建设工程变价分配，以及在起诉书或答辩状中主张等方式行使建设工程价款优先受偿权的，亦应作为享有优先受偿权的有效行使方式。

执行法院依其他债权人的申请，对发包人的建设工程强制执行，承包人向执行法院主张其享有建设工程价款优先受偿权且未超过除斥期间的，也应视为承包人依法行使了建设工程价款优先受偿权。发包人以承包人起诉时行使建设工程价款优先受偿权超过除斥期间为由进行抗辩的，人民法院不予支持。

第七节　建设工程价款优先受偿权可否通过调解确认

第一种观点：建设工程价款优先受偿权系具有物权性质的权利，不能通过调解确认。《民事诉讼法解释》第355条第1款第5项规定，调解协议内容涉及物权确权的，人民法院裁定不予受理。建设工程价款优先受偿权属于法定抵押权，具有物权确权性质，故不应通过调解确认。

第二种观点：建设工程价款优先受偿权属于法定优先权，系工程款债权的从权利，不具有物权性质。在建设工程施工合同案件调解中，可以一并确认优先受偿权。

我们采用第二种观点。《建工案件解答》第 22 条规定，当事人以调解方式确认建设工程价款优先受偿权，符合法律规定的，人民法院可以予以确认。但为了防止虚假诉讼、损害案外人利益等情况出现，人民法院应当进行实体审查，重点审查建设工程价款优先受偿权的行使主体、行使期限、行使方式、工程款债权的范围等实质性事项是否符合法律规定，尤其要审查是否存在当事人虚增工程价款数额、伪造竣工记录、伪造付款期限、伪造行使时间等情形。未经实体审查或者经审查不符合建设工程价款优先受偿权行使条件的，不予出具调解书。

第八节　建设工程价款优先受偿权的放弃

有些开发商基于签订合同时的强势地位，或为了顺利向银行贷款，往往要求承包人签订放弃建设工程价款优先受偿权的协议。建设工程价款优先受偿权，是法律和司法解释直接规定承包人享有的非常重要的权利，该权利是排在抵押权之前的高位阶权利，如果放弃该权利则会失去该权利的高位位阶，成为普通债权，清偿顺序排在担保债权之后，与其他无担保债权处于同一清偿顺序，极有可能导致工程款债权无法实现。民事主体享有自由处分自身民事财产的权利，只要不违反法律禁止性规定，不违背社会公序良俗，其自由处分自身财产的行为合法，公权力不应干涉。但根据《建工司法解释（一）》第 42 条的规定，发包人与承包人约定放弃或者限制建设工程价款优先受偿权，不得损害建筑工人利益。如果损害建筑工人利益，导致建筑工人应得的劳动报酬不能得到保障的，则发包人与承包人达成的约定应当被认定为无效，发包人据此主张承包人不享有建设工程价款优先受偿权的，人民法院不予支持。判断是否损害建筑工人利益，要根据承包人的整体经营情况和偿债能力综合判断。如果仅出现个别欠薪现象，则不宜简单认定发包人与承包人约定放弃或者限制建设工程价款优先受偿权的行为无效。

【典型案例】（2021）湘民终937号

水总集团与龙禹公司、康富公司建设工程施工合同纠纷

》裁判摘要

（1）尽管《最高人民法院关于审理建设工程施工合同纠纷案件适用法律问题的解释（二）》第23条［《建工司法解释（一）》第42条］仅对发包人与承包人之前约定放弃建设工程价款优先受偿权的效力问题作出规定，但当承包人向抵押权人（债权人）承诺建设工程价款劣后于抵押权受偿的，可以参照该条的立法精神，对是否损害建筑工人利益作出判断。如果损害了建筑工人利益，该承诺无效。（2）承包人一直欠付施工班组劳务费，且已进入破产程序，可以认定为损害建筑工人利益。（3）建设工程价款优先受偿权的行使期限，自合同约定的发包方应当给付建设工程价款之日起算，而非工程验收之日起算。

发包人与承包人串通，以支付工程款的名义申请建设工程抵押贷款，承包人收到工程款后又将款项转回给发包人的，是否还可以就该部分款项主张建设工程价款优先受偿权。我们认为，一般情况下，发包人以在建工程抵押向银行申请贷款用于支付工程款，承包人收到银行贷款资金后，按照与发包人事先的商定将工程款转付至发包人指定账户的，承包人不得再以未收到该部分工程款为由主张建设工程价款优先受偿权。但如果放弃建设工程价款优先受偿权导致损害建筑工人利益的，则可以认定该放弃建设工程价款优先受偿权的行为无效或部分无效，以充分保护劳动者的合法权益不受损害。

第九节　建设工程价款优先受偿权的起算时间、行使期限如何认定

《建工司法解释（一）》第 41 条规定，承包人应当在合理期限内行使建设工程价款优先受偿权，但最长不得超过 18 个月，自发包人应当给付建设工程价款之日起算。

2002 年 6 月 27 日《最高人民法院关于建设工程价款优先受偿权问题的批复》第 4 条规定："建设工程承包人行使优先受偿权的期限为六个月，自建设工程竣工之日或者建设工程合同约定的竣工之日起计算。"该批复在审判实践中对于建设工程价款优先受偿权行使的起算时间存在较大争议。为了更好地维护承包人的利益，2019 年施行的原《最高人民法院关于审理建设工程施工合同纠纷案件适用法律问题的解释（二）》对于建设工程价款优先受偿权的行使时间明确规定为自发包人应当给付建设工程价款之日起算。2021 年 1 月施行的《建工司法解释（一）》第 41 条将建设工程价款优先受偿权的行使时间调整为最长不超过 18 个月，自发包人应当给付建设工程价款之日起算。

司法实践中，在建设工程合同正常履行完毕，经过竣工、验收、结算，工程价款确定的情况下，应付工程款的日期不存在争议。但如果发包方、承包方对付款时间没有约定或者约定不明、双方未进行结算、工程款尚不确定的情况下，应以何种标准作为认定应付工程款之日，存在不同的观点。

通常认为，在合同未约定或约定不明的情况下，应参照《建工司法解释（一）》第 27 条规定确定的应付款时间为行使建设工程价款优先受偿权的起算时间。①

---

① 参见最高人民法院民一庭编著：《最高人民法院新建设工程施工合同司法解释（一）理解与适用》，人民法院出版社 2021 年版，第 425 页。

（一）建设工程实际交付的，以建设工程交付之日为应付款时间和请求建设工程价款优先受偿权的起算时间

即使已经交付的建设工程存在未经竣工验收、欠付工程款数额未结算确定的情况，亦不影响应付工程款时间和请求建设工程价款优先受偿权起算时间的确定。工程交付后，发包人已实际控制建设工程项目，可以行使占有、使用、收益、处分的权利，但又不向承包人支付工程价款，承包人从此时开始计算起算时间，可以向发包人主张欠付工程款并行使优先受偿权，具有确定的事实基础和明确的法律依据。如果承包人以工程款未最终结算为由，主张建设工程价款优先受偿权起算时间还未确定的，人民法院应不予支持。

【典型案例】（2020）最高法民终1192号

首钢建设、诚信公司建设工程施工合同纠纷

> 裁判摘要

最高人民法院认为，关于案涉工程款未确定的问题。首钢建设主张，2015年5月，此时诚信公司应付工程款金额尚不确定，故无法起算优先受偿权行使期限。对此，工程款的确定与建设工程价款优先受偿权的起算时点解决的并非同一问题。建设工程价款优先受偿权起算时点解决的是该权利的行使问题，其体现的是权利行使期间要求；而工程款数额的确定则体现的是债务人所负担的债务数额，即使该欠款数额并未确定，也不能改变债务人负担的债务履行期限。《最高人民法院关于审理建设工程施工合同纠纷案件适用法律问题的解释（二）》第22条规定亦明确，承包人行使建设工程价款优先受偿权的期限，自发包人应当给付建设工程价款之日起算，而非该欠款数额确定之日。故首钢建设该上诉理由，最高人民法院不予支持。

（二）建设工程未交付，建设工程价款也未结算时，以起诉之日为应付款时间和请求建设工程价款优先受偿权的起算时间

这种情况多数为工程未完工或者完工后未经竣工验收移交，合同约定的工程款结算条件尚未成就，无法确定应付工程款之日。造成这一结果的原因，往往是双方当事人各自的过错，因此，以一审原告起诉时间作为应付款时间和请求建设工程价款优先受偿权的起算时间，符合公平原则。

【典型案例】 （2022）最高法民申292号

天宇公司与洋帆公司建设工程施工合同纠纷

》裁判摘要

建设工程价款优先受偿权是法律赋予建设工程施工人的法定权利，属于具有担保性质的民事权利。天宇公司作为案涉工程的承包人，就案涉建设工程价款依法享有优先受偿权。至于本案优先受偿权的起算时间问题。洋帆公司主张应依据案涉《建设工程施工合同》第9项关于竣工验收与结算的相关规定确定优先受偿权的起算时间。因案涉《建设工程施工合同》无效，而该合同第9项并非独立存在的有关解决争议方法的条款，故该条款亦应认定为无效。且天宇公司提起本案诉讼时，双方尚未对案涉工程进行结算，案涉工程款数额尚未确定。二审判决认为案涉建设工程款优先受偿权的除斥期间在天宇公司起诉前尚未起算，并无不当。故对洋帆公司该项申请再审主张，最高人民法院不予支持。

（三）建设工程施工合同解除或者终止履行，且工程未经竣工结算，应区分情况认定应付工程款之日和请求建设工程价款优先受偿权的起算时间

如果发包人与承包人就合同解除后的工程款的支付事宜达成合意，应当以该协议约定的确定工程款支付时间作为优先受偿权的起算时间。如果发包人与承包人未达成上述合意，可参照前述标准处理：建设工程

实际交付的，以建设工程交付之日为应付款时间和请求建设工程价款优先受偿权的起算时间。建设工程未交付，建设工程价款也未结算时，以起诉之日为应付款时间。

承包人认为应以前案调解或者判决确认发包人欠付工程款的时间，作为双方工程最终结算的时间点，亦是主张建设工程价款优先受偿权的起算时间，不符合法律和司法解释的规定，不应得到支持。

【典型案例】（2024）湘民申 1521 号

鑫成公司与冰雪世界公司建设工程施工合同纠纷

>> 裁判摘要

再审审查认为，鑫成公司主张 2022 年 4 月 29 日经法院调解确认冰雪世界公司欠付其工程款 1000 万元，根据《补充协议书》第 5 条约定欠付工程款的支付时间应为 2022 年 5 月 29 日前，鑫成公司于 2022 年 11 月 16 日起诉，要求确认建设工程价款优先受偿权未超过法定行使期间。对此再审法院认为：首先，《建工司法解释（一）》第 41 条规定："承包人应当在合理期限内行使建设工程价款优先受偿权，但最长不得超过十八个月，自发包人应当给付建设工程价款之日起算。"本案中，案涉《补充协议书》第 5 条约定："土建工程全部完工，支付总工程量实际造价的 80%，土建工程验收完成，工程结算最终审定后一个月以内累计支付至终审价格的 95%，剩余 5% 作为质量保证金。"根据案涉 2019 年 12 月 5 日《会议纪要》载明的内容，2019 年 4 月 23 日已完成案涉工程的竣工验收，冰雪世界公司要求鑫成公司 2019 年 12 月 15 日之前配合提交竣工验收资料。双方按《补充协议》送审结算，除有争议款项外，对双方无争议的工程款，冰雪世界公司已按 95% 的比例支付完毕。对于双方有争议的工程款部分，鑫成公司于 2020 年 5 月 25 日通过向法院起诉的方式主张，但鑫成公司在起诉工程款的案件中并未主张建设工程价款优先受偿权。其次，根据《建工司法解释（一）》第 27 条"当事人对付款时间没有约定或者约定不明的，下列时间视为应付款时间：（一）建设工程已实际交付的，为交付之日；（二）建设工程没有交付的，为提交竣工结算文件之日；（三）建设工程未交付，工程价款也未结算的，为当事人起诉之日"的规定，案涉工程竣工验收和鑫成公司提交竣工结算文件的时间为2019年4月23日，鑫成公司起诉主张工程款的时间为2020年5月25日，且起诉之前案涉工程已交付使用，故即使从前述最晚的前案起诉时间2020年5月25日起算，鑫成公司于2022年10月22日提起本案诉讼主张建设工程价款优先受偿权，也已超过法定最长行使期限18个月。再次，鑫成公司于2020年5月25日提起前案工程款诉讼时，主张根据案涉《建设工程施工合同》第三部分专用合同条款第12.4.4条第2项的约定，冰雪世界公司应付工程款的时间为2019年9月21日，并自该日起主张逾期付款违约金。根据鑫成公司的前述主张，其起诉时《建工司法解释（一）》尚未颁布，根据当时适用的《最高人民法院关于审理建设工程施工合同纠纷案件适用法律问题的解释（二）》（法释〔2018〕20号）第22条"承包人行使建设工程价款优先受偿权的期限为六个月，自发包人应当给付建设工程价款之日起算"的规定，其提起前述诉讼时已超过建设工程价款优先受偿权的法定行使期限。如前所述，鑫成公司再审主张以前案工程款诉讼达成调解之日即2022年4月29日作为建设工程价款优先受偿权的起算时间没有事实与法律依据，再审法院不予支持。

【典型案例】 （2023）湘民申5622号

江坤公司与宏尚公司建设工程价款优先受偿权纠纷

≫ 裁判摘要

宏尚公司是否已过行使案涉工程价款优先受偿权的期限。一审法院认为：首先，根据《最高人民法院关于审理建设工程施工合同纠纷案件适用法律问题的解释（二）》第22条"承包人行使建设工程价款优先受偿权的期限为六个月，自发包人应当给付建设工程价款之日起算"的规定，一审法院于2021年8月30日作出的（2020）×××××民初11918号生效民事判决书中酌定江坤公司应支付工程款时间为2019年7月13日，宏尚公司六个月的建设工程价款优先受偿权的行使期限届满之日为2020年1月13日。其次，《建工司法解释（一）》第18条规定："……当事人对付款时间没有约定或者约定不明的，下列时间视为应付款时间：……（三）建设工程未交付，工程价款也未结算的，为当事人起诉之日。"结合前诉生效判决书中并未确定案涉工程的交付时间以及双方未完成结算的事实，即使不以前诉生效判决书酌情认定的2019年7月13日为优先受偿权的起算时间，而是以宏尚公司第一次起诉之日即2021年6月25日为准，直至宏尚公司本次起诉之日2023年4月12日才向江坤公司主张优先受偿权，无论是适用《最高人民法院关于审理建设工程施工合同纠纷案件适用法律问题的解释（二）》第22条，还是适用《建工司法解释（一）》第41条的规定，均已超过6个月或者18个月的法定行使期限。宏尚公司主张其在前诉中向江坤公司主张了优先受偿权，但其并未在该案中提出相应的诉讼请求，且在二审期间亦未提出异议，仅提交了代理词予以证明，不能达到宏尚公司的证明目的，驳回宏尚公司的诉讼请求。

二审法院认为，本案二审的争议焦点为：宏尚公司的建设工程价款优先受偿权行使期限是否已经届满。本案案涉工程施工及工程验收交付等事实均发生于2021年1月1日之前，但双方就工程款的结算相关的诉讼、鉴定等事项均延续至2021年1月1日之后，故本案可以适用《建工司法解释（一）》的规定。该解释第41条规定："承包人应当在合理期限内行使建设工程价款优先受偿权，但最长不得超过十八个月，自发包人应当给付建设工程价款之日起算。"本案中，上诉人宏尚公司一直未与被上诉人江坤公司就案涉工程款进行结算，宏尚公司进而向原审法院起诉索要工程款并在诉讼过程中请求就工程造价进行鉴定以确定工程款数额，原审法院于2021年6月25日就（2020）×0111民初11918号案件开庭进行审理，该生效判决认定"江坤公司对双方未能结算及工程款未支付存在过错，应当承担相应的违约责任"。依据该判断，该生效判决进而酌情认定了工程款的支付时间为2019年7月13日并以此作为计算工程款利息的时间点。因宏尚公司在该案中并未就建设工程价款优先受偿权提出具体的诉讼请求，该判决酌定的工程款支付时间本为保护上诉人宏尚公司利益所作的认定，若将其作为建设工程价款优先受偿权的起算时间将反而会损害宏尚公司利益，造成事实上的不公平。依据宏尚公司与江坤公司签订的《五江天街施工合同》关于工程款的支付约定为"合同范围内工程全部完工并验收合格，乙方提交完整的结算资料，双方核对完毕且结算定案后15个工作日内付至结算金额的97%"的约定，而因江坤公司的过错双方并未就工程款作出结算，故而工程款并未确定而未至清偿期，宏尚公司尚不具备行使建设工程价款优先受偿权的条件，其只能提起诉讼并依靠鉴定的方式确定工程款。宏尚公司提起（2020）×0111民初11918号案件诉讼，其实质为在江坤公司过错导致双方无法及时结算的情形下请求启动司法程序确定双方工程款。该案审理过程中，上诉人宏尚公司虽未就建设工程价款优先受偿权提出具体诉讼请求，但其已经在代理意见中明确向江坤公司主张了建设工程价款优先受偿权，该主张亦应当视为有效的主张方式。综上，二审法院认为上诉人宏尚公司主张工程价款优先受偿权并未超过法定期间，上诉人宏尚公司的上诉请求成立，二审法院予以支持。原审判决认定事实清楚，审判程序合法，但适用法律不当，应予纠正。

再审审查认为，本案的重点是宏尚公司的建设工程价款优先受偿权行使期限是否已经届满。再审法院认为，本案项目于2018年12月1日竣工，2018年12月13日验收并交付使用，上述法律事实均发生在2021年1月1日前，故本案应适用《最高人民法院关于审理建设工程施工合同纠纷案件适用法律问题的解释（二）》。根据该解释第22条"承包人行使建设工程价款优先受偿权的期限为六个月，自发包人应当给付建设工程价款之日起算"的规定，一审法院于2021年8月30日作出的（2020）×××××民初11918号民事判决书中酌定江坤公司应支付工程款的时间为2019年7月13日，宏尚公司六个月的优先受偿权的行使期限届满之日为2020年1月13日。即使按照宏尚公司在书面答辩状中陈述的"宏尚公司在原一审诉讼中以书面通知的形式向江坤公司行使了优先受偿权，行使的时间是2020年12月27日"，宏尚公司对优先受偿权的行使也已经超过六个月的期限［2023年4月12日提起本案诉讼的时间亦超过《建工司法解释（一）》规定的 18 个月期限］。因此，二审法院认定宏尚公司主张建设工程价款优先受偿权并未超过法定期间错误，对于江坤公司的该项主张，再审法院予以支持，裁定本案由再审法院提审。

在发包人进入破产程序的情形下，承包人对发包人享有的工程款债权应视为加速到期。法院受理发包人破产之日即为建设工程价款优先受偿权行使期限的起算之日。但未得到破产管理人确认、承包人的单方主张并不能视为正确的行权方式，不能起到主张建设工程价款优先受偿权成立的法律效果。如果管理人对承包人主张建设工程价款优先受偿权不予认可，承包人应当及时向人民法院提起确认之诉。

【典型案例】（2022）最高法民再 114 号

》 裁判摘要

《企业破产法》第 46 条第 1 款规定："未到期的债权，在破产申请受理时视为到期。"武隆区人民法院于 2015 年 9 月 24 日受理了通耀公司破产重整申请，即使在通耀公司破产前，建工公司主张工程款未到应付款时间，进入破产程序后，该债权也应于 2015 年 9 月 24 日加速到期。建工公司在 2016 年 1 月 29 日向管理人申报了共计 55470547 元的债权，该债权被列入了《重整计划》的临时表决权额，但未主张建设工程价款优先受偿权。况且，根据《合同法》第 286 条"承包人可以与发包人协议将该工程折价，也可以申请人民法院将该工程依法拍卖"的规定，承包人直接向发包人主张建设工程价款优先受偿权，应当以达成工程折价协议为必要，否则，承包人的单方主张并不能视为正确的行权方式，不能起到催告优先受偿权的法律效果。建工公司虽于 2016 年 7 月 22 日向管理人主张优先受偿权，但未得到管理人的确认，故该日期不能认定为建工公司的行权时间。此时，作为债权人的建工公司如认为其享有优先受偿权，应当及时提起确认之诉，但其直到 2018 年 10 月 8 日才提起诉讼。概言之，在发包人进入破产程序的情形下，承包人的工程款债权加速到期，建设工程价款优先受偿权的行使期间以承包人的债权申报时间为起算点，而不以工程款结算为必要。

【问题解答】 《建工司法解释（一）》实施前已竣工验收或已实际使用的工程，其中如涉及建设工程价款优先受偿权行使期限的争议，应适用新司法解释还是旧司法解释

根据《民法典时间效力规定》第1条、第20条的精神，一般应从建设工程价款优先受偿权履行的情况确定是否适用新司法解释的规定。对于新司法解释施行前签订的建设工程施工合同，如果根据旧司法解释的规定，6个月的建设工程价款优先受偿权行使期限已经届满，则建设工程价款优先受偿权的履行并未持续至新司法解释施行后，故此时对于建设工程价款优先受偿权的行使期限仍应当适用旧司法解释的规定，为6个月。如果新司法解释施行后，建设工程价款优先受偿权未满6个月的行使期限，承包人仍有权主张优先受偿权，权利还在履行期间，则可适用新司法解释关于行使建设工程价款优先受偿权最长18个月期限的规定。

附录1 《最高人民法院关于审理建设工程施工合同纠纷案件适用法律问题的解释（一）》

最高人民法院关于审理建设工程施工合同纠纷案件适用法律问题的解释（一）

法释〔2020〕25号

（2020年12月25日最高人民法院审判委员会第1825次会议通过，自2021年1月1日起施行）

为正确审理建设工程施工合同纠纷案件，依法保护当事人合法权益，维护建筑市场秩序，促进建筑市场健康发展，根据《中华人民共和国民法典》《中华人民共和国建筑法》《中华人民共和国招标投标法》《中华人民共和国民事诉讼法》等相关法律规定，结合审判实践，制定本解释。

第一条 建设工程施工合同具有下列情形之一的，应当依据民法典第一百五十三条第一款的规定，认定无效：

（一）承包人未取得建筑业企业资质或者超越资质等级的；

（二）没有资质的实际施工人借用有资质的建筑施工企业名义的；

（三）建设工程必须进行招标而未招标或者中标无效的。

承包人因转包、违法分包建设工程与他人签订的建设工程施工合同，应当依据民法典第一百五十三条第一款及第七百九十一条第二款、第三款的规定，认定无效。

第二条 招标人和中标人另行签订的建设工程施工合同约定的工程范围、建设工期、工程质量、工程价款等实质性内容，与中标合同不一致，一方当事人请求按照中标合同确定权利义务的，人民法院应予支持。

招标人和中标人在中标合同之外就明显高于市场价格购买承建房产、无偿建设住房配套设施、让利、向建设单位捐赠财物等另行签订合同，变相降低工程价款，一方当事人以该合同背离中标合同实质性内容为由请求确认无效的，人民法院应予支持。

第三条 当事人以发包人未取得建设工程规划许可证等规划审批手

续为由，请求确认建设工程施工合同无效的，人民法院应予支持，但发包人在起诉前取得建设工程规划许可证等规划审批手续的除外。

发包人能够办理审批手续而未办理，并以未办理审批手续为由请求确认建设工程施工合同无效的，人民法院不予支持。

第四条 承包人超越资质等级许可的业务范围签订建设工程施工合同，在建设工程竣工前取得相应资质等级，当事人请求按照无效合同处理的，人民法院不予支持。

第五条 具有劳务作业法定资质的承包人与总承包人、分包人签订的劳务分包合同，当事人请求确认无效的，人民法院依法不予支持。

第六条 建设工程施工合同无效，一方当事人请求对方赔偿损失的，应当就对方过错、损失大小、过错与损失之间的因果关系承担举证责任。

损失大小无法确定，一方当事人请求参照合同约定的质量标准、建设工期、工程价款支付时间等内容确定损失大小的，人民法院可以结合双方过错程度、过错与损失之间的因果关系等因素作出裁判。

第七条 缺乏资质的单位或者个人借用有资质的建筑施工企业名义签订建设工程施工合同，发包人请求出借方与借用方对建设工程质量不合格等因出借资质造成的损失承担连带赔偿责任的，人民法院应予支持。

第八条 当事人对建设工程开工日期有争议的，人民法院应当分别按照以下情形予以认定：

（一）开工日期为发包人或者监理人发出的开工通知载明的开工日期；开工通知发出后，尚不具备开工条件的，以开工条件具备的时间为开工日期；因承包人原因导致开工时间推迟的，以开工通知载明的时间为开工日期。

（二）承包人经发包人同意已经实际进场施工的，以实际进场施工时间为开工日期。

（三）发包人或者监理人未发出开工通知，亦无相关证据证明实际开工日期的，应当综合考虑开工报告、合同、施工许可证、竣工验收报告或者竣工验收备案表等载明的时间，并结合是否具备开工条件的事实，认定开工日期。

第九条　当事人对建设工程实际竣工日期有争议的，人民法院应当分别按照以下情形予以认定：

（一）建设工程经竣工验收合格的，以竣工验收合格之日为竣工日期；

（二）承包人已经提交竣工验收报告，发包人拖延验收的，以承包人提交验收报告之日为竣工日期；

（三）建设工程未经竣工验收，发包人擅自使用的，以转移占有建设工程之日为竣工日期。

第十条　当事人约定顺延工期应当经发包人或者监理人签证等方式确认，承包人虽未取得工期顺延的确认，但能够证明在合同约定的期限内向发包人或者监理人申请过工期顺延且顺延事由符合合同约定，承包人以此为由主张工期顺延的，人民法院应予支持。

当事人约定承包人未在约定期限内提出工期顺延申请视为工期不顺延的，按照约定处理，但发包人在约定期限后同意工期顺延或者承包人提出合理抗辩的除外。

第十一条　建设工程竣工前，当事人对工程质量发生争议，工程质量经鉴定合格的，鉴定期间为顺延工期期间。

第十二条　因承包人的原因造成建设工程质量不符合约定，承包人拒绝修理、返工或者改建，发包人请求减少支付工程价款的，人民法院应予支持。

第十三条　发包人具有下列情形之一，造成建设工程质量缺陷，应当承担过错责任：

（一）提供的设计有缺陷；

（二）提供或者指定购买的建筑材料、建筑构配件、设备不符合强制性标准；

（三）直接指定分包人分包专业工程。

承包人有过错的，也应当承担相应的过错责任。

第十四条　建设工程未经竣工验收，发包人擅自使用后，又以使用部分质量不符合约定为由主张权利的，人民法院不予支持；但是承包人应当在建设工程的合理使用寿命内对地基基础工程和主体结构质量承担民事责任。

第十五条 因建设工程质量发生争议的，发包人可以以总承包人、分包人和实际施工人为共同被告提起诉讼。

第十六条 发包人在承包人提起的建设工程施工合同纠纷案件中，以建设工程质量不符合合同约定或者法律规定为由，就承包人支付违约金或者赔偿修理、返工、改建的合理费用等损失提出反诉的，人民法院可以合并审理。

第十七条 有下列情形之一，承包人请求发包人返还工程质量保证金的，人民法院应予支持：

（一）当事人约定的工程质量保证金返还期限届满；

（二）当事人未约定工程质量保证金返还期限的，自建设工程通过竣工验收之日起满二年；

（三）因发包人原因建设工程未按约定期限进行竣工验收的，自承包人提交工程竣工验收报告九十日后当事人约定的工程质量保证金返还期限届满；当事人未约定工程质量保证金返还期限的，自承包人提交工程竣工验收报告九十日后起满二年。

发包人返还工程质量保证金后，不影响承包人根据合同约定或者法律规定履行工程保修义务。

第十八条 因保修人未及时履行保修义务，导致建筑物毁损或者造成人身损害、财产损失的，保修人应当承担赔偿责任。

保修人与建筑物所有人或者发包人对建筑物毁损均有过错的，各自承担相应的责任。

第十九条 当事人对建设工程的计价标准或者计价方法有约定的，按照约定结算工程价款。

因设计变更导致建设工程的工程量或者质量标准发生变化，当事人对该部分工程价款不能协商一致的，可以参照签订建设工程施工合同时当地建设行政主管部门发布的计价方法或者计价标准结算工程价款。

建设工程施工合同有效，但建设工程经竣工验收不合格的，依照民法典第五百七十七条规定处理。

第二十条　当事人对工程量有争议的，按照施工过程中形成的签证等书面文件确认。承包人能够证明发包人同意其施工，但未能提供签证文件证明工程量发生的，可以按照当事人提供的其他证据确认实际发生的工程量。

第二十一条　当事人约定，发包人收到竣工结算文件后，在约定期限内不予答复，视为认可竣工结算文件的，按照约定处理。承包人请求按照竣工结算文件结算工程价款的，人民法院应予支持。

第二十二条　当事人签订的建设工程施工合同与招标文件、投标文件、中标通知书载明的工程范围、建设工期、工程质量、工程价款不一致，一方当事人请求将招标文件、投标文件、中标通知书作为结算工程价款的依据的，人民法院应予支持。

第二十三条　发包人将依法不属于必须招标的建设工程进行招标后，与承包人另行订立的建设工程施工合同背离中标合同的实质性内容，当事人请求以中标合同作为结算建设工程价款依据的，人民法院应予支持，但发包人与承包人因客观情况发生了在招标投标时难以预见的变化而另行订立建设工程施工合同的除外。

第二十四条　当事人就同一建设工程订立的数份建设工程施工合同均无效，但建设工程质量合格，一方当事人请求参照实际履行的合同关于工程价款的约定折价补偿承包人的，人民法院应予支持。

实际履行的合同难以确定，当事人请求参照最后签订的合同关于工程价款的约定折价补偿承包人的，人民法院应予支持。

第二十五条　当事人对垫资和垫资利息有约定，承包人请求按照约定返还垫资及其利息的，人民法院应予支持，但是约定的利息计算标准高于垫资时的同类贷款利率或者同期贷款市场报价利率的部分除外。

当事人对垫资没有约定的，按照工程欠款处理。

当事人对垫资利息没有约定，承包人请求支付利息的，人民法院不予支持。

第二十六条　当事人对欠付工程价款利息计付标准有约定的，按照约定处理。没有约定的，按照同期同类贷款利率或者同期贷款市场报价利率计息。

第二十七条 利息从应付工程价款之日开始计付。当事人对付款时间没有约定或者约定不明的，下列时间视为应付款时间：

（一）建设工程已实际交付的，为交付之日；

（二）建设工程没有交付的，为提交竣工结算文件之日；

（三）建设工程未交付，工程价款也未结算的，为当事人起诉之日。

第二十八条 当事人约定按照固定价结算工程价款，一方当事人请求对建设工程造价进行鉴定的，人民法院不予支持。

第二十九条 当事人在诉讼前已经对建设工程价款结算达成协议，诉讼中一方当事人申请对工程造价进行鉴定的，人民法院不予准许。

第三十条 当事人在诉讼前共同委托有关机构、人员对建设工程造价出具咨询意见，诉讼中一方当事人不认可该咨询意见申请鉴定的，人民法院应予准许，但双方当事人明确表示受该咨询意见约束的除外。

第三十一条 当事人对部分案件事实有争议的，仅对有争议的事实进行鉴定，但争议事实范围不能确定，或者双方当事人请求对全部事实鉴定的除外。

第三十二条 当事人对工程造价、质量、修复费用等专门性问题有争议，人民法院认为需要鉴定的，应当向负有举证责任的当事人释明。当事人经释明未申请鉴定，虽申请鉴定但未支付鉴定费用或者拒不提供相关材料的，应当承担举证不能的法律后果。

一审诉讼中负有举证责任的当事人未申请鉴定，虽申请鉴定但未支付鉴定费用或者拒不提供相关材料，二审诉讼中申请鉴定，人民法院认为确有必要的，应当依照民事诉讼法第一百七十条第一款第三项的规定处理。

第三十三条 人民法院准许当事人的鉴定申请后，应当根据当事人申请及查明案件事实的需要，确定委托鉴定的事项、范围、鉴定期限等，并组织当事人对争议的鉴定材料进行质证。

第三十四条 人民法院应当组织当事人对鉴定意见进行质证。鉴定人将当事人有争议且未经质证的材料作为鉴定依据的，人民法院应当组织当事人就该部分材料进行质证。经质证认为不能作为鉴定依据的，根据该材料作出的鉴定意见不得作为认定案件事实的依据。

第三十五条 与发包人订立建设工程施工合同的承包人，依据民法典第八百零七条的规定请求其承建工程的价款就工程折价或者拍卖的价款优先受偿的，人民法院应予支持。

第三十六条 承包人根据民法典第八百零七条规定享有的建设工程价款优先受偿权优于抵押权和其他债权。

第三十七条 装饰装修工程具备折价或者拍卖条件，装饰装修工程的承包人请求工程价款就该装饰装修工程折价或者拍卖的价款优先受偿的，人民法院应予支持。

第三十八条 建设工程质量合格，承包人请求其承建工程的价款就工程折价或者拍卖的价款优先受偿的，人民法院应予支持。

第三十九条 未竣工的建设工程质量合格，承包人请求其承建工程的价款就其承建工程部分折价或者拍卖的价款优先受偿的，人民法院应予支持。

第四十条 承包人建设工程价款优先受偿的范围依照国务院有关行政主管部门关于建设工程价款范围的规定确定。

承包人就逾期支付建设工程价款的利息、违约金、损害赔偿金等主张优先受偿的，人民法院不予支持。

第四十一条 承包人应当在合理期限内行使建设工程价款优先受偿权，但最长不得超过十八个月，自发包人应当给付建设工程价款之日起算。

第四十二条 发包人与承包人约定放弃或者限制建设工程价款优先受偿权，损害建筑工人利益，发包人根据该约定主张承包人不享有建设工程价款优先受偿权的，人民法院不予支持。

第四十三条 实际施工人以转包人、违法分包人为被告起诉的，人民法院应当依法受理。

实际施工人以发包人为被告主张权利的，人民法院应当追加转包人或者违法分包人为本案第三人，在查明发包人欠付转包人或者违法分包人建设工程价款的数额后,判决发包人在欠付建设工程价款范围内对实际施工人承担责任。

第四十四条 实际施工人依据民法典第五百三十五条规定,以转包人或者违法分包人怠于向发包人行使到期债权或者与该债权有关的从权利,影响其到期债权实现,提起代位权诉讼的,人民法院应予支持。

第四十五条 本解释自2021年1月1日起施行。

附录 2 《湖南省高级人民法院关于审理建设工程施工合同纠纷案件若干问题的解答》

湖南省高级人民法院关于审理建设工程施工合同纠纷案件若干问题的解答

（2022年11月25日）

为解决全省法院审理建设工程施工合同纠纷案件中的疑难问题，根据《中华人民共和国民法典》《中华人民共和国建筑法》《中华人民共和国民事诉讼法》《最高人民法院关于审理建设工程施工合同纠纷案件适用法律若干问题的解释（一）》等相关法律规定，湖南省高级人民法院制定印发了《湖南省高级人民法院关于审理建设工程施工合同纠纷案件若干问题的解答》。

一、建设工程施工合同纠纷案件专属管辖的范围应如何理解？

下列案件，由建设工程所在地人民法院管辖：

（一）建设工程施工合同纠纷、装饰装修合同纠纷、建设工程价款优先受偿权纠纷、建设工程监理合同纠纷、农村建房施工合同纠纷，建设工程分包合同纠纷及建设工程劳务分包合同纠纷；

（二）建设工程勘察合同纠纷、建设工程设计合同纠纷。

（三）工程款债权转让，债务人与受让人因债务履行发生的纠纷。

（四）建设工程总承包合同纠纷。

二、建设工程施工合同中仲裁条款涉及管辖等相关问题应如何认定？

发包人与承包人在建设工程施工合同中约定仲裁条款的，除非实际施工人表示认可或表示受发包人与承包人之间的仲裁条款约束，否则仲裁条款仅对合同双方具有约束力。实际施工人、合法分包人起诉承包人或直接起诉发包人的，人民法院应当审理。如果本案诉讼需要以发包人与承包人之间的仲裁结果作为依据的，可中止审理，待仲裁程序结束后再恢复审理。人民法院对已为仲裁机构的生效裁决所确认的事实应根据《最高人民法院关于民事诉讼证据的若干规定》第十条之规定予以认定。

实际施工人、合法分包人与承包人约定了仲裁条款，又以发包人为被告提起诉讼的，不予受理，已经受理的，裁定驳回起诉。实际施工人、合法分包人与承包人之间的仲裁已终结后，又起诉发包人的（包含发包人与承包人在建设工程施工合同中亦约定了仲裁条款情形），人民法院应当审理。

三、未经招投标签订的建设工程施工合同的效力如何认定？

当事人以建设工程未经招投标程序主张签订的建设工程施工合同无效的，除符合《中华人民共和国招标投标法》第三条规定及国家发展和改革委员会2018年6月1日施行的《必须招标的工程项目规定》（中华人民共和国国家发展和改革委员会令第16号）、2018年6月6日施行的《必须招标的基础设施和公用事业项目范围规定》（发改法规规〔2018〕843号）的相关规定必须招标的项目外，不予支持。

四、签订中标通知书后未正式签订建设工程施工合同时合同是否成立？

招投标过程中承包人与发包人签订中标通知书，承包人或发包人拒绝与对方签订正式建设工程施工合同文本的，此时应视为双方之间建设工程施工合同本约合同成立。

五、发包人未取得建设工程规划许可证及建设工程施工许可证时如何认定合同效力？

存在多次诉讼，发包人在本次起诉前取得建设工程规划许可证等审批手续的，可以认定建设工程施工合同有效。

六、发包人与承包人之间的承包合同无效是否必然导致分包合同也无效？

发包人与承包人之间的建设工程施工合同无效，不必然导致分包合同无效。若承包人将部分工程分包给有资质的施工方，则分包合同有效，除非案涉工程本身存在违法性，如未取得建设工程规划许可证、建设工程用地规划许可证、案涉工程被认定为违法建筑等情形。

七、如何确定"黑白合同"中作为结算依据的合同？

中标合同有效，以中标合同作为结算依据。

中标合同与其他合同均无效的，以实际履行的合同作为结算依据。无法区分实际履行的合同的，以后签订的合同作为结算依据。

招标人与中标人另行签订的建设工程施工合同约定的实质性内容与中标合同不一致的，应以中标合同作为结算依据。但因客观情况发生了招投标时难以预见的变化而另订施工合同的除外。

八、当事人已达成结算协议后又以合同无效反悔应如何处理？

当事人就建设工程价款自行达成结算协议后，又以建设工程施工合同无效为由，否定结算协议确定的工程价款的，不予支持。

九、发包人可否参照无效合同约定要求支付工程款？

建设工程施工合同无效，但是建设工程经验收合格，发包人可以参照合同关于工程价款的约定请求对承包人进行折价补偿。

十、建设工程施工合同无效，但该建设工程经竣工验收合格，当事人无法举证证明实际损失的情况下，可否参照合同的约定计算损失？

建设工程施工合同无效，但该建设工程经竣工验收合格，当事人无法举证证明实际损失的情况下，可参照合同关于质量、工期、进度款支付等索赔条款的约定计算损失。

十一、建设工程施工合同无效，当事人之间约定的管理费如何处理？

建设工程施工合同无效，合同约定的管理费原则上不予支持。当事人主张的，法院可以根据合同系借用资质或转包、违法分包等不同类型，结合出借资质人、转包人、违法分包人是否履行管理职责因素予以适当支持，一般不宜超过总工程款的3%。

十二、合同均无效情形中总包合同与转包、违法分包合同关于工程款的差额应如何处理。

建设工程施工合同均无效情形中，承包合同高于转包、违法分包合同的工程款差额的性质属非法利益，转包、违法分包人与实际施工人按转包、违法分包合同结算后又以承包合同向发包人主张支付工程款，发包人对超出部分的工程款提出不予支付抗辩的，人民法院应综合合同履行情况、施工工程内容及行业惯例等情形予以调整，一般不宜超过差额部分工程款的 8%（包含税金、管理费在内）。但发包人明知且认可的，该抗辩不能成立。

十三、当事人约定以行政审计、财政评审作为工程款结算依据，一方以审计、财政评审结论不真实、客观要求重新鉴定如何处理？审计部门明确表示无法审计或拖延审计如何处理？

当事人约定以行政审计、财政评审作为工程款结算依据的，按约定处理。当事人有证据证明审计结论不真实、客观，法院可以准许当事人补充鉴定、重新鉴定或者补充质证等方法对争议事实做出认定。

行政审计或财政评审部门明确表示无法进行审计，或在约定期限及合理期限内无正当理由未出具审计结论，当事人就工程价款结算无法达成一致申请司法审计鉴定的，应予准许。

十四、借款预支工程款应如何处理？

建设工程施工合同履行过程中，当事人出具借条预支工程进度款，发包人或承包人在结算工程价款过程中主张抵扣借款本金及利息的，应当一并处理。

十五、以房抵债协议在结算中应如何处理？

工程款结算中，发包人与承包人约定以承包人建设的房屋抵冲工程价款的，在案件结算中应一并予以处理。除非承包人能够证明存在发包人拒绝履行以房抵债义务或其他履行障碍情形。

十六、发包方以承包方未开具发票拒绝支付工程款应如何处理？

发包人以承包人未开具发票为由拒绝支付工程款的，人民法院不予支持。当事人另有明确约定的除外。

承包人起诉要求发包人支付工程款，发包人以要求承包人开具发票为由提起反诉的，人民法院可以一并审理。

十七、建设工程施工合同无效，欠付工程款的逾期利息应如何认定？

建设工程施工合同无效，因欠付工程款产生的损失一般应认定为资金占用损失，资金占用费应以全国银行间同业拆借中心公布的贷款市场报价利率为计算依据，但当事人能够证明其资金占用损失高于全国银行间同业拆借中心公布的贷款市场报价利率的，可以结合过错程度、过错与损失之间的因果关系等因素予以适当调整。

十八、发包人认为建设工程主体结构质量不合格，要求司法鉴定的，应达到何种证明程度？

《最高人民法院关于审理建设工程施工合同纠纷案件适用法律若干问题的解释（一）》第十四条明确了针对建筑地基基础工程和主体结构质量承包人应承担更重的瑕疵担保责任，故在诉讼中，承包人向发包人主张工程款，发包人以地基基础或主体结构存在严重质量问题抗辩不支付工程款，并要求进行质量鉴定的，发包人应提供初步证据予以证明。

十九、如何理解《最高人民法院关于审理建设工程施工合同纠纷案件适用法律若干问题的解释（一）》第三十七条装饰装修工程承包人主张优先权应具备的折价或者拍卖条件？

装饰装修的承包人就建设工程价款主张优先受偿权应具备折价或者拍卖条件，应理解为装饰装修的承包人就建设工程价款主张优先受偿权的同时应举证证明案涉装饰装修工程可单独评估且与其他工程一并拍卖。

二十、建设工程价款债权转让，建设工程价款优先受偿权是否随之转让？

建设工程价款优先受偿权所设立的立法本意系解决拖欠工程款问题，以推动承包人价款债权的实现，具有从属性，不具有人身属性，故承包人将建设工程价款债权转让的，建设工程价款优先受偿权随之转让。

二十一、行使优先受偿权的方式应如何认定？

承包人有证据证明以发函、与发包人协议折价或申请参与对建设工程变价分配等方式行使建设工程价款优先受偿权的，应予认可。

二十二、建设工程价款优先受偿权可否通过调解确认？

以调解方式确认建设工程价款优先受偿权的，符合法律规定的，法院可以确认，但为了防止虚假诉讼、损害案外人利益等情况，法院应当进行实体审查，重点审查建设工程价款优先受偿权的行使主体、行使期限、行使方式、工程款债权的范围等实质性事项是否符合法律规定，尤其要审查是否存在当事人虚增工程款数额、伪造竣工记录、伪造付款期限、伪造行使时间等情形。未经实体审查或者经审查不符合建设工程价款优先受偿权行使条件的，不予出具调解书。

二十三、挂靠人直接起诉发包人应如何处理？

借用资质的实际施工人起诉发包人要求支付工程款的，人民法院可在查明事实的基础上按以下两种情形处理：

（一）发包人明知实际施工人借用资质而未提出异议的，根据《中华人民共和国民法典》第一百四十六条、第四百九十条规定处理，实际施工人可直接向发包人主张权利。人民法院应追加被挂靠人为第三人。

（二）发包人对借用资质不知情的，出借资质方怠于向发包人主张权利，实际施工人可参照《最高人民法院关于审理建设工程施工合同的司法解释（一）》第四十四条规定行使代位权。人民法院应追加被挂靠人为第三人。

二十四、层层转包中转包人、违法分包人的责任如何认定？

实际施工人向层层转包人或层层分包人主张给付工程价款，转包人或者违法分包人能够证明已经付清工程价款的，其前手转包人或违法分包人一般不再承担给付责任。

二十五、发包人应否承担工伤赔偿责任？

发包人将建设工程承包给符合资质的承包人，发包人不承担责任，但对合法承包人的转包、违法分包、挂靠行为予以明确认可的，应承担责任。

发包人将建设工程承包给无资质的承包人，发包人应承担责任。

发包人在对外垫付赔偿款后，有权向无资质的承包人、实际用工人或将工程转包、违法分包、挂靠的合法承包人进行追偿。

将工程转包、违法分包、挂靠的合法承包人对工伤赔偿应承担责任，且有权向实际用工人进行追偿。

二十六、合法分包的情况下，完成建设工程施工分包合同项下内容的分包人可否直接起诉发包人？

合法分包的情况下，实际完成建设工程施工分包合同项下内容的分包人可参照《最高人民法院关于审理建设工程施工合同纠纷案件适用法律若干问题的解释（一）》第四十三条之规定起诉发包人。

二十七、约定的罚款条款的性质应如何认定？

建设工程施工合同约定发包人对承包人的违约行为处以罚款的，应定性为违约金条款，当事人申请调整的，根据民法典第五百八十五条规定予以处理。

二十八、《最高人民法院关于审理建设工程施工合同纠纷案件适用法律若干问题的解释（一）》出台后措辞方面有何需要注意的问题？

不再使用"非法转包"、"肢解分包"措辞，改为"转包"、"支解分包"。

二十九、本解答仅供湖南省内各级法院审理建设工程施工合同纠纷案件作为参考，在裁判文书"本院认为"部分具体分析法律适用理由时可根据本解答的相关意见进行说理，但不能作为裁判依据进行援引。